新编新闻学概论

Journalism Theory
New Edition

新闻传播国际化教育系列教材

谢骏 主审

刘凡 杨萍 编著

News

暨南大学出版社
JINAN UNIVERSITY PRESS
中国·广州

图书在版编目（CIP）数据

新编新闻学概论/刘凡，杨萍编著.—广州：暨南大学出版社，2011.3
（2013.8 重印）
（新闻传播国际化教育系列教材）
ISBN 978 - 7 - 81135 - 769 - 1

Ⅰ.①新…　Ⅱ.①刘…②杨…　Ⅲ.①新闻学—概论　Ⅳ.①G210

中国版本图书馆 CIP 数据核字（2011）第 030351 号

出版发行：暨南大学出版社

地　　址：中国广州暨南大学
电　　话：总编室（8620）85221601
　　　　　营销部（8620）85225284　85228291　85228292（邮购）
传　　真：（8620）85221583（办公室）　85223774（营销部）
邮　　编：510630
网　　址：http：//www.jnupress.com　http：//press.jnu.edu.cn

策划编辑：杜小陆
责任编辑：杜小陆　林芳芳
责任校对：何　力

排　　版：弓设计工作室
印　　刷：佛山市浩文彩色印刷有限公司

开　　本：787mm×960mm　1/16
印　　张：18.625
字　　数：350 千
版　　次：2011 年 3 月第 1 版
印　　次：2013 年 8 月第 2 次
印　　数：3001—5000 册

定　　价：36.00 元

序

由谢骏教授进行成书的指导和把关，由杨萍、刘凡（昵称"平平"、"凡凡"）两位美女讲师合著的《新编新闻学概论》即将付梓！这是中山大学南方学院文学系教师出版的第三本自编教材，是一本适合于新闻学专业初学者的入门教材。

我儿时就有个"当记者"的梦。48年前（即1963年）高中毕业时，在高考志愿填报表第一批第一栏就填上了"中国人民大学新闻学专业"。可是天意弄人，尽管我高考总分高于录取线，尽管我"作文"科目取得了96分的高分，但由于种种原因"名落孙山"，跌到了第二志愿——"中山大学中文系"。大学毕业后，我成了"文化大革命处理品"，被分配到粤北的穷乡僻壤当教师，而且一当就是几十年。直到小女儿大学毕业当上了记者，才替我圆了儿时的梦。不想2006年7月中山大学南方学院创办时聘我任"学科负责人"，负责筹建"新闻学"专业，竟在43年后与"新闻学"结缘。经过近5年的学习、摸索，我这个新闻学专业的"外行"也渐渐成了"半内行"。但要我为本书写"序"，确实是勉为其难。

2006年9月，南方学院招录了一批新闻学专业的学生，为该专业制订教学计划时我颇费心思：新闻学能否成为一个专业？新闻学到底够不够成为单独的一门学科？后来，我翻阅了一些资料，原来我的这些想法其实早已有之。如"新闻无学论"、"浅薄论"、"无用论"、"非科学论"、"不独立论"、"不成熟论"等，特别是自20世纪70年代末80年代初传播学传入我国并获得快速发展后，更是出现了用"传播学取代新闻学"，或是用"新闻传播学取代新闻学"的论调，使得"新闻无学论"的声浪愈加汹涌。甚至连联邦德国格鲁纳·雅尔记者培训学院院长施奈德在会见中国访问学者时也表示，新闻是一种"技巧"，而不是"学问"。中国人后来将这一观点归纳为"新闻无学只有术"。

"新闻无学论"虽然有些偏激，但我们是不是也应该反思一下：为何会出现这种"新闻无学论"而且长期"阴魂不散"呢？是否与"新闻学出现较晚、理论体系不够完整、学科内容不够完善、概念表述不够严谨、学术研究不够规范、和新闻实践结合不够紧密"有关呢？

新闻学什么时候才在中国出现呢？一般认为，1918年10月14日成立的"北京大学新闻学研究会"，标志着我国将新闻作为一门科学进行研究的开端。

1

但从正规的学术研究意义上讲，中国新闻学的开端似应以 1903 年松本君平《新闻学》一书的翻译出版为标志。

然而，中国新闻学自起步阶段，重视的是新闻实践研究、业务技巧的训练和培养，而对新闻基础理论研究则不够重视。长期以来，有关新闻实践方面的著作出版数量不少，在新闻界的影响也较大；相形之下，关于基础理论方面的研究成果则不多见，加之相当数量的理论著述缺乏学理性，故在新闻界特别是在学术界影响不大。新中国成立以后至文化大革命，由于历史的原因，我国出版的关于新闻工作的书籍只有百来本，而且没有一本学术专著。直到 1982 年甘惜分的《新闻理论基础》出版，才有了新中国成立后的第一本新闻学著作。这也可能是"新闻无学论"在我国长期存在的重要原因。

此后的二三十年，在改革开放的背景下，我国出版的新闻传播学著作日渐增多。而作为新闻学学科支撑的新闻教育也在迅猛地发展，迄今为止，全国办有新闻学专业的高等院校已有数百所，新闻学研究机构也遍及高校和媒体。新闻学学术研究称得上是硕果累累，论文、专著、教材等学术成果已是数不胜数。仅 20 世纪 90 年代至 2002 年，出版的新闻和传播方面的书籍就有 1 500 本以上。新闻学的学术影响力已经越来越大。

新闻学的学科地位也随之不断地得到提升。1997 年，新闻学和传播学合起来被提升为一级学科；2002 年，教育部社会科学委员会将"新闻传播学"的名称从"语言文学学科"类中独立标出，与语言文学和艺术学并列，其表述方式为"语言文学、新闻传播学、艺术学"；2004 年，国家又将新闻学列为国家重点发展的九大哲学社会科学学科之一。

与此同时，新闻学也逐渐形成了自己的专业体系，已成为一门研究新闻事业和新闻工作规律的科学。学界普遍认为，新闻学学科有三大分支：一是历史新闻学，主要研究新闻活动、新闻事业和新闻思想发展的历史；二是理论新闻学，主要研究新闻学的原理；三是应用新闻学，主要研究新闻业务活动的原理和技巧。

如今，公开说"新闻无学"的人恐怕已经不多了，各高等院校新闻学专业所含的专业方向、所开设的课程虽不尽相同，但已基本只是"同质异构"而已。

就拿我们南方学院来说，她是属于二本 B 类的独立学院。因而，她既不能、不必培养新闻学科的研究人才，也不能培养只会实操的"新闻技工"。如何在这两者之间找到一个"平衡点"确实是个难题。经过近 5 年的教学实践，我们总算摸索到了一些"门道"。我们把培养目标定位在"新闻学应用型的人才"上，注重培养学生以下应有的能力：①掌握新闻学基本理论与基本知识；②掌握新闻采访、写作、编辑、评论、摄影、摄像等业务知识与技能；③具有敏锐的观察能力、较强的分析能力、过硬的写作能力；④了解新闻工作的方针、政策和法规；⑤了解中外新闻发展的历史、现状与新闻工作的发展动态、发展趋势。

新闻学学科建设的一个重大工程是教材建设。20世纪80年代，我国各高等院校流通的教材以中国人民大学新闻系和复旦大学新闻系出版的为主，其他高等院校缺少自己的系统教材。90年代的情况大大改观，各个高等院校的新闻传播院系陆续组织写作和出版具有自身特点的各种专业教材。到世纪之交，中国人民大学和复旦大学则全套更新和增补新的面向新世纪的系列教材，北京广播学院（现称中国传媒大学）也出版了成套的专业教材。

对我们而言，现在的问题不是缺少教材，而是缺少高质量的、适应时代发展的、适合二本B类新闻学专业自身特点的教材。可喜的是，我系杨萍、刘凡两位年轻教师勇敢地负起了历史赋予的重担，结合本身数年的教学实践和经验，经过两年的辛勤笔耕，几易其稿，写成了这本《新编新闻学概论》。

本书凝聚了"平平"、"凡凡"的学识、才情和心血，在体系、内容、论证、表达上都有"不平凡"的创新。体系上，融新闻学、传播学于一体。除传统的新闻理论，如新闻事业的属性与功能、新闻价值、新闻自由等之外，还补充了新闻媒介、新闻媒介的受众等传播学基础知识，为学习者提供了更广阔的理论视野。内容上，加入了最新网络新闻的相关内容，紧跟时代步伐。论证上，理论与案例相结合。用案例来说明理论，并更新使用了最新的一些案例，如2008年汶川地震、2009年番禺"垃圾门"事件、2010年上海"11·15"大火事故。表达上，在准确的前提下讲究通俗易懂。如对新闻事业的功能表述上，采用拟人的形象化表述，赋予新闻事业七大角色：守望者、整合者、教育者、娱乐者、服务者、经营者、监督者。尽管本书对理论的创新之处不多，理论深度还有待挖掘，但对于两位只有二十多岁的年轻教师来说，已是瑕不掩瑜、难能可贵了。

是为序。

邓点远

2011年2月18日于蒲园闲居

目录

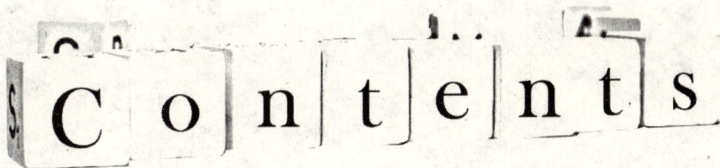

Contents

绪 论

新闻学与"新闻学概论"

　　同学们从高中跨入大学，选择了新闻学专业，第一门接触的专业课程就是"新闻学概论"。在上课之初，大家一定非常想了解关于新闻学专业的一些情况：这门学科学什么？它有多少年的历史？发展现状如何？该如何学习？

　　在了解学科的总体情况以后，大家关心的另一些问题就是："新闻学概论"这门课程主要介绍什么？学习的意义何在？

　　本章"绪论"将为大家一一解答这些疑惑，希望同学们由衷地热爱新闻学这门学科，并重视"新闻学概论"的学习。

一、新闻学学什么

任何一门学科都是以客观世界的某一特定现象作为自己的研究对象的。作为一门独立的社会科学，新闻学的研究对象是人类社会客观存在的新闻现象和新闻活动，重点研究人类新闻传播活动发展到一定阶段的产物——新闻事业，具体包括：新闻事业的历史和现状；新闻事业产生、发展的普遍规律；新闻事业的社会地位和作用；新闻业务的技能和知识；新闻工作的基本要求和原则等。换言之，新闻学既是对新闻工作实践经验的高度抽象，又是对新闻传播概念系统、知识体系和新闻事业运行规律的集中概括。

整个新闻学的学科体系按研究内容的侧重不同，可以分为历史新闻学、理论新闻学和应用新闻学三部分。

1. 历史新闻学

历史新闻学评述和研究有史以来人类的新闻活动，重点研究新闻事业产生和发展的历史以及新闻界名人史。具体包括：探寻人类最早的信息传播活动是怎样产生的；是什么力量在推动着人类新闻传播活动的发展；新闻传播媒介是怎样从低级形式向高级形式演进的，它与社会生产力的发展有什么联系等。它既可充当新闻理论科学的历史教材，又可供当前的新闻工作者借鉴。在国内各新闻院系的专业课程安排中，历史新闻学一般由"中外新闻事业史"、"名记者研究"之类的课程来介绍。

2. 理论新闻学

理论新闻学总结、阐明人类新闻活动尤其是新闻事业的基本规律。具体研究新闻的本质特征，新闻传播活动中的各种矛盾关系，新闻事业在社会生活中的地位和作用，新闻事业的社会功能和特点、工作原则、方法和一般规律等。理论新闻学从新闻实践中抽象而来，又指导新闻实践。在国内各新闻院系的专业课程安排中，理论新闻学一般由"新闻理论"或"新闻概论"之类的课程来介绍。

3. 应用新闻学

应用新闻学总结、研究各种新闻业务知识和新闻工作的技能技巧。具体介绍新闻采访与写作、新闻编辑、新闻评论、新闻摄影、广播新闻、电视新闻、传播科技、新闻事业经营与管理等方面的技能方法和一般规律。在国内各新闻院系的专业课程安排中，应用新闻学一般由"新闻采访与写作"、"报纸编辑或广播电视节目编排"、"新闻评论"、"新闻摄影"、"广播电视新闻采摄"、"新闻事业经营与管理"等课程来介绍。

新闻学这三个部分是不可分割的一个整体。历史新闻学是基础，丰富的新闻史料是总结和概括新闻理论不可缺少的条件，也是新闻业务研究的重要借鉴内容；理论新闻学是新闻学研究的核心，正确的新闻理论是新闻事业史和新闻业务研究的可靠指南；应用新闻学是新闻学研究的落脚点，一切新闻理论和新闻事业史的研究，都是为做好新闻工作提供方法和武器，其目的和归宿都是为了服务于新闻业务实践。如果只有理论、历史，而没有实际应用的部分，那么理论、历史将不能发挥其应有的作用，新闻学也就失去了现实存在的意义；如果只有实际应用部分，而没有理论、历史，那么只能使人"知其然，而不知其所以然"，虽然也能从事新闻工作，但缺少对事物本质的把握，必然导致工作的盲目性和机械化。

二、世界新闻学的形成与发展

人类的新闻传播活动早已有之，但专门研究新闻传播现象及其活动规律的新闻学学科的形成却是在近代报纸出现以后的事情。新闻学从最初的形成，到现在日益成为一门显学，主要经历了以下三个发展阶段：

1. 萌芽与形成

萌芽状态的新闻学，最初是包含在它的母体——政治学之中的。大约在17世纪中叶，正当新兴资产阶级代表先进生产力向封建制度及其统治者作斗争的时候，一方面要拥有贸易自由权，另一方面也要争取政治和思想上的自由权。1644年，英国著名诗人、政治家约翰·弥尔顿发表了一篇著名的演讲词《论出版自由》，最早提出了"新闻自由"的口号和思想，这篇演讲词也被认为是最早探讨新闻传播现象的文章。新闻自由理论的提出标志着新闻学的萌芽。

17世纪中叶以后，报纸对人们生活的影响日渐扩大，新闻事业有了较大发展。许多人包括编辑、记者和其他学科的学者对报业产生了兴趣，他们开始研究报纸的本质、作用和读者接触报纸后的变化等。17世纪末，德国的一些大学生在导师的指导下开始以报业为研究对象撰写学位论文。早期的新闻学基本上是以报纸作为唯一的研究对象，因此一般又称为"报学"。"报学"意义和阶段上的新闻学以探讨报纸的采写和编排方法与技巧为主要内容，研究的主要目的在于为新闻职业的培训服务，主要是"术"的研究。

与其他学科的形成类似，伴随着新闻事业的发展，新闻学也从"术"的研究向"学"的研究过渡。1845年，德国人普尔兹撰写的《德国新闻事业史》一书，使新闻学研究跳出了纯业务技能的狭窄范围，被认为是世界上第一本新闻学专著，标志着新闻学学科开始形成。

2. 成熟与发展

进入 20 世纪，系统化、专门化的新闻理论专著开始问世，标志着科学意义上的新闻学发展进入了成熟阶段。

报业的发展促进了新闻教育的兴起。从 19 世纪下半叶起，在德国、美国等一些欧美国家开始出现了一批新闻院校和新闻系、科或专业，其中最有代表性的是 1908 年建立的美国密苏里大学新闻学院和 1912 年建立的美国哥伦比亚大学新闻学院。一些新闻院校的教师成为新闻学研究的开拓者和主力，他们除了讲授新闻实务课程外，还对新闻工作和新闻事业进行理论性研究，以争取新闻学在大学中的学科地位，并争取学术界的认可。这期间，一批学术刊物陆续出版，一些研究论文和专著相继问世，为新闻学的成熟和发展奠定了基础。

1903 年美国新闻记者休曼的《实用新闻学》、1922 年美国著名报刊专栏作家沃尔特·李普曼的《舆论学》和 1924 年美国著名报人约斯特的《新闻学原理》等几本新闻学专著的出版，是新闻学走向成熟的标志。

休曼的《实用新闻学》作为美国第一本实用性新闻学专著，其内容涉及新闻采写、编辑、新闻史、新闻伦理、新闻法规等方面的知识，初步建构起新闻实务与新闻理论、新闻历史相结合的新闻学研究体系。

李普曼的《舆论学》一书把舆论传播作为新闻现象的本质，阐明了舆论传播与新闻的关系，揭示了舆论传播与新闻学的深刻内涵，为新闻学研究拓宽了视野。

约斯特的《新闻学原理》则系统地论述了新闻起源、新闻性质、新闻真实、新闻伦理、新闻选择标准、新闻社会责任等涉及新闻学原理的一系列问题，为新闻学学科的理论体系构筑了基本的框架。

3. 借鉴传播学

在此后的几十年，西方新闻学研究不断拓宽领域、深化内容，逐步形成自己较为系统的学科体系。从 20 世纪 50 年代以后，新闻学开始借鉴传播学的研究思路和研究方法，开辟了新的研究领域，促进了新闻学研究的深入和发展，在一定意义上提升了新闻学的学科地位。

传播学诞生于 20 世纪 20—40 年代的美国，其从更大的范围和更广的领域来研究人类包括新闻传播活动在内的一切传播活动。作为一门新兴学科，它吸收了许多相关学科的理论原理和研究方法，形成了自己独特的研究方向、研究内容和研究方法。

美国学者施拉姆是第一个把传播学作为独立学科进行研究的人，被称为传播学理论的集大成者。施拉姆是最先综合运用新闻学、政治学、社会学、社会心理学、语言学等多种学科的观点和方法研究传播学的理论家，在长达 40 年的学术生涯中,他出版了 30 部传播学著作和大量论文,其代表作有《报刊的四种理论》、《人、信息、媒介——人类传播论》和《大众传播媒介与社会发展》等。1956 年出版的《报刊的四种理论》一书,按照世界上不同历史时期、不同的新闻体制和新闻控制模式,将当代新闻理论概括为"集权主义理论"、"自由主义理论"、"社会责任理论"和"苏联共产主义新闻理论"四种。此书成为西方新闻学中具有代表性的新闻理论著作,书中所提出的观点也成为西方新闻学中具有代表性的理论观点。此书的出版和流行,标志着新闻学发展到了一个新的高峰,新闻学从此又一次扩展视野,走出原有新闻学只限于新闻研究的境地,开始进入了新闻传播学的发展阶段。

从 20 世纪六七十年代开始,西方新闻学研究开始向更加广阔的领域发展,先后出现了"新新闻学"、"调查新闻学"、"精确新闻学"、"发展新闻学"等新的交叉学科。80 年代又出现了"公共新闻学"等新学科,大大丰富了新闻学的学科领域和内涵。

正是在这种不断演进和深入的过程中,新闻学逐渐发展成为对社会、对公众有着重大影响的一门社会科学学科。

三、新闻学在中国

新闻学在中国的发展经历了一个漫长的过程。经过若干代人的努力,形成了一大批成果,其中不乏历久而不失其价值的理论观点。作为生长在有悠久历史的中华文明古国的中国人,有必要对中国新闻学学科的发展情况进行了解。同时,新闻学不可避免地带有意识形态特征,掌握中国共产党领导下的无产阶级新闻学的内容对以后从事新闻工作具有实际意义。

1. 起源与成熟

1918 年 10 月 14 日,北京大学成立了我国第一个新闻学教育和研究机构——北京大学新闻学研究会,该研究会以"研究新闻学理,增长新闻经验,以谋新闻事业之发展"为宗旨,是中国将新闻学作为一门学科进行研究的开端。北京大学校长蔡元培兼任研究会会长,留美归来的徐宝璜教授和《京报》社长邵飘萍成为研究会最早的专任导师。毛泽东、谭平山等 55 人成为研究会的首批学员。

"但是,认真地说来,有关新闻思想的论述,并不自 1918 年始。早在上一个世纪的七八十年代,就已经有大量这方面的论文出现了。至于有关新闻思想的片言只语和断简另篇,则问世更早。其上限,甚至可以一直追溯到上一个世纪的四五十年代。"① 按照报刊史专家方汉奇教授的说法，我国的新闻学研究可以说与西方国家几乎同时起步。

我国的新闻学研究若究其源头，最初起始于鸦片战争至辛亥革命前后出现的一批资产阶级思想家、政治家和宣传家，如洪仁玕、梁启超、孙中山、王韬、郑观应、谭嗣同等，他们都提出了自己的新闻思想和对报刊的理解。

1859 年，太平天国后期领导人洪仁玕在《资政新篇》中的"新闻篇"中提出，报纸的功能主要有：政治传播功能（"上下情通，中无壅塞弄弊者"）；舆论监督功能（"民心公议"，"以泄奸谋"）；信息传递功能（"新闻馆以报时事常变、物价低昂"，"商农览之得以通有无"）；人伦教化功能（"上览之得以资治术，士览之得以识变通"，"昭法律、别善恶、励廉耻、表忠孝"）。

作为资产阶级改良派代表人物，梁启超先后参加过《中外纪闻》、《强学报》、《时务报》和《新民丛报》等十几种报刊的创办、主编及编辑出版工作，是著名的办报大师和政论家，也是资产阶级新闻思想的奠基人和集大成者。他在《论报馆有益于国事》、《清议报第一百册祝辞并论报馆之责任及本馆之经历》、《舆论之母与舆论之仆》等专论文章中提出了许多重要的办报思想，他把报纸比做喉舌，强调报纸具有"去塞求通"的功能；认为报纸应处在与政府平等的地位，担负起"监督政府"和"向导国民"的两大天职；提出办好报纸必须具备四个条件，即"宗旨定而高"、"思想新而正"、"材料富而当"、"报事确而速"；提出本报（《时报》）论说"以公为主"、"以要为主"、"以周为主"、"以适为主"，本报纪事"以博为主"、"以速为主"、"以确为主"、"以直为主"、"以正为主"的新闻观点，触及了新闻活动的部分内在规律。

孙中山是资产阶级革命家和宣传家，曾亲自指导创办《中国日报》、《民报》等革命报刊，并使之成为资产阶级革命派同封建统治者和资产阶级改良派斗争的武器。他在为《民报》写的发刊词中，希望《民报》能成为同盟会的"喉舌"，担负起"先知先觉之天职"，发挥好"开启民智"的作用。他提出了为了宣传革命的需要，必须创办机关报，而机关报必须把宣传革命政党确立的"民族、民主、民生"的纲领和主张作为首要任务的新闻思想。

以上人士对于新闻和报纸的认识，大抵都受到西方资产阶级新闻思想的影响。他们的部分见解，为我国新闻学的形成提供了丰富的理论源泉，特别是他们关于报纸性质、功能、任务、作用等方面的论述，成为后来人们认识新闻事业性质和功能的重要依据；他们关于新闻真实、新闻时效、新闻伦理、新闻文风等方面的论述，也成为后来新闻学研究的重要内容。

---

① 胡太春. 中国近代新闻思想史. 太原：山西人民出版社，1987.1

20世纪20年代前后，我国新闻学发展逐步进入成熟期，其标志是三本有代表性的新闻学专著的出版：1919年徐宝璜的《新闻学》、1923年邵飘萍的《实际应用新闻学》和1927年戈公振的《中国报学史》。这三本分别研究新闻理论、新闻业务和新闻历史的专著，虽然在结构和体例上都还不是很完善，内容也不够全面、深入，却说明我国的新闻学研究已经有了自己最早的学术专著，并形成了自己最初的学科体系。①

徐宝璜的《新闻学》是我国第一本新闻学专著。其篇幅虽然不长，但内容十分丰富，既有诸如新闻学性质、新闻定义、新闻价值等新闻基础理论，又有涉及新闻采写编评方面的新闻业务知识，其结构和体例与休曼的《实用新闻学》相似。作者在自序中说："对于新闻学之重要问题，则皆为有系统之说明；而讨论新闻纸之性质与其职务，及新闻之定义与其价值，自信所言，颇多为西方学者所未言及者。"②他在对西方新闻理论进行深入研究、有所借鉴的基础上，更多地体现出创新的精神和理论研究的系统性。此书成为当时国内最有影响的代表性新闻学著作，而且一直是后人研究新闻学的重要依据。徐宝璜也因其在新闻学教育和新闻学研究方面的杰出贡献被誉为"新闻教育开山祖"、"新闻学著述的第一位大师"。当时《京报》曾这样评论徐宝璜的《新闻学》："在中国新闻学史上，有不可磨灭之价值，无此书，人且不知新闻为学，新闻要学，他无论矣。"③

一批新闻院系和新闻学术研究团体也在此时纷纷建立，使新闻学研究的队伍不断壮大。1920年上海圣约翰大学设立报学系，随后，厦门大学、北京平民大学、燕京大学、上海南方大学、复旦大学等陆续建立报学系（新闻系）、科或专业。这些院系在进行新闻教学的同时，还组建了新闻学研究机构，创办新闻学学术刊物，积极开展新闻学研究。一些新闻学研究机构和团体也纷纷建立，如1926年黄天鹏倡议成立的北京新闻学会、1931年在上海成立的中国新闻学研究会、1938年范长江等人发起成立的中国青年新闻记者学会和1941年在重庆成立的中国新闻学会等，这些新闻学研究机构的建立对新闻学研究起到了积极的促进作用。

新闻学专著的出版也层出不穷，仅在20世纪30—40年代，就有百余种新闻学专著出版。其中较著名的有黄天鹏的《新闻学名论集》、储玉坤的《现代新闻学概论》、任白涛的《综合新闻学》和萨空了的《科学的新闻学概论》

---

① 郑保卫. 新闻理论新编. 北京：中国人民大学出版社，2007.6

② 徐宝璜. 新闻学·自序. 北京：中国人民大学出版社，1994.10

③ 徐宝璜. 新闻学·黄天鹏序. 北京：中国人民大学出版社，1994.15

等，显示了中国新闻学的发展潜力和势头。

2. 无产阶级新闻学

无产阶级新闻学作为一种崭新的学科理论，是在同资产阶级新闻学的比较与斗争中逐步形成和发展起来的。其以 19 世纪马克思和恩格斯作为创立者和奠基者提出并深刻阐述的一系列基本理论和基本观点作为起点，期间经历了以列宁为代表的俄国布尔什维克党人和以毛泽东为代表的中国共产党人不断继承、创新和丰富、发展的长期过程，逐步形成了科学的理论体系。

从 20 世纪 20 年代开始，中国共产党领导的新闻事业的形成和不断发展成为中国新闻史上的重要事件。中国共产党人的报刊活动实践及其办报理念丰富和发展了无产阶级新闻学，为我国新闻学研究开辟了新的领域。以毛泽东为代表的中国共产党人的新闻思想同马克思、恩格斯和列宁的新闻思想是一脉相承的。他们接受并阐述了无产阶级革命导师的部分理论观点，同时又根据中国政治、经济状况的不同特点以及中国共产党所肩负使命、任务的特殊要求，对党报的性质、任务、功能、工作原则等作了新的理论概括和阐述，使无产阶级新闻学在新的历史条件下充实了新的内容，显示了新的生命力。

由于始终处于对敌斗争的状态，中国共产党人前期的新闻实践与新闻理论都是服从和服务于政治斗争的。党的早期领导人，从陈独秀、李大钊到毛泽东、周恩来，都非常重视新闻工作，而且都有着丰富的报刊活动实践。作为党的活动家和领导人，他们在指导革命报刊工作的过程中，对其性质、任务、工作原则和方法等作过许多阐释和论述，形成了他们独特的报刊思想。

1931 年 10 月 23 日，瞿秋白领导的中国新闻学研究会在上海成立，这是我国第一个研究无产阶级新闻学的学术团体。成立大会宣言指出："新闻之发生，是依据于社会生活的需要；社会生活的整体，是基于被压迫的广大的万万千千的社会群众。所以我们除了致力于新闻学之科学的技术的研究外，我们更将以全力致力于社会主义为根据的科学的新闻学之理论的阐扬。"这一宣扬公开亮出了以社会主义为根据的"科学的新闻学之理论"的旗号，其意义是不可低估的。

进入 20 世纪 40 年代，中国共产党领导下的无产阶级新闻学研究取得了重大成果和深入发展，进入了成熟期。1941 年，延安中央研究院设立新闻研究室。1942 年开始整风运动，《解放日报》改版、《晋绥日报》"反客里空运动"从正反两方面总结了党的新闻工作的经验和教训。陆定一的《我们对新闻学的基本观点》、毛泽东的《对〈晋绥日报〉编辑人员的谈话》、刘少奇的《对华北记者团的谈话》等经典性新闻文章和讲话对党报理论作了较为系统的总结：强调新闻工作要坚持党性原则，党报要无条件宣传党的思想主张和中央的路线政策，同时还要检验和考察党的政策，为党修订政策提供事实依据；强调党的报纸同时也是人民的报纸，党报要保持对党负责和对人民负责的一致性，党报既要当好党的耳目喉舌，又要当好人民的耳目喉舌；提倡"政治家办报"，强调新闻工作的领导权要掌握在真正的马克思主义者手中；提出"全党办报，群众办报"的方针，坚持依靠党的组织和全体党员，依靠广大人民群众办好报纸的工作路线；强调确立辩证唯物主义和历史唯物主义的新闻观，注重调查研究，崇尚实事求是，坚持新闻的真实性原则；重视文风建设，反对党八股，提倡群众喜闻乐见的中国作风和中国气派，等等，充实和丰富了无产阶级新闻学的内容。

3. 社会主义新闻学

社会主义新中国的成立，为新闻事业的发展创造了前所未有的环境和条件，也对新闻学的发展提出了新的要求和任务。新闻事业如何继承和发扬延安整风以来所形成的党报传统，如何适应社会主义革命和建设的需要，如何为人民群众的生产和生活服务，成为新闻学研究需要解决的重要课题。

1956 年，刘少奇在对新华社和中央广播事业局负责人的几次讲话中，集中阐述了一些重要的理论观点。他提出，新闻报道要坚持客观、真实、公正、全面，同时必须有立场；新闻报道要考虑利害关系，要看其对人民和无产阶级事业是否有利；报纸办得好不好要由读者来检验和评判；新闻不能只强调政治立场，还应当强调思想性、艺术性和兴趣；新华社要建设世界性通讯社，要学习苏联塔斯社，同时也要学习资产阶级的通讯社等。这些理论和观点对于充实和丰富马克思主义的新闻思想具有重要意义。

1956 年 7 月，以《人民日报》改版为代表的新闻改革，成为新中国成立初期中国新闻改革成果的标志。这次包括报纸、通讯社和广播等新闻机构在内的全面改革，在新闻观念、报道内容、传播方式和文风建设等方面都有许多新的突破，使得改革后的新闻传播更加适合人民群众的需要，更加适合各项工作的需要。这次改革形成的新闻理论成果，为我国社会主义新闻学的建立奠定了一定的基础。

遗憾的是，从 1957 年开始的反右斗争，使得这场刚刚取得效果的改革夭折。从那以后，一直到文化大革命结束，在长达 20 年的时间里，由于受"左"的路线长期影响，中国新闻事业的发展受到了严重挫折，新闻学研究也几乎陷入停顿状态。特别是文化大革命的十年，新闻事业沦为"四人帮"一伙篡党夺权的工具，而"阶级斗争工具"、"无产阶级专政工具"则成为当时对新闻学理论的全部概括。

随着文化大革命结束以及 1978 年中共十一届三中全会召开，中国新闻事业进入了新的发展时期，新闻学研究也迎来了最好的时期。1978 年，中国社会科学院成立了新闻研究所，这是新中国成立的第一个全国性的新闻学研究机构。一些新闻院系、媒体和部分省市也纷纷建立专门的研究机构，出版新闻学学术刊物，开展学术研讨活动，促进了新闻学研究和新闻改革的全面展开。

在实行改革开放的大背景下，通过消除极"左"路线的影响，吸收与引进西方新闻学与传播学的研究成果，我国新闻理论界和实务界在新闻观念、报道内容、传播形式、管理体制、经营理念和运行机制诸多方面进行了卓有成效的改革，积累了可贵的经验。"信息观念"、"效益观念"、"竞争观念"、"受众观念"、"服务观念"、"市场观念"等各种新观念逐渐获得认同，大大丰富了社会主义新闻学的理论内涵。

邓小平作为中国共产党承上启下的一代领导人，在改革开放新时期指导新闻事业为宣传社会主义经济建设和推动新闻改革作出了重要贡献。他提出，党报、党刊一定要无条件地宣传党的主张；党的新闻事业应当坚持四项基本原则，成为全国安定团结的思想中心；新闻工作应当把重点转移到社会主义经济建设的宣传上来，在服务"四化"建设方面发挥积极作用；新闻工作要坚持改革，要为党和国家改革开放的总方针服务；新闻工作要把社会效益放在第一位，坚持社会效益与经济效益的统一；新闻工作者要成为人类灵魂的工程师等。这些内容大大充实了中国共产党的新闻思想，成为马克思主义新闻思想的重要组成部分。

经过 30 多年的改革，我国新闻学研究硕果累累，学科地位不断提升。1987 年，新闻学被国家科委正式列为 15 个人文和社会科学学科之一，从此，新闻学终于取得了自己独立的学科地位①；1997 年，新闻传播学一跃成为一级学科，新闻学成为其下属的二级学科；2004 年，中央将新闻学确定为国家重点发展的九大哲学社会科学学科之一。

四、如何学习新闻学

通过对世界范围内和中国区域内新闻学形成与发展情况的总结与梳理，可以看出新闻学在其发展过程中积累了不少研究成果，那么，我们应当如何学习新闻学呢？

1. 坚持以马列主义、毛泽东思想为指导

作为一种科学的世界观和方法论，马列主义是建设一切社会主义事业的指导方针，也是我国一切科学研究的指导思想。新闻学作为一门具有鲜明政治性

---

① 郑保卫. 新闻理论新编. 北京：中国人民大学出版社，2007.10

的社会科学，尤其需要用马克思主义的立场、观点和方法去分析一切新闻现象、总结新闻活动的规律和特点，以更好地指导新闻实践。

在中国学习新闻学，应当将马克思、恩格斯、列宁和毛泽东等无产阶级革命家在长期的报刊活动中提出的新闻工作的重要思想和经典论著作为重点学习内容。具体地分析他们提出的一些基本原理和原则，吸收其中即使在今天仍有普遍指导意义的理论成果。尤其要注意运用作为当代马克思主义最新理论成果的邓小平理论、"三个代表"重要思想和科学发展观来指导新闻学研究，要为探索和建立中国特色社会主义新闻学理论体系而努力。同时，禁止用教条主义和形式主义的方式方法将他们的某些观点生吞活剥或生搬硬套。

对于西方新闻学，我们也要坚持以马列主义、毛泽东思想为指导，从实际出发，具体问题具体分析，取其精华，弃其糟粕。西方新闻学先于无产阶级新闻学产生，它们在揭示新闻传播的一般特征和普适性规律方面作出了积极、有益的贡献，其中的许多内容迄今依然具有一定的理论价值和实践意义，如新闻价值理论、社会责任论、客观公正报道原则、受众兴趣与需要原则、新闻伦理规范、新闻法规规范、新闻自由思想、新闻事业管理与经营思想等。这样一些反映新闻专业品质、体现新闻专业理念、揭示新闻活动内在规律的理论观点，有助于我们更好地理解新闻的本质特征和新闻传播的一般规律，值得我们学习和借鉴。在此过程中，我们要注意剔除那些不符合我国国情的、完全体现和代表西方国家特有的价值观的东西。

2. 坚持理论联系实际

新闻学具有一个鲜明的学科特点——实践性，因此，学习新闻学时要将理论与实践结合起来，才能理解理论中的基本概念、基本原则、基本规律和基本方法，才能结合实践中存在的问题，发现理论中存在的缺陷并进而对其进行修正。坚持理论联系实际，坚持实事求是，一切从实际出发，是学习新闻学必须遵循的重要原则和方法之一。

这里说的"实际"既包括国内外的局势变化，也包括当前新闻工作的实际。学习新闻学应当密切关注国际时局的变化和国家的发展动态与趋势，同时要敢于触及当前传媒业发展和新闻工作实践中所提出的各种热点、难点问题，深入调查研究，认真总结经验，科学地作出理论回答。作为新闻专业在校学生，不要"一心只读理论书"，平时应关心国内外大事和各种新闻热点问题，充分利用课余时间参加校内媒体的运作或社会媒体的实习，近距离接触实践，在实践中检验和完善理论。

3. 独立思考，善于质疑

学习新闻学，还要求独立思考、勇于探索、敢于和善于质疑。由于新闻学具有很强的实践性，而实践总是不断变化的，因而学习者常常会碰到新现象、新问题，需要就新现象、新问题加以研究，提出自己的看法。尤其是针对一些有争议的学术问题，更应解放思想、充分讨论，通过争鸣取得共识。当然，在质疑中要持有严格的科学态度和大无畏的求实精神，要坚持实践是检验真理的唯一标准的原则，做到"不唯上，不唯书，重在唯实"。要善于在扎扎实实的理论研究中发现真理和发展真理，也要敢于在各种复杂的政治背景和社会条件下坚持真理和传播真理。

4. 吸收和借鉴其他学科的养分

新闻学给了我们一种从事新闻工作的思维方式，使我们善于去发现新闻、发掘新闻，掌握从事新闻工作的基本技能技巧。但是，在新闻学里观察、理解现实和评价事实的是非曲直、利弊得失、荣辱好恶的价值体系或参照系，则需要从其他学科中吸取养料。

除了学习新闻学方面的相关课程外，大家还应积极涉猎政治学、法学、经济学、哲学、文学、心理学等学科的知识，扩大自己的知识面，以增加自身的知识底蕴，为以后从事专业的新闻工作打好基础。

除了扩大知识面，学习者还要借鉴其他学科的科学研究方法，为新闻学取得科学的研究成果服务。科学研究通常需要运用实证和理性分析方法，对自己所反映和描述的特定事物、现象进行观察、证实和逻辑推理，以证明其合理性。这种合理性要求在概念运用上必须做到清晰和准确，在逻辑推理上应当做到连贯与一致，要避免出现相互矛盾的现象。因此，新闻学研究除了要坚持运用马克思主义的一些基本方法之外，还应注意引入一些现代科学研究的新方法。如可以用"信息论"、"系统论"、"控制论"的理论原理和方法来分析、解释新闻传播活动中的许多矛盾现象。还要善于运用数学和统计学方法，将新闻学研究从过去的仅仅依靠定性分析，发展到合理地运用定量分析的实证研究，从而增强新闻学研究的精确性、科学性和权威性。

每一个立志于新闻学学习和研究的人都应当用科学的指导思想武装自己，面向实际，独立思考，善于质疑，开阔视野，不断拓宽新的学习和研究领域，为新闻学的繁荣和发展作出新的贡献。当然，学习理论的方法还有很多种，希望大家在学习过程中不断总结，找到一条适合自己的路径，从而了解和掌握新闻学学科体系，进而为以后从事新闻实践打好基础。

五、"新闻学概论"的内容及学习意义

在前面我们了解到，整个新闻学科分为三大板块：理论新闻学、历史新闻学和应用新闻学。其中的理论新闻学就是本教材《新编新闻学概论》的主要

研究内容。具体包括：什么是新闻、新闻的本质特征；新闻事业产生和发展的规律；新闻事业作为一种社会事业的属性和功能是什么；新闻事业的发展受到哪些社会政治、经济和文化等因素的制约和影响；在现代社会中，各种政治组织、经济机构和社会团体是如何利用和控制新闻工作的；从事新闻事业应当享有哪些自由，新闻工作者应当承担什么责任；新闻受众在新闻传播中的地位如何；各种新闻事业的运作、经营和发展有哪些共同的规律可循；新闻选择与新闻价值等基本概念、基本观点与基本规律。

"新闻学概论"作为介绍新闻学体系中的基础理论部分的课程，对于本专业其他课程具有理论统领意义，是新闻专业学生必修的一门主干课程。恩格斯曾说："一个民族想要站在科学的最高峰，就一刻也不能没有理论思维。"[1] 德国哲学家费尔巴哈也说："作为起源，实践先于理论；一旦把实践提高到理论的水平，理论就领先于实践。"可见，学习新闻理论、形成理论思维对于科学发展非常必要；同时，理论是有前瞻性和生命力的，对现在的实践无疑具有指导作用，同时对于事物发展的必然趋势具有预测功能，能正确地指导事物朝着符合客观规律的方向前进。

1. 学习新闻理论，能够增强理论思维

理论思维并不是仅仅熟知多少定义、概念和规律等知识性的东西，"更重要的品格是能够超越和透过客观事物的表面，直接认识和看取隐蔽于现象内的本质和规律"[2]。这里所说的理论思维不是单指某一学科或专业的研究方法和理论思维，而是最普遍的抽象意义和哲学意味上的理论思维。

我们学习新闻理论，绝不能完全采用实用主义的态度，只是为了能够具体指导自己的新闻写作和业务活动，最重要的应该是充分训练自己的理论思维。只有掌握了较强的理论思维能力，才能自觉和自如地对世界上一切事物和社会现象取得最深刻、最本质的认识，从而把握主动权。

2. 学习新闻理论，能够正确指导具体的新闻实践

新闻理论来源于实践，但又不是实践经验的简单堆砌，而是实践经验的抽象和总结，即对实践经验中所含有的具有普遍性的新闻工作客观规律的认识，这对实践具有一定的指导作用。

一般来说，新闻学中的应用部分着重于具体的工作方法，教会大家怎样做；而新闻理论则阐述人类新闻活动客观必然性的道理，从社会新闻活动的全局出发，系统地告诉我们为什么必须这样做，为什么不能那样做，让我们知其

---

① 童兵. 理论新闻传播学导论. 北京：中国人民大学出版社，2000.1
② 郝雨，王艳玲. 新闻学概论. 上海：上海大学出版社，2003.19

然亦知其所以然。新闻工作者如果缺乏新闻理论修养，就会阻碍自己前进，因为只懂得应该怎么做，不明白为什么必须这样做，虽然也能学习现成的经验，但工作达到一般的水平后就很难突破，不大可能去创造新的经验。只有既懂得应该怎么做，又明白为什么必须这样做，才可能根据实际情况，探索新的工作方法，创造新的工作经验，才能把新闻实践不断地向前推进。

3. 学习新闻理论，能够指导新闻事业不断地进行正确改革

新闻事业反映现实世界，现实世界的不断变化决定了新闻事业需要不断地进行改革，而新闻改革只有遵循新闻事业的客观规律才能取得成功。新闻理论具有前瞻性，因此，其对于新闻事业未来的发展具有指导作用，并且这种指导是符合事物发展方向的。只有改革的愿望而没有科学的态度、没有对客观规律的正确认识，那在实际改革中就会左右摇摆或人云亦云，不能很好地按照新闻规律认清改革的目标。从我们党领导的新闻事业来看，1942 年 4 月开始的新闻改革，1956 年的新闻改革以及从 1979 年开始、至今仍在进行的新闻改革，都伴随着总结新闻工作的经验教训和学习、探讨新闻理论的热潮。因为新闻工作的许多问题需要新闻理论来阐述，新闻改革更加需要新闻理论的指导。

新闻理论作为学习新闻学学科的序幕，它为刚刚踏入新闻学殿堂的初学者揭示了新闻学的基本学科框架，厘清了新闻学研究的基础问题和基本知识，为进一步学习新闻学打下基础，为以后从事具体的新闻实践提供理论指导，同时对于指导整个新闻事业的发展也有重要意义。

【思考与练习】

1. 简述新闻学和传播学的关系。

2. 查阅相关资料，了解无产阶级新闻学与资产阶级新闻学的区别与联系。

3. 联系实际，谈谈学习理论新闻学的意义。

4. 你将如何安排你的新闻专业学习？谈谈你的计划。

【推荐阅读】

1. 徐宝璜. 新闻学. 北京：中国人民大学出版社，1994

2. 邵飘萍. 邵飘萍新闻学论集. 北京：北京大学出版社，2008

3. 戈公振. 中国报学史. 北京：中国新闻出版社，1985

4. ［美］威尔伯·施拉姆. 报刊的四种理论. 北京：新华出版社，1980

第一章

人类的新闻活动

学习新闻学，必须从新闻活动说起。人类的社会实践，始终伴随着各种各样的新闻活动。只是在不同的时代背景、社会环境之下，新闻活动借助的媒介工具和表现出来的特征各不相同。随着社会生产力的提高，新闻活动的内容日益丰富，传播手段日益先进。新闻活动不仅反映了人类物质生产和社会生活的面貌，而且编织了一张巨大的社会精神交往之网。社会的政治、经济、文化，无不与之产生关联。考察人类的新闻活动，能使我们对新闻传播形成最初的感性认识。

第一节　新闻活动概述

　　我们处在一个信息时代。每天我们都会通过各种渠道获得大量信息，其中有些信息反映了社会生活的新情况和社会发展的新变动，这类信息就是新闻。大到国家与国家之间的外交活动、政府新法规的出台、宏观政策的调整，小到菜价的波动、小区管道的维修、新近的演出资讯，都会引起人们的关注和兴趣。试想一下，我们会通过哪些途径获知新闻？大众新闻媒介，如报纸、广播、电视、互联网等都是现代人获取新闻的主要途径。在上班的途中，坐在公共汽车上或是地铁里，人们会阅读报纸，了解国内外大事；开私家车的人会打开收音机，收听新闻节目。下班回家，很多人也会打开电视机，收看央视的《新闻联播》或其他的一些新闻节目；或者是上网浏览新闻网站，获取最新的信息。除此之外，我们还会通过人际交流来获知新闻。在与朋友或同事聊天时，我们常常会把新闻作为谈资。很多新闻，我们或许是从家人、朋友、同事那里知道的。在一些公共场合，如车站、茶馆、广场等，新闻是人们交流谈论的重要话题。通过交谈，每个人的信息量都增大了。分享新闻是融入人际网络的重要方法，谁都不愿成为"孤陋寡闻"的人。一些重大的新闻事件还会被人们关注很长一段时间，如北京奥运会、上海世博会等。在获知新闻之余，我们同样乐于传播新闻。在我们的身边，总会有一些"消息灵通"人士，他们经常把新的消息传播给其他人。善于传播新闻甚至能提升一个人的个人形象。报社、广播电台、电视台经常会接到群众提供的新闻线索，俗称"新闻爆料"，这使得新闻媒体传播的新闻内容更加丰富多样。除了口头传播，一些新兴媒体为我们传播新闻提供了便捷的渠道，如我们可以在网络论坛中发帖，讲述自己的所见所闻；也可以通过手机短信的方式，传播我们认为有价值的新闻。由此看来，我们每个人不仅是新闻的接收者，同时也是新闻的传播者，我们以各种形式进行着新闻活动。

　　再思考一个问题：我们通过新闻活动获得了什么？首先，当然是获得了关于环境变动和社会发展的新信息。人作为"社会人"，其社会活动离不开新闻信息，新闻信息是我们作出决策的重要依据。例如，出行需要了解天气变化的信息，投资理财需要了解财经信息，入学需要了解招生信息，找工作需要了解就业信息，各行各业的人都需要了解本行业的发展动态。如果说上述情况偏重于新闻的实用性，那么还有大量的新闻通过反映社会政治、经济、文化等各个领域的新情况和新变动，帮助我们认识客观现实世界，确定自己在社会中所处的位置，并增强社会认同感。其次，我们从新闻活动中获得了精神上的满足感。阅读和收看（听）新闻使我们能够"耳听六路，眼观八方"，始终紧跟时代的步伐；阅读和收看（听）新闻的时候，我们会经历情感上的各种体验，或喜悦，或悲伤，或同情，或感动，或愤怒；新闻赋予了人际传播丰富的内容，与人分享新闻可促进人的社会交往；持续的新闻活动使我们对社会现实的理解更为透彻，拥有更强的洞察力和判断力，使思维更加缜密。由此看来，新闻活动构成了人类精神交流的内容。"新闻活动建立的不仅是信息交流之网，更重要的是它为社会建立了一个精神交流之网。这个网既是有形之网，通过不同的新闻媒介、信息媒介实际地将人们连接起来；也是无形之网，通过信息流、精神流将人们沟通起来。通过信息流、精神流，人们感受着事实世界、信息世界、精神世界的变化。毫无疑义，从精神交往层面上看，新闻活动已经成为精神交往的一种手段和方式。"①

我们不妨举例来说明新闻活动之于人类的意义。2008 年 5 月 12 日 14 时 28 分，四川省汶川县发生了 8.0 级地震，成为全世界媒体关注的焦点。在突如其来的灾难面前，全国各大新闻媒体在第一时间赶到灾区现场，报道灾区最新动态。人们通过报纸、广播、电视、互联网等媒介全方位、多角度地了解到受灾情况和救援情况。看到废墟遍地时，全国人民都感到痛心；看到幸存者被救出，人们从生命的顽强中感受到的是欣喜；看到爱心之潮从四面八方源源不断地涌向灾区，人们又为之深深感动。在灾难发生之后的很长一段时间里，人们谈论着关于汶川地震的一切。新闻报道促发了人们向灾区奉献爱心的实际行动，很多人在看了新闻报道之后，捐款、捐物、参与志愿者服务，以各种方式帮助灾区人民渡过难关。如果说灾难将中国人的心紧紧地连在了一起，那么新闻则通过展现真实灾情拉近了人们之间的距离。在关于地震的报道中，我们不仅获得了信息，而且分享了情感，我们见证了中国人民抗震救灾、众志成城的决心，全社会的力量被新闻报道调集起来，增强了我们应对灾难的信心。全国哀悼日，国旗为遇难同胞而降，这一刻，不管是翻开报纸，还是打开电视，相信所有中国人的心中都流动着相同的情感：死者安息，汶川加油！

人们一方面从新闻媒体中获取新闻，另一方面则通过网络等新媒体参与到新闻传播活动中。新华社是最早发布地震消息的官方媒体，但在新华社发布相关消息之前，就有网民通过博客、贴吧、即时通信工具等网络平台发布了关于地震的各种信息。由于全国多个地区均有震感，不同地区的网友将自己的亲身感受发布到网上。一位叫"1_ 1_ 1"的云南网友于 14：32：50 在他的博客

---

① 杨保军. 简论新闻活动主体的构成及其总体关系. 今传媒，2009（10）

中发布了地震的消息："摇得厉害，晕楼了！"这被认为是最早记录汶川地震的博客[①]。四川成都的一名大学生在地震发生的时候，迅速用手机拍下了当时的画面，在地震10分钟后上传到土豆网，成为关于汶川地震的第一段视频。很多电视台对这段视频进行了转播，一些境外媒体也对此进行了报道。在传统媒体暂时"缺席"的情况下，来自网民的第一手消息成为灾难发生之后的珍贵记录。地震救援的过程，始终牵动着中国人的心。我们看到，不少人通过互联网提供救援信息，或是互相沟通寻亲信息。QQ群、论坛等都成为人们新闻活动的阵地，爱心寻人、爱心救助、爱心捐款、祈福平安等信息在网民之间传递着。5月14日上午，家在灾区的四川烹饪高等专科学校学生张琪，从收音机里听到救援部队正在汶川寻找空降地点的消息后，立即想到好友左婷家后山上有块俗称"大平头"的空地适合空降。她火速跑到网吧，写下了题为《希望大家顶起来》的帖子："我是汶川人，有个地方特别适合空降！请救援人员速到那里。就在距离汶川县城往成都方向仅7千米的七盘沟村山顶，有一块平坦开阔的山顶平地，很适合直升机降落。这是一条非常重要的消息，请广大网友顶起来。千万不能沉，如果可以，请帮我把这条消息报上去。"瞬间，帖子被网友发到QQ群、贴吧广泛传播。15日，四川省抗震救灾临时指挥中心指挥层联系到了张琪，核实情况后根据帖子信息展开勘查，最终成功降落，赢得了宝贵时间，并将大量食品、药品等救灾物资送入汶川。5月17日，一名网友在百度贴吧发布紧急求救信息："我是耿达乡中学幸存的一名老师，耿达乡中学和小学大部分学生和老师被埋，情况万分危急，大部分人因为下雨都感冒发烧了，伤员伤口感染了，活下来的人急需水、食物和医疗药品……十万火急！您的一次转发将会救援3 000余人！"该帖随即被网民反复转载，迅速在网络上流传。这条求救信息上报到阿坝州政府后，在网友和救援人员的共同努力下，3 000多人最终获救。

在抗震救灾的信息中，有很多消息来自网络博客。灾区的情况、感人的故事、亲历的瞬间，都被网友用富有个性的方式记录了下来。虽然他们不是专业记者，但他们用手机、DV、录音笔等工具把最鲜活的事实用最朴实的方式进行记录，并通过QQ群、论坛、MSN、博客、播客、圈子、手机短信等方式进行传播，构成了传统媒体传播之外的另一支重要的新闻传播力量。这些内容唤起了人们的"同理心"和"同情心"，使人们对事件产生了"深度参与感"，激发了人们对灾区同胞的鼓励和支持。由此看来，在汶川地震中，官方新闻活动与民间新闻活动相互交织、相互融合，形成信息的多向互动，共同促进了社

---

① http://blog.sina.com.cn/s/blog_540ba9ec01009gu3.html

会舆论的形成。

简而言之，新闻活动就是人们相互之间进行的获取新情况、交流新信息的社会传播活动。"新闻活动本质上属于人类认识事实世界（自然事实与社会事实世界）的活动，是人类对客观世界众多精神把握方式中的一种。"① 从宏观上看，新闻活动是人类社会生活的重要组成部分，是社会信息沟通的主要内容；从微观上看，新闻活动帮助个人获得有利于自身发展的信息，增强社会交往，是个人社会化过程中必不可少的一部分。从事新闻活动的主体，既可以是专业的新闻媒体机构和新闻从业人员，也可以是普通的社会公众。从这个意义上来说，新闻活动是一种普遍的社会现象。

人类的社会实践始终伴随着新闻活动，新闻活动反映了社会实践的内容。社会生产力水平的高低决定着新闻活动水平的高低。新闻活动是一种持续的社会现象，其应社会的需要而诞生，并在社会的推动下发展。"新闻活动的结果，从外在效果看，是使人获得了最近的新闻信息和决策的基本依据；但如从深层次上看，实是在缓缓改变人的社会存在状态，慢慢更新人与人之间的社会关系状态，并由此带动整个社会共同体的变化。"②

第二节　新闻的起源

任何一种社会行为都有其内在的规律。掌握新闻的起源，有利于更好地理解人类新闻活动的演变过程以及新闻传播活动的发展规律。

新闻及新闻活动为何会产生？人类为什么需要新闻？这是新闻学中最基本的一个问题。新闻起源是新闻传播现象和新闻传播活动产生和发展的最初动因。有一类观点认为，新闻起源于人的好奇心和人的本能，好奇心形成了所谓的"新闻欲"。卡斯伯·约斯特说："人类同时又被赋有无尽的好奇心，它创造了一种对事物不断的兴趣，关于别人的举动行为，对于自然所发生的程序和事情，对于不论远近每一个人物的情况，都有无限的兴趣。""这些对于事物的好奇心和兴趣，是新闻欲的源泉。"③ 台湾学者郑贞铭认为，"人类需要新闻，是基于好奇的天性使然，人类固有好奇、求知的天性，不仅希望多见、多闻，更希望无所不见、无所不闻"。"人类的好奇心，除'见'与'闻'外，

---

① 杨保军. 简论新闻活动主体的构成及其总体关系. 今传媒，2009（10）

② 黄旦. 新闻传播学. 杭州：浙江大学出版社，1997.4

③ ［美］卡斯伯·约斯特. 新闻学原理. 北京：中国人民大学出版社，1964.3

19

还会对事物的真相与前因后果发生兴趣，而作进一步的追问，引出其他的问题，这都是以满足人类对新闻的渴求，也就是满足人类好奇和求知的天性。""由于人类需要新闻，而传播新闻又是任何群居动物的本能，所以新闻传播的活动早就发生。"① 这种观点认为人天生就喜欢新奇的事物，新奇的事物能够满足人们的好奇心以及求知的天性，正是这种天性和本能驱使他们去寻找新闻、传播新闻。从本质上来看，这种观点属于唯心主义新闻起源观，它忽略了人类的社会实践所产生的作用，脱离了人作为社会性动物的根本特点，把人等同于其他群居动物。唯心主义认为人的好奇心是上苍赋予的，是某种神秘力量作用下的产物。不可否认，好奇心是人们所具有的一种普遍心理，但任何一种心理现象，其根源都在于人类的社会实践。人们为了生存和发展，在社会生产和生活实践中产生了信息交流和社会交往的需要，而"新闻欲"便是这种需要的体现和反映。

1. 新闻活动产生于人类社会生存的需要

人类社会诞生之初，人就结群而居、协同行动。在原始社会，人类所面临的自然环境相当恶劣，再加上社会文明处于混沌状态，单个人的力量十分有限，为了生存，人们需要结成一定的社会关系，于是产生了社会联系和社会交往。原始人为了获取食物，躲避洪水猛兽和其他自然灾害，必须及时了解外部的情况，可以说，信息的传播直接关系到原始人的生存。例如，哪里有动物可以捕猎，哪些植物可以充饥；当部落之间发生战争时，应该采取怎样的行动来维护本部落的利益；发生自然灾害的时候，如何保全生命等，这些都需要进行信息的沟通和交流。

在北京房山周口店的北京猿人博物馆里有这样一组雕塑：旷野里，一群猿人正在围歼猎物，其中一个作呼喊状，显然，他是在向同伴们传递有关猎物动态的消息。② 这种信息交流可以看做是人类最早的新闻活动。

在共同的社会生产和生活中，人类为了适应不断变化的自然环境和社会环境，获取更强大的生存能力，进而创造出更多可供使用的生产资料和生活资料，他们需要通过传递信息、互相沟通来了解周围发生的各种事情，增强对自然和社会的认知，为自己的行动和决策提供参考依据。

2. 与一般群居性动物相比，人类的信息传播活动具有自觉性

人类在群居中相互交往、相互沟通。但与其他群居性动物不同的是，人的信息传播活动是自觉的、有意识的，而动物的信息传播活动是被动的、盲目

---

① 郑贞铭. 新闻学与大众传播学. 台北：台湾三民书局，1984.13
② 郑保卫. 新闻理论新编. 北京：中国人民大学出版社，2007.32

的。人类信息传播的内容和形式远非一般动物所能相比。动物通过气味、发光、超声波、动作、声音等方式来传递信息，但这只是一种先天的本能行为，是基于条件反射原理的过程，并不伴随复杂的精神和思维活动。人类的信息传播基于人的主体性，随着人的社会实践的发展而不断丰富，通过学习，人类创造出越来越多的传播工具，传播的范围不断扩大。如果说人类最初的新闻活动是为了维持自己的生存和发展、解决温饱问题、抵御外敌入侵，那么随着人类社会活动能力的不断提高，人类的新闻活动被赋予了更深远的意义，它是使人类远离蒙昧，通向更文明社会的自觉的、有目的的行为。由此看来，人类的新闻活动在社会实践中形成，又在社会实践中不断发展，与动物的信息交流有着本质的区别。

3. 劳动创造了人类的新闻活动

人与动物根本的区别在于人能够进行生产劳动，能够生产工具。"动物仅仅利用外部自然界，简单地通过自身的存在在自然界中引起变化；而人则通过他所做出的改变来使自然界为自己的目的服务，来支配自然界。这便是人同其他动物的最终的本质的差别，而造成这一差别的又是劳动。"[1]

"劳动的发展必然促使社会成员更紧密地互相结合起来，因为它使互相支持和共同协作的场合增多了，并且使每个人都清楚地意识到这种共同协作的好处。一句话，这些正在生成的人，已经达到彼此间不得不说些什么的地步了。需要也就造成了自己的器官。"[2]

好奇心是人对客观事物变化的一种自觉心理。好奇心不是无源之水、无本之木。"劳动作为人类最基本的实践，对于这种自觉心理形成的推动作用，不仅表现为动力，而且表现为源泉。"[3] 劳动创造了人本身，创造了人与人之间的社会关系和社会交往，而社会交往又产生了新闻活动。生产劳动和社会交往使人类的语言得以产生，语言作为新闻活动的手段和载体进一步促进了社会交往。劳动还赋予了新闻活动的现实内容，劳动过程中产生了大量的关于生产和生活的信息。所以，劳动创造了新闻活动的主体——"人"，新闻活动的重要媒介——"语言"，新闻活动的客体——"新闻"。劳动是新闻活动产生的动力。

综上所述，新闻起源于人类的社会生产和劳动实践，新闻活动是人类为适应生存与发展的需要而产生的。"新闻欲"生发于人类的社会实践，脱离社会

---

① 马克思恩格斯选集（第四卷）. 北京：人民出版社，1995. 383
② 马克思恩格斯选集（第三卷）. 北京：人民出版社，1995. 510～511
③ 吴高福. 关于新闻起源问题的思考. 武汉大学学报（社会科学版），1993（4）

实践和社会关系去谈人类对新闻的需求是站不住脚的。

第三节 人类早期的新闻活动

新闻活动的历史与人类自身的历史大体上是同时开始的。当人类作为行为主体进行社会实践时，新闻活动也就开始了。囿于物质条件和技术水平的落后，人类早期的新闻活动虽然在传播范围、传播手段上都有很大的局限性，但正是这些简单的、浅显的新闻活动，为人类以更快的速度在更大范围内传播更为丰富的内容奠定了基础。

一、口头新闻的传播

在语言产生之前，原始人已经有传递信息的行为了，只不过他们是使用最简单的呼号、尖叫以及一定的姿势、手势等进行信息交流，有时也用鼓、烽火、绘画等进行交流。这时的新闻活动的特点是传播内容有限、信息表达不明确。

"第一个发现熊的人，侥幸未被熊吃掉，不论是为了警告趋避，或是为了纠合除凶，一定要去报告其他的人类。没有语言之前，便用手势报告——我们的文化，也就由此产生。"[1]

语言的产生，是新闻传播史上第一次重要的革命。人类面对恶劣的生存环境，选择群居互助。劳动使他们的互助更为频繁。人们之间的信息交流载体由手势语言发展到不完善的语言，再进一步发展到音节清晰的语言，最后形成了作为人类标志的语言。原始社会生产力水平低下，社会规模小，一个氏族或一个部落就是一个社会，新闻传播基本靠口口相传。口头新闻传播表现为个人与个人的交谈，三五成群的议论，氏族公社、血缘家族和部落的各种集会，广泛流传的民谣、说唱，田边地头的传闻等。口头新闻传播的内容主要是生活见闻、战事消息等。

日本古代有一种"井户端会议"，即每天早晨每家每户的妇女到井边打水，大家相互告知过去一天中的所见所闻，这些地方成了口头新闻的集散地。

古代雅利安部族中有行吟诗人，他们向人们弹唱或背诵以往史事和在世的头人及其人民的事迹，此外他们还讲述自己编撰的故事。他们运用口头传播向

---

[1] 萨空了. 科学的新闻学概论. 香港：香港文化供应社，1947. 3~4

人们展示历史、传播社会文明，他们把所见所闻变成极富特色的、充满美感的口头传播，并在行走中扩大了传播的范围，他们本身就是一种媒介。可以说，他们是"活的书本"，是最早报道现实变化的"新闻记者"。古希腊著名的史诗《伊利亚特》和《奥德赛》就是这些行吟诗人历代累积的成果。

口头新闻传播中，马拉松的故事广为流传。公元前 490 年，希腊人在亚提加半岛的马拉松抗击波斯人入侵，以弱敌强，取得了胜利。为了尽快将此喜讯告知雅典人民，战争结束后，身强力壮的士兵斐迪庇斯从马拉松一直跑到雅典，全程 42 千米，向聚集在中央广场的人们激动地宣布："我们胜利了，雅典得救了！"说完，他便因精疲力竭而死。

古代波斯帝国，在国王大流士统治时期，曾于国内交通干道沿线以及山头、湖泊地带设立高台，在那里派驻专职通信兵。每有重大事件，便令他们高声呼喊，用语言接力的方法，向各地传达命令。在公元前 1 世纪，古罗马的恺撒大帝在征服北方蛮族高卢时，也发现高卢人利用和波斯人类似的方式，"用巨大的呼叫声互相传递信息"。

古代中国的说客是熟练掌握口头新闻传播技巧的人，在特殊的历史时期曾发挥过重要的作用。说客的传播通常有着特定的目的，他们不仅消息灵通、视野开阔，而且能言善道、长于劝服。他们熟知天下形势，善于分析各方关系，如各国形势的强弱、谁在主导天下的局面、一个国家应该与哪些国家进行结盟、该去打压哪些国家以保存自己的优势，等等。游说的内容立足现实，放眼天下，既注意"点"的情况，又考虑"面"的情况。用今天的话来讲，说客是专业的"时事评论员"和"新闻观察员"。

口头新闻传播活动十分常见，即使是在现代社会，也有大量的新闻内容是通过口口相传的方式传播的。

口头新闻传播的优点是灵活简便，具有广泛的群众性；其缺点是新闻保真性较差，传播速度慢，传播范围狭窄。

二、图画、实物、声光新闻的传播

除了口头传播新闻，人类又创造和利用了更多的新闻传播手段来进行新闻活动。

1. 图画新闻传播

图画是远古新闻传播常用的载体。大约在 3 万年以前，人们就开始利用简单的图画来传递信息，远古人类在岩石、动物皮、木头、竹子等物体上画上要传播的内容。用图画来传播新闻的特点是生动形象，让人一看便知其意。中国的象形文字很多就是从图画中演化而来的。

俄国学者普列汉诺夫在《没有地址的信》中记述了这样一个事例：德国人类学家封·登·斯坦恩在巴西的一条河岸上看到土著人画的一条鱼，他就叫随从的印第安人在河里撒网，结果真的捞出了几条与河岸上所画形态一样的鱼。这本书中还有其他一些事例也可以说明原始人利用图画符号来进行新闻传播。如在澳大利亚内地，水源奇缺，原始人便在水溪附近一带的岩石上画上袋鼠和人的胳膊，告诉路过此地的人，附近有水源。

2. 实物新闻传播

实物新闻传播也是早期新闻活动的一种形式，它是借助一定的物品来传递信息的方式。如实物指代、结绳记事、珠贝传令等。在文字发明以前，人们用在绳子上打结的方式来记事。结绳记事在古代中国和美洲玛雅文明时代曾广泛流行。中国古代经典《周易·系辞》上说："上古结绳而治，后世圣人易之以书契，百官以治，万民以察。"许慎《说文解字·序》中说："神农氏结绳而治，而统其事。"李鼎祚《周易集解》引《九家易》说："古者无文字，其有约誓之事，事大大其绳，事小小其绳，结之多少，随物众寡，各执以相考，亦足以为治。"台湾高山族人曾使用结绳的方式记录赴约的日期，每过一夜便解开一个结，绳结解完即表示赴约的日子到了。结绳记事在其他民族的历史上也有过。古代波斯人通过使用一种叫做"克布斯"的结绳法来发布各种信息。他们将各种粗细和颜色不同的绳子系到一根粗而长的主绳上，离主绳越近的绳结，表示事情越重要或越紧迫。另外，他们还用不同的颜色传达不同的信息。"绿结"代表五谷，"黑结"代表死亡，"红结"代表吉祥，"白结"代表银子等。奇普（Quipu 或 Khipu）是古代印加人的一种结绳记事方式，用来计数或记录历史。它是由许多颜色的绳结编成的。这种结绳记事方式已经失传，目前还没有人能够了解其全部含义。民族学资料表明，近现代有些少数民族仍在采用结绳的方式来记录客观活动。生活在南美的印第安人，结绳计数，一根绳子最多打九个结，两根相邻绳子上的结表示十位数，三根相邻绳子上的结表示百位数。各个村镇都有结绳官员，负责结绳、记载或呈报有关资料。另有记载，北美易洛魁人（属印第安族）的酋长往往把紫色、白色或其他颜色的贝壳排列成各种图形、串成各种珠带，一定图形的珠带表示一定的意思，以此来传达通知和命令①。

最能说明用实物来传播信息的是古希腊的著作——希罗多德的《历史》中记录的一件事。据说大流士王在征战中陷入了困境，于是斯奇提亚人派一个使者专程送来一封实物信，里面包了一只鸟、一只老鼠、一只青蛙和五只箭。

---

① 张允若，高宁远. 外国新闻事业史新编. 成都：四川人民出版社，1996. 8~9

意思是：波斯人，你既不会像鸟一样升天，也不会像老鼠一样钻地，更不会像青蛙一样蹦到水里，赶快投降吧。否则，我们就用箭将你们射死。

3. 声光新闻传播

声光新闻传播主要是使用击鼓、烽火等方式来传递信息，这种形式能够实现较远距离的信息传播，但难以实现复杂信息的传播，一般只用来传递简单的信息。例如，长城上的烽火台就是古代传播信息的工具。当发现敌人时，如果是白天，就燃烧狼粪，产生浓浓的黑烟，以此来通报敌情，故又称为"狼烟"。到了晚上，就燃烧稻草，靠火光来传递信息。中国古代的烽火传递制度比较完善。烽火台上"广积秆草，昼夜轮流看望，遇有紧急，昼则荒烟，夜则举火，接递通报"。烽火台设置严谨，五里一燧，十里一墩，三十里一堡，百里一城寨。汉代时，每座墩台戍卒十余人，每日必有一人守望，若敌人入侵，昼燃薪举烽，夜举炬火，对敌情的远近、多寡、缓急，都有明确的信号规定。西汉武帝以后，"边郡烽火堠望精明"，前方稍有动静，消息很快就会被逐级报告到中央。当年汉武帝令大将军卫青、霍去病率数十万大军夹攻匈奴时，就以举烽火为进军号令，一日之内，就将统一行动的军令，从今甘肃经内蒙古，传到了1 500千米外的辽东半岛。由于信息准确，全线出击，遂于塞北大败匈奴。唐代的《兵部烽式》中详细规定："寇不满五百，放烽一炬；五百骑以上，放三炬；千人以上，放四炬。"明代的烽传燃烟放火制度也是在汉代基础上改进的，除了放烽、燃烟之外，还规定了鸣炮制度。为便于防守和执行勤务，烽火台配备旗帜、鼓、弩、软梯、炮石、火药、狼粪、柴草等，并且根据入侵敌人的人数以及军情紧急程度，设有不同的传递方式。如明庭法令规定：令边士堠举放烽炮，若见敌一、二人至百余人举放一烽一炮，五百人二烽二炮，千人以上三烽三炮，五千人以上四烽四炮，万人以上五烽五炮。这样选次增加炮声和助燃，使传递的军情更加快速和准确。如当时蓟镇边墙绵延长1 000余千米，一处有警，三个小时内情报即可遍达各处。

另有《史记》记载："褒姒不好笑，幽王欲其笑，万方故不笑。幽王为烽燧大鼓，有寇至则举烽火。诸侯悉至，至而无寇，褒姒乃大笑。幽王说之，为数举烽火。其后不信，诸侯益亦不至。"昏庸的周幽王"烽火戏诸侯"，把本来用于传播战事信息的烽火变成为博取美人一笑的道具，最终导致国破人亡，实在是可悲。

用击鼓的方式进行新闻传播，在古代印度、非洲曾是口头传播之外主要的传播手段。一个曾在喀麦隆做过传教士的欧洲人这样记述仍处于原始社会的非洲土著人击鼓传讯的情形："依大鼓语，关于一切事情，就是距离数千米，人们也能听见，能述说历史，能报告新闻，能布告法律，并且能做关于某种质问、呼喊、谩骂、诽谤……就在争论之际，大鼓也担负着重要的任务。争论的一方（多半是在深夜），乘着独木舟划行到河的正当中（为能传闻到远方起见），击大鼓来骂对手；对手也用大鼓回骂，一天中都不休息。"① 在中国古代，还出现了"击鼓报警"的传播活动。据《北史》记载，在北魏孝文帝时，李崇被任命为兖州刺史。当时天下混乱，到处盗贼横行，商旅和邮驿都受到阻碍。李崇到兖州后，命令在每村建一鼓楼，皆高悬一鼓。遇有盗贼来抢劫，立即有人用双槌击鼓，以向全村和邻村报警。村村互相配合，所来盗贼，一一被击退。此后，北魏境内诸州置楼悬鼓，成为定制。②

三、文字新闻的传播

随着社会生产力的进一步提高，人类也渐渐从蒙昧走向文明。原始社会末期，人类创造了文字。文字是记录和传达人类语言的书写符号。文字的产生是人类进入文明社会的一个重要标志。文字"使满天飞舞的思想信息有了可供表演的现实场地和具体空间，人们的传播活动从此有牢靠而坚定的承担者和跨越时间的传递者，从而大大提高了传播功能。只有当语言和文字一道在历史的空间和时间的领域中迈步向前时，传播活动才真正具有了社会意义"③。使用文字之后，人类新闻传播的内容更加丰富和复杂，传播的范围也大大扩展。

在公元前3000年左右，青铜时代的苏美尔人用泥板通过图画的形式记录账目。后来苏美尔人又将它改造为具有表意、表音作用的符号文字。苏美尔人用削成三角形尖头的芦苇秆或骨棒、木棒当笔，在潮湿的用黏土制作的泥板上写字，这些文字从左到右横着写，每一个笔画总是由粗到细，像木楔一样，故人们称这种文字为楔形文字。为了长久地保存泥板，需要把它晾干后再进行烧制。这种烧制的泥板文书不怕被虫蛀，也不会腐烂。但泥板很笨重，每块重约一千克，每看一块都要费力地搬来搬去。楔形文字是迄今为止被发现的最古老的文字之一，也是两河流域最主要的文化成就。楔形文字对西亚许多民族语言文字的形成和发展产生了重要影响。西亚的巴比伦、亚述、赫梯、叙利亚等国都曾对楔形文字略加改造，以作为自己的书写工具。楔形文字是世界上最早的文字，可是，由于它极为复杂，到公元1世纪就完全消亡了。

古埃及文字的发展也是从象形文字开始的，任何一种能画得出的物体都可

---

① 张昆. 简明世界新闻通史. 武汉：武汉大学出版社，1994.10
② 王醒. 关于古代新闻传播的一些史料补充. 新闻与传播研究，2004（4）
③ 尹韵公. 古代中国社会的传播现象——先秦到唐宋. 传媒学术网. http://academic. mediachina. net/article. php? id=3720

用该物的图形来表示。如画一圆圈中加一点表示"太阳";画三条波浪线表示"水",这就是表意符号。后来,表意符号逐渐发展为一种由表意、表音、部首等符号组成的复合文字。最初,象形文字用于一切方面,记载历史、宗教仪式、诗歌、法典、祈祷文等,通常刻写在神庙或墓室墙壁、石碑、石棺、雕像、金属及木制器物上,或书写在纸草纸上。随着时间的推移,象形文字的使用越来越限于纪念碑,偶尔也写在陶片上。之后演变成一种简化的草体字——祭司体文字。祭司体文字一般是用芦苇笔蘸墨水写在纸草纸上。公元前700年前后,从祭司体文字中又演变出一种更为简化的草体字,称为"世俗体文字"。世俗体文字主要用于日常生活的书写记录、书信和账目之类的世俗事务。由于这种字体比较简单,符号更易于连写,所以很快就进入平民的日常生活。世俗体文字一般写在纸草纸上或较平软的材料上;书写方向为从右向左,其符号具有更加简化、更加草写的特点。古埃及文字发展的最后阶段是产生于公元3世纪的科普特文字,公元642年,阿拉伯人征服埃及,科普特文字被阿拉伯字母所取代。①

中国最早的文字是甲骨文。甲骨文既是象形字又是表音字,至今汉字中仍有一些和图画一样的象形文字,十分生动传神。甲骨文之后是仅有300余年生存史的钟鼎文。钟鼎文亦称金文,是铸刻在殷周青铜器上的文字。到了西周后期,汉字发展演变为大篆。春秋战国使用的文字是小篆,秦统一六国后,小篆成为通行全国的文字。小篆规整匀称,字体有所简化,象形程度进一步降低。隶书是两汉时期通行的主要字体,后来又出现了草书、行书和楷书。

文字产生之后的手写传播,使新闻传播变得更加准确,使更多的人可以分享知识和信息,也使跨越时空的传播成为可能。但是在文字诞生之初,文字还仅仅是一种"贵族化"的符号,另外,早期的书写材料也存在较大的局限性。例如,两河流域的黏土、埃及的纸草纸等制作不便,很难大规模生产。中国的龟甲、青铜器、竹简、木牍等则非常笨重,不便携带。据说,著名学者惠施出外讲学,要带书五车;墨子出外,要带书三车;秦始皇治理朝政时,每天批阅竹简公文达60千克;汉代名士东方朔写了一篇文章送呈汉武帝,竟用了3千根竹简,要由两名壮汉吃力地将文章抬上宫殿。② 之后出现了缣帛,虽然轻巧,但价格昂贵,无法在民间广为流通,这使得手写传播最初只局限于少数人使用。

---

① 令狐若明. 古埃及文字及其影响. 世界历史, 2000 (5)

② 尹韵公. 古代中国社会的传播现象——先秦到唐宋. 传媒学术网. http://aca-demic. mediachina. net/article. php? id =3720

公元 105 年，蔡伦改进并完善了造纸术。从 6 世纪开始，造纸术逐渐传往朝鲜、日本，以后又经阿拉伯、埃及、西班牙传到欧洲的希腊、意大利等地。到 16 世纪，纸张已流行于欧洲。纸张的发明使文字为更多普通民众所掌握，也使文字新闻的大范围传播具备了物质基础。

1. 古罗马帝国的手书新闻传播

古罗马帝国出现了两种形式的手书传播：一是公告式的，即原始形态的官方公报；二是新闻信。

公元前 59 年，古罗马执政官尤利乌斯·恺撒下令公布元老院及公民大会的议事纪录，把它张贴在公共场所（一说用尖笔书写在罗马议事厅外一块涂了石膏的特制木板上），后人称之为"每日纪闻"（Acta Diurna），其形式类似于今天的阅报栏。公元前 44 年恺撒遇刺身亡，他的养子恺撒·屋大维成了罗马的最高统治者。屋大维在公元前 6 年恢复"每日纪闻"，公报的内容有帝国政事、战争消息、刑事案件、名人言论、宗教活动、议会纪录，以及贵族的结婚、生育、死亡，等等。这一公报除公开张贴外，还由书记员抄写多份，分送给首都及各大都市政界要人和驻各地的军队。这一公报沟通了统治机构的内部联系，起到了维护帝国统治的作用。

新闻信是传递新闻、交流信息的书信，分为公信和私信两类。公信是官方的新闻信，主要传递政情国事；私信主要流行于上层社会。当时的罗马城是欧洲的政治、经济、文化中心，欧洲各地的王公贵族、商人都想探知罗马的各类消息。于是有人抄录政府公报，分送给各地订户，以领取酬金。有些新闻信记述了当时很多重大事件和人物，以及罗马的生活、乡村情况和民间习俗等。

2. 中国古代的书信传播

在中国古代，军报、诏令、官书等手书新闻主要靠驿站传播。春秋时期，各诸侯国间就有驿道干线。秦始皇统一六国后，"车同轨、书同文"，通水路，筑驰道，建立了以咸阳为中心的驿站网，制定了邮驿律令，如竹简捆扎、加封印泥、为邮驿供应粮草、接待过往官员和役夫等，形成了我国最早的邮驿法。汉承秦制，规定五里一邮，十里一亭，三十里置驿，并随"丝绸之路"通达印度、波斯等国。汉代的消息传递分好几个等级，凡注明"以邮行"、"以亭行"的，即为普通文书；注明"吏马驰行"的，即为紧急文书，由专人快马传递；注明"以次传行"的，即为传阅文书，按规定次序和时间传递，不许有误。① 及至唐代，驿传迅猛发展，全国共有陆驿、水驿及水陆兼邮驿 1 600

---

① 尹韵公. 古代中国社会的传播现象——先秦到唐宋. 传媒学术网. http：//academic. mediachina. net/article. php？id＝3720

多处。宋代战事频繁，军事文件多，要求快捷安全，遂将由民夫充任的驿卒改由士兵担任，增设"急递铺"，设金牌、银牌、铜牌三种，金牌一昼夜行五百里，银牌为四百里，铜牌为三百里，并且实行换人、马接力传递的办法以保证传递顺畅、快速。到了元代，将邮驿改为驿站，国内有驿站1 496处。明代除沿袭旧制外，还开辟了海上邮驿。清初有官办驿站1 600余处，驿卒7万余名，驿马4万多匹。清末及近代邮政兴起，驿站日渐废弛。①

3. 中国古代的邸报

邸报，在古代各种有关记载中有不同称呼。有的以发布机关或发布地点来称呼，称邸报为"邸抄"、"进奏院状"、"朝报"等，意为来自邸、进奏院、朝廷或内阁的报告。有的以它的形状称呼，把邸报称为"条报"、"条陈"、"除目"、"报状"、"状"，意为一条一条的呈报。到明末以后，才在汇集这类报告的小册子封面上加上"京报"两字，作为统一的称呼。②

在西汉初期，出现了最早的邸报。当时西汉实行郡县制，将全国分成若干个郡，郡下再分若干个县。各郡在京城长安都设有驻京办事处，这个住处称为"邸"。根据颜师古的注释："郡国朝宿之舍，在京师者率名邸。邸，至也，言所归至也。音丁礼反。"邸类似于现在地方政府的驻京办事处，邸有常驻官员，负责地方政府与中央政府之间的信息沟通。邸报的任务是将京城的诏令、奏章以及朝政消息转报给各郡长官，主要内容是皇帝的起居言行、朝廷的政策法令、官吏的升黜任免、臣僚的章奏疏表等。邸报实际上是封建统治者为了维护中央集权统治，统一控制舆论而形成的一种新闻文钞，主要是面向皇族和官吏，普通老百姓是看不到这种"报纸"的。到了唐代，邸演变为进奏院，邸报也由此演变为进奏院状。现保存下来的最早的邸报是唐代手抄的敦煌进奏院状，它由地方政府派驻京都的邸吏负责传发，每五日、十日或一个月发行一次。

宋代以后，邸报的阅读范围逐渐扩大，州、县一级官吏都可阅读，同一份邸报要大量复制，过去的手抄方式已经显得落后，于是出现了印刷邸报。宋代还建立了严格的新闻审查制度，包括判报和定本制度。判报是指凡是朝廷需要向全国发布的消息和文件，均需交给门下省的官员给事中负责编审，主要是决定发报稿件的取舍。判报类似于今天所说的"把关"，即对发布什么、不发布什么进行控制。邸报上的新闻主要有以下限禁：首先，对涉及边防军事、兵变、农民起义等方面的消息，一般不准邸报报道。其次，水、旱、蝗灾及日

① 李晓燕. 试论中国古代的新闻传播. 新闻爱好者, 2006（12）
② 李良荣. 新闻学概论（第三版）. 上海：复旦大学出版社, 2009.73

食、地震等自然灾害和异常天象，往往被认为是上天对天子的不满和警告，传播开来有损帝王的威望，甚至会引起人心不安、影响社会秩序的稳定，因此也很少见于邸报。再次，宋代各朝都严禁传播朝廷机事，对邸报限禁尤严。另外，未经批准公布的臣僚章疏也不准邸报报道。① 定本制度是根据进奏官采集来的各种发报材料，经本院监官编好，送请枢密院或当权的宰相们审查通过后产生邸报样本，进奏官们必须根据这一样本进行发报。

16世纪中叶，明朝政府允许民间自设报房，在封建政府的监督下翻印从内阁有关部门抄来的一部分邸报的稿件公开发售，这类报房大多设在北京，因此其所发行的报纸通称"京报"。这种报纸内容仍以朝廷政事为主，读者主要是官吏、豪绅、巨贾，偶尔在此类报纸上可以见到一些社会新闻。明清两朝，京报的范围进一步扩大，可以零售，也可以长期订阅，而且基本上每日出一份。

4. 中国古代的小报

小报始于北宋，流行于南宋，其没有固定的报头和名称，是非官方的报纸。"小报"和"新闻"都是当时人们对这类非官方报纸的习惯性称呼。小报产生于统治阶级内部，与宋朝中央集权的削弱有着直接关系。宋朝统一官报系统中的进奏官，是小报最初的信息来源和发行人，后来出现了"专以探报此事为生"的人。

由于宋朝建立了严格的新闻审查制度，所以邸报不仅内容单薄，而且传播速度慢。封建王朝对官报的严格控制使得社会信息闭塞，不能满足读者对信息的需求。与邸报相比，小报的内容丰富、信息灵通，为读者提供了不少官报不会刊载的新闻，例如，有进奏官提供的邸报没有报道的事情，有朝廷泄露出来的事情，还有报探用各种方法探听到的消息。小报不需要经过审查，传播速度较快，这使小报在一定程度上能够满足社会对信息的需求。当然，小报上的消息也不是完全准确的。但是在那样一个特殊的时代环境下，人们似乎并不十分在意信息的真假，只要"新闻"是人们感兴趣的，或在其他渠道无法获知的，人们照样非常欢迎。据史书记载，小报常常在政府的"命令未行，差除（即任免官职）未定"时就已经四处传播。宋人周麟之在记述这种情况时写道，"还在陛下正在颁布诏旨和发布命令的时候，社会上就已经有人在议论废了哪个大臣、召用了哪个旧臣的事"。当时邸吏向外传递私下消息主要通过两种途径：一是利用传递邸报的便利条件，在邸报未发之前，将其他消息"先期报下"；二是利用宋王朝允许臣僚通过进奏院附递家信的条件，将得来的消息伪

① 皇甫雯. 探析宋代小报出现的原因. 东南传播，2009（6）

装为家书，通过邮递人员传递出去。①

小报的读者既有政府官员、士大夫、知识分子，也有关心国家政事的手工业者和商人以及普通市民。小报发展迅速，影响力越来越大，社会上出现了"以小报为先，以朝报为常"的局面。这种情况引起了当局的注意，视其为非法出版物，加强了对小报的限制。尽管政府三令五申、措施严厉，却始终未能将小报禁绝，有时反而愈禁愈盛。从北宋末年到南宋，时局动荡，战乱连年，人心惶惶，人们都急于了解局势的发展、政府的对策，官报上消息闭塞，人们更期待从小报上了解情况。"大道不通小道通"，小报的产生和流行，正是政府封锁新闻活动的结果。另外，利益的驱使及职业传发者的出现，使小报扩大了发行范围，不局限于京都及其附近，而是传遍各个州郡。但是，小报虽然是一种比封建官报更具有新闻特征的传播媒介，但其内容仍然没有超出为封建统治阶级服务的范畴。没有自己的言论、受官方查禁、连续发行不能得到保障是小报的弊端。因此，其业务仍处于原始状态。

小报的产生源于人类社会生产及获取信息的需要，这种需要使小报在遭禁的情况下仍然保持着顽强的生命力。小报的出现突破了官方对新闻传播的垄断和封锁，打破了官方邸报一统天下的局面。小报的诞生是中国古代新闻传播史上的一件大事，具有深刻的历史意义，是民间办报史的开端。

5. 其他新闻传播方式

（1）露布。

露布，唐代封演《封氏闻见录》称："所以名露布者，谓不封检而宣布，欲四方速知。亦谓之露板。"明代陈懋仁《文章缘起》注称："露布者，露而不封，布诸视听者也。"这揭示出露布直接面向社会的传播效用。② 一般认为，露布主要是古代用于军事告捷的传播媒介，将赢得战争的文告直接书写于帛、缣、绢等织物上，用竿子高高悬起，并命人曳之以行，广告天下。但另据学者考证，露布从汉代时就出现了，但当时其主要用于公开传播重大政事信息和时政意见，即用于政治传播。这与元魏以后专用来传告军事捷报、用于军事传播的露布区别很大。露布在汉代主要用来传播如下内容：皇帝下司徒颁布的赦赎令；大臣的章奏，如涉及皇帝的祭祀、丧葬仪式的奏请以及对官吏甚至对皇帝的公开举报等。可见，露布既用做下行传播，又用做上行传播。当露布用做下行传播时，其功能类似于邸报，两者差异在于邸报的传播不具有公开性；而当露布用做上行传播时，实际上是臣民对一些重要时政意见的公开指陈和表达，

---

① 曾宪明. 我国最早的民间报纸——宋代小报. 新闻爱好者，1986（2）

② 徐明. "露布"考释. 河北大学学报（哲学社会科学版），1997，22（2）

这又超出了邸报的功能。一般而言，汉代露布采用传行的方式，即将载有文字信息的简牍不加封套、露章而行。在露版的整个传递过程中按照既定的邮路沿途传播，露布被传递到哪里，露布信息也就发布到哪里。汉代露布具有公开性和讽喻性的特点，是一种政治斗争的有力工具，同时也是政治生活中较好的宣传工具。①

最初主要用于政治传播的汉代露布发展到元魏时期，则完全用于军事传播，用来传递军事捷报，以鼓舞士气、晓谕百姓。

（2）旗报、牌报。

旗报、牌报类似于露布，将内容写在布旗上或木板上，在历史上的农民起义中常被采用。明末李自成、张献忠起义军中大量使用旗报、牌报，由人手持，沿途告知老百姓战斗的捷报和文告。另有史料记载，元代就已经开始使用旗报。元世祖忽必烈曾听从山西泽州人郝经的劝告，"裂帛为旗，书止杀之令，分号街陌"，使用旗报的形式传达军令。元朝末年，刘福通等人以红巾为号，揭开了农民起义的序幕。至正十七年（1357 年），红巾军决定分三路北伐，西路向关中挺进，东路向河北挺进，中路向山西挺进，最后会师大都，推翻元朝统治。当时大书旗联云："虎贲三千，直抵幽燕之地；龙飞九五，重开大宋之天。"旗帜鲜明地提出了灭元复宋的政治目标，远近传播，元都大震。②

（3）悬书。

先秦时期就已经出现了悬书。先秦悬书主要作为官方传播方式而存在，"悬书于象魏"，发布的是官方的文告，也就是"布治"、"布政"、"布刑"、"布教"的具体措施。但也有文献表明存在民间悬书。有学者认为，悬书是民间平民对上的匿名的公开信，写在缣帛上悬挂出来，多是对当局者的批评和指责，这种做法虽然与官方意志不容，但在社会控制比较宽松的情况下也曾经存在过。③

（4）揭帖。

揭帖最初为一种文书。以"揭帖"作为正式文书名始于明朝。当时，揭贴是由内阁直达皇帝的一种机密文书。明内阁中有密奏及奉谕对答者，都称为揭帖，其制比奏、题本之式狭而短，文字如指大，以文渊阁印封缄后方可进呈皇帝，称"御览揭帖"。到了明朝晚期，揭帖又演变为公开张贴的露简（公开

---

① 黄春平，胡德才. 论汉代露布. 深圳大学学报（人文社会科学版），2007, 24 (3)

② 王醒. 关于古代新闻传播的一些史料补充. 新闻与传播研究，2004 (4)

③ 夏保国，姜玉珂. "悬书"、"露布"源流考. 沈阳师范大学学报（社会科学版），2007 (6)

信）。后来，揭帖逐渐民间化，在社会上广泛地使用。揭帖分为私揭和匿名揭。公开散发的私人文书和传单等物，称为私揭；不具名而散发的文书和传单等物，称为匿名揭或匿名文书。一般官员在官场上失利，或落于守势、陷于困境时，往往借助于私揭，向社会散布自己的主张和见解，以期引起社会舆论的注意，获取人们的同情和支持。匿名揭主要是在公共场所张贴和散发的攻击或揭发他人的匿名材料。因其是匿名的，可能存在着捕风捉影甚至是捏造是非等情况。① 民间揭帖有较强的斗争性，是民间情绪宣泄的一种手段，也是民意表达的一种方式。其写法是"夹叙夹议"，既有事实也有评论。

总之，人类社会一产生，人们为了生存和发展的需要，便开始了最早的新闻传播活动。随着人类社会的进步和文明程度的提高，新闻传播活动的规模日益扩大，形式也日益多样化，新闻媒介在此过程中得以不断进化。不同时期的社会需要（主要是社会经济生活的需要）和生产力发展水平决定着新闻传播活动的水平和基本面貌。

【思考与练习】

1. 结合具体实例，简述新闻活动的意义。

2. 你如何理解新闻的起源？

3. 人类早期的新闻活动有什么特点？

【推荐阅读】

1. 王醒. 中国古代传播史. 太原：山西人民出版社，2004

2. 方汉奇，李矗. 中国新闻学之最. 北京：新华出版社，2005

3. 杨保军. 新闻活动论. 北京：中国人民大学出版社，2006

---

① 赵彦昌. 明清揭帖考. 山西档案，2007（2）

第二章

新　闻

　　"新闻"是新闻传播活动中的基本元素，是新闻学的基本构成细胞，一切新闻现象都由它生发开来。只有弄清什么是新闻以及新闻的特征、本源、类别、构成要素等基本概念，才能探讨以传播新闻为主要活动内容和活动手段的新闻事业的属性、功能，才能探讨新闻工作的基本原则、要求和一般规律。

　　本章围绕"新闻"这个关键词，为大家一一介绍与之相关的一些概念。

第一节　新闻的定义与特征

一、"新闻"一词的由来和含义

根据最新考证，"新闻"一词最早出现于南朝前期宋朝朱昭之著作《弘明集》（梁朝时释僧佑编辑）卷七"难欣道士夷夏论"中，距今 1 500 多年。其原文是"仁众生民，黩所先习，欣所新闻"。这里的"新闻"是新近听闻、了解的意思。①

而《辞源》记载中国古籍中最早出现"新闻"一词是在唐代末期（唐代中期尉迟枢写有《南楚新闻》，不过现在只保留了这本书的名字），现在能够查到的是晚唐诗人李咸用的诗中涉及"新闻"（距今约 1 100 年）："故人不见五春风，异地相逢岳影中。旧业久抛耕钓侣，新闻多说战争功。生民有恨将谁诉，花木无情只自红。莫把少年愁过日，一尊须对夕阳空。"（诗题为《春日喜逢乡人刘松》）② 这首诗讲的是两个人很久没见面了，见面以后互相传递信息，谈论战争的事情。这说明唐代时人们已将"新闻"一词用于指代当前发生的重大事件。

宋代"新闻"一词则专指非官方的消息。南宋赵升的《朝野类要》中有这样一段话："朝报日出事宜也。每日门下后省编定，请给事判报，方行下都进奏院报行天下。其有所谓内探、省探、衙探之类，皆私衷小报率有泄漏之禁，故隐而号之曰新闻。"③ 这里的"新闻"是指从中央直属机关和各个衙门透露出来的消息，带有小道消息的意味，不是当时的主流话语。

到了清朝，"新闻"一词已经有了现代意义，多指新鲜消息。《红楼梦》中多处出现的"新闻"就多属此义。如第一回："老先生倚门伫望，敢问街市上有甚新闻么？"再如第二回："近日都中可有新闻没有？"

从"新闻"一词在我国最早运用的情况看，它主要是指新鲜事或民间流传的奇闻逸事。

美国新闻学者卡斯伯·约斯特对"新闻"一词在西方的起源也作过考证。他认为，虽然"新闻"一词在上古时代的语言中已可发现其根源，但据英国

---

① 陈力丹. 新闻理论十讲. 上海：复旦大学出版社，2010. 13
② 全唐诗（第十九册）. 北京：中华书局，1979. 7408
③ 陈力丹. 新闻理论十讲. 上海：复旦大学出版社，2010. 13～14

《牛津词典》的解释，正式将其解释为"新鲜报道"则是发生在15世纪的事。苏格兰的詹姆士一世于1423年在他发布的敕书中使用了"News"一词。约斯特经过考证还指出，有人把英文的"News"一词说成是由英语北、东、西、南四个字的第一个字母组成的，意指来自四面八方的消息，这种说法"仅仅是一种幻想的观念，没有切实的依据"。他指出，"新闻"一词是由"New"（新）这个字引申而来的，这种情况是字源的奇特发展之一。约斯特的这个说法与我们汉字中"新闻"的含义相吻合。①

如今我们经常在谈话中使用"新闻"这个词汇，如"告诉你一个新闻，小王昨天生了个女儿"、"今天有没有看新闻？甘肃舟曲发生了特大泥石流"、"这篇新闻写得不好"，等等。在这三句话中，"新闻"的内涵各有不同：第一个"新闻"是指一件刚发生的事情，泛指社会上普遍存在的一切新鲜事物或现象；第二个"新闻"是指新闻媒体对新闻事实、事件的报道这种现象和行为本身；第三个"新闻"是指媒体上的新闻稿件。

从以上对"新闻"一词的由来和词义的分析可以看出，在具体的运用中，"新闻"的词义是比较宽泛的，必须根据上下文的意思才能推断其具体的含义。但"新闻"一词在千余年的演化过程中，它所表述的基本含义始终如一，即"新鲜事情"、"新鲜报道"。应当说，"新闻"一词的特定含义是"新鲜事"，这是最能代表和反映这个词本义的一种解释。

二、五花八门的新闻定义

那么，究竟什么是新闻？一百年来，不同研究者从各自的角度给出了其对新闻的理解：

（1）新闻是新近发生的，能引人兴味的事实。（美国，布莱尔）

（2）新闻者，最近时间内所发生，认识一切关系人生兴味、实益之事物现象也。（中国，邵飘萍）

（3）新闻是新近报道的事情。（美国，莫特）

（4）新闻者，乃多数阅者所注意之最近事实也。（中国，徐宝璜）

（5）新闻就是广大群众欲知、应知而未知的重要事实。（中国，范长江）

（6）新闻是一种新的、重要的事实。（中国，胡乔木）

（7）新闻即刚发生和刚发现的事物。（法国，贝尔纳·瓦耶纳）

（8）新闻是值得社会重视的新的事实。（俄国，科尔尼洛夫）

---

① 郑保卫. 新闻理论新编. 北京：中国人民大学出版社，2007. 35

（9）新闻是已经发生或正在发生的事情的报道。（美国，约斯特）

（10）新闻是新近发生的事实的报道。（中国，陆定一）

（11）新闻是新近变动的事实的传布。（中国，王中）

（12）新闻是新的、活的社会状况的写真。（中国，李大钊）

（13）新闻是报道或评述最新的重要事实以影响舆论的特殊手段。（中国，甘惜分）

（14）新闻是根据自己的使命，对具有现实性的事实的报道或批判。是用最短时距有规律的连续出现来广泛传播的经济范畴的东西。（日本，小野秀雄）

（15）新闻是及时公开传播的非指令性信息。（中国，项德生）

上述定义，表述各有不同，看待新闻的角度和侧重点也有所不同。大致可以分为以下四种类型：

一是"事实说"。即将新闻看做是一种事实、事物、现象，而且是指事实、事物、现象的本身。如定义（1）～（8）。

二是"活动说"。即将新闻视为一种报道或传播活动。这种报道或传播活动的主体可以是新闻机构，也可是其他机构或个人，但主要是前者。如定义（9）～（12）。

三是"功能说"。即把新闻归为一种实现某种目标、达到某种目的或完成某项使命的功能或手段。如定义（13）～（14）。

四是"信息说"。即将新闻看做一种信息。随着20世纪80年代西方信息理论的传入，一些学者通过研究新闻与信息的关系，发现媒介传播的新闻并不是事实本身，而是关于这一事实的信息。如定义（15）。

除了以上这些正式的新闻定义以外，还有一些不成文的新闻定义，如：

狗咬人不是新闻，人咬狗才是新闻。（《纽约太阳报》编辑部主任约翰·博加特）

凡是能让女人喊一声"啊呀，我的妈呀"的东西，就是新闻。（美国堪萨斯州《阿契生市环球报》前副主编爱德华·贺）

新闻是建立在三个W的基础上的，即Woman（女人）、Wampum（金钱）、Wrongdoing（犯罪）。（美国《纽约先驱论坛报》前采编主任斯坦利·瓦利克）

这些定义强调的是新闻内容的"新奇"、"异常"、"变态"、"刺激"、"色情"，在提出者看来，凡与"女人"、"金钱"、"犯罪"沾边的、打破常态的奇特事情都是新闻。有人则干脆提出"最坏的消息就是最好的新闻"这种观点。从严格意义上来说，这些关于新闻的表述是提出者自己对选择新闻的标准的一种经验判断，不能称之为严谨的新闻定义。

上述关于新闻定义的界定不论是成文的还是不成文的，都能从某一侧面反映出新闻的一些基本特征，内容也都具有一定的科学性。只不过由于提出者的国别、身份、经历和所处的时代背景、社会环境不同，个人的文化传统、价值观念各异，对新闻定义逻辑起点认识的不同，以及对新闻定义内涵和外延的限定标准不一，因而出现了见解上的差异，其表述也就五花八门了。纵观这些定义，可以看出人们认识新闻现象、解释新闻定义的思索和进取的过程与成果，它们是新闻学研究的一笔财富。

当然，也有部分定义对新闻的理解过于偏颇，没有很好地理解和把握新闻的本质和内涵，得出一些表面性和片面性的认识，这就难免会造成理论与实践上的偏差。

三、新闻学上的新闻定义及其特征

新闻定义多是情理中事。因为现实生活中的新闻现象本来就是复杂多样的，自然会促使人们对新闻现象产生各种不同的认识和解释。

为了更好地认识和研究新闻活动，以便对其作出科学的解释，有必要对新闻定义的范畴作一个大体的界定，这样人们便可以在相应的范畴内认识和研究新闻。本书从新闻学专业学科的角度来限定新闻的定义和范畴，主要研究的是近代报纸产生后的新闻传播事业中的新闻，将新闻定义限定在"大众媒体传播报道新闻事实"这种现象和行为本身的范畴内，这样既有助于研究内容的协调、规范，使之更具确定性，也更有利于开展学科的专业研究。因此，我们给新闻的定义是：

新闻是对新近发生或正在发生的对公众有知悉意义的事实的报道。

恩格斯说过："在科学上，一切定义都只有微小的价值。"[①] 为了更好地理解新闻的含义，我们将这个定义进行拆分，得出四个关键性的短语："事实"、"新近发生或正在发生"、"对公众有知悉意义"、"报道"，这些短语分别揭示了新闻学上的"新闻"一词的内涵和特征，揭示了新闻所具有的特质规定性。

1. "事实"与新闻的真实性

先有事实，后有新闻，事实是新闻的基础，新闻是对事实的再现；没有事实，就没有新闻。简言之，事实是新闻的本源。早在 1943 年，时任中共中央机关报《解放日报》总编辑的陆定一在其所写的《我们对于新闻学的基本观

---

① 马克思恩格斯全集（第二十卷）. 北京：人民出版社，1971.90

点》一文中就指出:"新闻的本源乃是物质的东西,乃是事实,就是人类在与自然斗争中和社会斗争中所发生的事实。"①新闻中的事实并不简单地等同于事情或一段有情节的故事,而是指实在的而不是想象出来的事件,是实际上发生的事件。

事实是新闻的本源,凸显出新闻的一个基本特征——真实。新闻受到事实的限制,不允许无中生有、凭空捏造。新闻只能严格按照事实的本来面貌如实地陈述,绝不能离开事实去报道新闻。新闻中所涉及的人物以及事件的起因、过程和结果,包括一些具体细节,都须用准确的文字作真实的交代,容不得半点虚构、夸张和粉饰,这是新闻赖以生存的基本条件。现实生活中那些虚假报道的出现正是无视事实和背离事实的结果。

因此,可以说"真实"是新闻存在的内在因素,是新闻的一个本质、基本特征,也是新闻和文学相区别的标志。

与新闻本源容易混淆的另一个概念是新闻来源。新闻来源是指新闻从何处获得,所以又称新闻出处。在新闻报道中,西方国家的新闻媒体均明文规定所有新闻都要交代新闻来源,在中国也有相当一部分新闻尤其是重要新闻要求交代新闻来源。交代新闻来源的最大目的是让受众了解该新闻的权威性和可靠程度等。

2. "新近发生或正在发生"与新闻的新鲜性

"新近发生或正在发生"是对事实的限定语之一。它表明不是所有的事实都是新闻,只有新近发生或正在发生的、最新的事实——新情况、新事物、新现象、新问题、新思想、新经验等才有可能成为新闻。人们之所以需要新闻,就是为了获取最近新发生的事实信息,以消除自己对外部环境认识上的不确定性。

新闻是时事性作品,其以现实生活的最新变动为中心。新闻必须新鲜,这与历史有所区别。

3. "对公众有知悉意义"与新闻的重要性

"对公众有知悉意义"是对事实的又一限定语。它表明不是所有新鲜的事实都能成为新闻报道的内容,只有那些对公众有知悉意义的新鲜的事实才能成为新闻报道的对象。

首先,新闻要满足公众的需要,其必须对公众而不是只对记者或个别人有知悉意义。报道新闻不是满足媒介的自我需求,而是满足公众的需求。

---

① 中国社会科学院新闻研究所. 中国共产党新闻工作文件汇编(下册). 北京:新华出版社,1980. 188

其次，新闻事实必须具有知悉意义，即事实必须消除公众的"未知"性，使公众了解他"欲知"和"应知"的事实。"未知"和"欲知"体现为事实必须是公众共同感兴趣的，引不起受众兴趣的事实不能成为新闻；"应知"体现为事实必须是在法律许可的范围内，那些受众共同感兴趣的但却侵犯了公民的隐私权或泄露了危及国家安全的机密情报的事实内容，不应成为新闻报道的对象。

新闻的这一定义限定语凸显出新闻重要性的特点。这些重要性特点体现在：①事实能提供客观世界中出现的新事物、新现象、新趋势和新规则；②事实能使公众认识到切身利益所在，感受到面临的重大社会问题，从中吸取经验教训；③事实能使人们了解新知识，扩大视野，提高智慧；④事实能使公众了解国家政令、法令和规定，进而指导他们的社会行为；⑤事实能使公众获悉社会文明规范，提高人们的文明程度；⑥事实能使人们了解国家间、社会中的冲突或消除冲突的途径等。

在信息爆炸时代，新闻媒介提供具有重要性的事实非常必要，因为大众迫切希望新闻能对生活进行指导，但当前部分媒体却充斥着相当多的毫无意义的报道，浪费了受众的时间和精力。

4. "报道"与新闻的主观性和公开性

"报道"一词按通常的解释，一是指通过报纸、杂志、广播、电视、新媒体或其他形式把新闻告诉受众；二是指用书面或广播、电视、新媒体形式发表的新闻稿。这个解释包含两层意思：一是报道是人对新闻事实的反映，不是事实本身；二是报道代表了公开传播。

事实若没有被人反映或表达出来，它就只能是事实，事实本身不是新闻，只有当它被记者的头脑反映并用陈述的方式（如文字、言语或图像形态等符号）表达出来才是新闻。因此，新闻在一定程度上带有人的主观性，纯粹客观的、不带人为痕迹的新闻是不存在的。只不过不同的新闻，人的主观程度不同而已，有的新闻中记者个人观点倾向鲜明，支持什么、反对什么，喜欢什么、厌恶什么，读者很容易感受到；而有些新闻报道中似乎感受不到记者个人的倾向，但记者个人的选择却始终贯穿于整个新闻传播过程，如为什么要选择这个事件进行报道、这个细节为什么要加上去，无不渗透着记者个人的主观性。美国哥伦比亚大学教授麦尔文·曼切尔在《新闻报道与写作》一书中强调："新闻，显然是建立在选择的基础上的，而选择是非常具有个人色彩的事情。它受这样一些因素的制约：包括记者的业务情况、他受的教育、他的家庭和朋友的影响，甚至难以捉摸的野心和良心，彼此斗争而作出的决定。"①主观性是新闻自身的特质，任何人都不能加以否认。不过我们在平时的工作中应该尽量避免随意或直接地发表自己的观点和倾向，要讲究公正、平衡，用事实说话，追求客观报道。

人们采写、制作新闻的目的就是为了向公众公开传播信息。新闻若不公开报道，并借以影响公众和社会舆论，而只为少数人知道，那只能称为"情报"。新闻事实经过记者头脑的反映，只有公开报道出来，为公众接受、为社会承认才能最终实现其价值。可以说，公开性是新闻产生的外部条件，是新闻的另一个基本特征。

除了上面五个基本特征之外，新闻还具有广泛性（报道内容、服务对象和传播范围都十分广泛）、易碎性（今天的新闻，明天就成为历史，失去其新闻价值，因而属于一种"易碎品"）等特征。但上述五个特征是决定新闻存在和产生的最基本特征，缺少任何一个，都不能称为新闻。

第二节　几个与"新闻"相关的词义辨析

一、新闻与信息

我们经常说"新闻信息"，那么，新闻和信息是不是一回事？两者之间究竟是什么关系？

首先，我们需要弄清信息的定义。与新闻一样，国内外学者对信息也下过很多定义。信息论的奠基者香农认为："凡是在一种情况下能减少不确定性的任何事物都叫做信息。"②"接收信息和使用信息的过程就是我们对外界环境中的种种偶然性进行调节并在该环境中有效地生活的过程。"传播学集大成者威尔伯·施拉姆认为，信息是一种传播材料，而人是一种"能处理信息的动物"，人们谋求信息、储存与传播信息"有助于他们作出决定"，减少他们认识上的"不确定性"。③

以上两位学者都揭示了信息的共同点，即信息是一种接受者未知的、能消

---

① 胡宏文. 新概念新闻学（上）. 北京：新华出版社，2006.29～30
② ［美］威尔伯·施拉姆，威廉·波特. 传播学概论. 北京：新华出版社，1984.41
③ ［美］威尔伯·施拉姆，威廉·波特. 传播学概论. 北京：新华出版社，1984.
41～45

除人们认识上的不确定性的东西。这里所说的不确定性，是指现实生活中出现的影响人们生存、发展的多种变动的可能性。这样，我们可以给信息下一个定义：信息是事物存在的方式和运动状态的表征和陈述。对接受者来说，它是预先未知的事理，具有消除人们认识上的不确定性的功能。信息能消除随机不确定性，这是信息的全部意义所在。正因为信息能够而且必须消除人们认识上的随机不确定性，所以信息必然包含着新的情况、新的知识、新的内容。这是信息最基本的特点。

从这个意义上来说，新闻本质上是一种信息。人们读报、听广播、看电视、上网浏览新闻，根本目的就在于获取外界变动的、能够消除他们不确定性的信息。

新闻本质上是信息，这一认识对于新闻工作具有重要的意义。20 世纪 80 年代之前，我国新闻学术界和业务界将新闻媒介仅仅定位为一种宣传工具，而没有看到新闻的信息本质，因此当时的新闻报道常常显得空洞、陈旧、没有吸引力。改革开放后，随着信息概念的引入，人们逐渐认识到新闻媒介的基本功能是提供信息，新闻媒体应致力于回答人们所关心、所渴望了解的问题，应将向社会提供广泛而及时的信息作为其生存前提。法国新闻学者莫列尔在《报刊的精神作用》一书中指出："读者应当有权完整而公开地了解所发生的一切事情，这种思想是信息报纸的理论基础。"[①] 从此以后，新闻媒介开始致力于发挥新闻的信息功能，使得新闻的信息量、服务性、可看性都得到了巨大的提升，新闻媒介的面貌也随之焕然一新。

当然，新闻本质上是信息，并不代表新闻等同于信息，信息的概念范围要比新闻大得多。新闻只是信息当中的一个子类别，它代表的是在大众媒介上传播的、时效性较强的、对公众具有知悉意义的一类信息。

二、新闻与宣传

在生活中，我们经常将新闻与宣传放在一起，合称"新闻宣传"，且中国新闻单位的领导部门是各级党委宣传部，因此部分人也常称新闻工作者是"搞宣传"的。那么，新闻和宣传两者关系如何？

宣传是运用各种符号，传播一定的观念以影响和引导人们的态度、控制人们行动的一种社会性传播活动。人们在日常生活中比较常见的宣传活动，如广告宣传，就是运用文字、图片、图像等符号向消费者传递一些观点，主要是述

---

① 李良荣. 新闻学概论（第三版）. 上海：复旦大学出版社，2009.46

说自己的产品或服务如何之好，最终目的是说服消费者购买他们的产品或服务。

从定义可以看出，宣传活动和新闻活动一样，都属于人类的信息传播行为，两者既有联系也有区别。

1. 两者传播内容的侧重点不同

新闻重事实，而宣传重观点。新闻传播的内容除了新、异之外，它本身应该是具体的事实，而不是套话和空话。如果没有事实，即使新闻媒介的版面或节目冠以"新闻"的标志，仍然不会有受众，因为人们是不会接受无事实的新闻传播的。宣传的目的是要向接受者灌输一种观点，促使其对某种事物产生认同，这种观点也许就是一种套路性的话。

2. 两者的基本职能不同

新闻的基本职能是告知人们所需要的信息，消除人们对外部世界认识的不确定性。宣传者通过宣传，力图影响人们的思想，让受众自觉、自愿地按照宣传的意图去行动，其基本职能是传播一种观念，其最终目的是要人们理解它、接受它、支持它。用一句最直率的话说，宣传是为了"收买人心"。换言之，新闻重沟通，宣传重控制。

3. 两者的传播方式不同

新闻传播的东西必须具有新意，陈旧的东西是引不起受众兴趣的，因此，新闻传播讲究"一次性"，第二次、第三次就成了明日黄花。在一张报纸上，绝不可能重复刊登内容一样的一则新闻。但宣传却常常需要重复，无论是意识形态的宣传还是商品广告，为了加深人们的印象，利于人们了解，从而获得人们的支持，往往用同一形式或不同形式向人们重复地宣传一种观念。通过反复述说，宣传者想要传达的观点就会慢慢地渗透到被宣传者的头脑里，广告就是通过反复阐述商品、服务或企业形象的方式，达到劝说人们进行购买的宣传目的。比如"送礼就送脑白金"的广告口号长年累月在多家电视频道播放，使得很多人在选购礼物的时候第一个蹦进脑海的礼品就是脑白金了。毛泽东在文化大革命的时候讲过一段话："历史的经验值得注意，一个路线，一种观点，要经常讲、反复讲，只给少数人讲不行，要使广大人民群众都知道。"这段话说的就是宣传的这一特点。

4. 传播的要求不同

新闻讲究真实、全面、客观、公正、及时、准确。新闻报道不容许凭空捏造，不容许任何夸大或缩减；要求一则信息的各种要素必须齐备，传播者在传播新闻时不能以个人好恶来取舍信息，应尽可能地按事物的本来面貌来叙述；不管是多数人的意见还是少数人的意见，是赞成还是反对，是令人喜悦还是令人沮丧，新闻都要如实传播；新闻以时间为生命，越快越好，一旦延误，一件有价值的事件可能成为垃圾；新闻报道中一是一，二是二，忌讳"可能"、"大概"之类的模糊语言，"基本上"、"多数"、"少数"也要尽可能少用。

宣传讲究定性的准确，即观点和材料的统一。观点要求正确、鲜明；材料要求典型，能够恰到好处地说明观点的正确。在宣传上，凡是能够证实观点的所有材料，只要是典型的都可以用，不管是新近的还是历史的、新鲜的还是为人们所熟知的；宣传是带有倾向性的，它会有意突出某一点而遮蔽另一点。一般来说，宣传者不愿意向人们透露不利于自己的方面，只愿意说对自身有利的方面，没有哪个广告会说自己的产品不好，都是尽量突出自己的优势；宣传讲究时宜性，宣传者一般会选择合适的时间进行宣传，有时即使已经把握了事实，也不会立即传播出去，而是选择一个能够产生最大宣传效果、对宣传者最有利的时机把事实透露出去。

显然，新闻和宣传都有其各自不同的个性特点，但它们并不是两条永不相交的平行线。在实际生活中，这两种行为经常互相渗透、交叉，出现一定的特殊复合现象。媒介的所有者（包括私人、集团、阶级、政党）或新闻工作者自身出于某种目的，自觉或不自觉地利用新闻报道宣传一定的思想、观念，表达自己对新闻事实的理解和评价，即"新闻宣传"。

必须强调的是，当人们把新闻与宣传结合在一起进行新闻宣传时，一定要尊重新闻传播的规律。首先，不能把新闻仅当做宣传品——只有宣传味，没有新闻味，否则写出来的新闻受众不会喜欢看。但在实际的工作中，有些记者往往会丧失新闻工作者的职业道德，因收受了商家的红包，而不论其新闻价值大小，一味地报道这些商家的新产品发布会，新闻界应该坚决抵制这种做法。如果这种没有新闻价值而只有宣传价值的报道多了，最终会损害媒体在受众心目中形象，自食恶果的还是新闻媒体本身。其次，要讲究"用事实说话"的新闻基本工作方法，既有受众所需要的新闻事实，又有传播者的观点，在传递新闻的同时宣传自己隐藏的观点。对此经典的阐述莫过于胡乔木同志在《人人要学会写新闻》中的观点："最有力量的意见，是一种无形的意见——从文字上看去，说话人只是客观地、朴素地叙述他所见所闻的事实（而每个叙述总是根据一定的观点的），这样，人们就觉得只是从他那里接受事实而不是从那里接受意见（而每个有自尊心的人一般都是不愿相信意见，而宁愿相信事实的）。新闻就是这种无形的意见，愈是好的新闻，就愈善于在内容上贯彻自己的意见，也愈善于在形式上隐藏自己的意见。"[①]

---

① 李良荣. 新闻学概论（第三版）. 上海：复旦大学出版社，2009. 50

在我国，现在的新闻媒体是从党的宣传机关转轨而来的。在中国共产党发展之初，宣传在党的新闻工作中是非常重要的。我们现在从事的是新闻工作，新闻中可以有适当的宣传，但是不能把两者简单地等同起来。

三、新闻与舆论

在现实生活中，人们常把新闻界称为"舆论界"，或把新闻媒介称为"舆论工具"。那么，新闻和舆论究竟是什么关系，以下将从学理上进行辨析。

新闻和舆论是两个含义不同的概念。舆论是公众关于社会中的各种现象、问题所表达的基本一致的意见或看法。对这个定义进行仔细辨析，可以得出舆论的一些特点：

一是舆论的主体是公众，是一个复数概念，代表一个群体中的大多数。而群体是个相对概念，可大可小，小到一个班级、一所学校、一家工厂，大到一省、一国乃至全世界，随着地域范围的不同，这多数的"人们"的范围也不同。一般认为，在一定范围内，持某种意见的人数超过总人数的1/3，才可以将这样的意见视为舆论，也只有这样，舆论才能对全局产生影响。所以，我们在使用"舆论"这个词的时候要谨慎，说"舆论认为"时要有调查数据作支撑，或者要有一个大体的估算。某种意见低于一定总体的1/3，在这个整体中，这种意见只能说是少数人的意见，不能称为舆论。[①]

二是舆论的客体是社会中的各种现象、问题。它也是个覆盖面极广的概念，只要是与社会上不同范围内相对多数人的共同利益相关都可包括在内，小到行人横穿马路、在公共场所违规吸烟，大到反腐倡廉、下岗就业、民族矛盾、经济危机、贸易摩擦、国家冲突等，都可能随时随地引发舆论。只有与人们的普遍利益密切相关，才能引起人们普遍关心，人们才会踊跃地参与议论，才会形成舆论。一般情况下，个别的、仅涉及私人的小事是不可能引发广泛的舆论的。舆论的客体通常还具有争议性，有争议的问题常常是吸引人们注意力的舆论中心话题。

三是舆论自身是一种意见。舆论不是一般的客观陈述，而是对事物（包括社会人物、事件、问题及其方方面面的社会联系等）作出的基本一致的判断，带有明显的主观倾向，也就是具备了一种评价性。一件事情发生了，如果大家对这件事情没有任何反映、看法，就不能构成舆论，舆论必须有一定的意见倾向。

---

① 陈力丹. 新闻理论十讲. 上海：复旦大学出版社，2010.7～8

四是舆论功能的现实功利性。舆论作为公开的社会评价，它所实现的社会功能是以公开表达的集合式的公众意见，直接或间接地影响舆论客体，对涉及公共事务的组织、人员的行为实行监督，并对其进行有效的制约和限制，使之服从、服务于既定的公众共同意志，符合公众共同利益。这是由其"民意表达和民众力量的显示"的本质特性所规定的。人们出于社会生存的本能，自然地追求广泛的社会支持，对违逆、背离民意有天然的畏惧和顾忌心理，从而自发产生从众现象，所谓"民意难违"、"众怒难犯"、"众口铄金"等，都可以看做是民众一致意见力量的最大显示。

舆论的具体作用表现为对国家政权、政府行为的监督和制约，以及对公众行为的鼓励或约束。在一个社会中，国家权力是最重要、最大的公共权力，它成为舆论监督和制约的最主要的对象。法国18世纪的启蒙学者卢梭把舆论比做"国家真正的宪法"，认为没有一个政府能在舆论面前走得太远。①社会公德是全体社会成员认同的、共有的道德规范，自然成为舆论拥护的对象。任何符合公德的行为都会受到舆论的赞扬，促使社会成员更自觉地效仿；某些损害公众利益、违背社会公德的消极行为，会受到舆论的谴责，从而引导社会成员自觉抵制不良、消极行为。

仅从积极的一面强调舆论作用是不够的，我们必须认识到：由于公众认识水平等自身条件的限制和外在客观条件的制约，舆论带有一定的自发性和盲目性，因而可能存在理智和非理智之分。舆论是一柄双刃剑，"公共舆论中发现和无穷错误直接混杂在一起"②。

从以上舆论的定义、特征和功能可以看出，舆论和新闻是两个完全不同的概念，但两者很多时候相生相灭、互为依托，建立起一种天然的、密切的关系。新闻凭借其自身的特性，不时介入到舆论产生和作用的各个环节中；舆论则借助新闻媒介作为其公开展示力量的舞台。新闻媒介从舆论中吸取力量，实现对社会的监督，因此在西方各国被称为除立法、司法、行政以外的第四权力。具体归纳起来，两者的关系主要体现在以下四个方面：

1. 新闻引发并促成舆论

首先，舆论要形成，必须要有意见指向——特定的社会现象、问题，即公众首先必须了解、认识与自身利益相关的事物的信息，才可能发表意见。那么，公众是如何认识这一事物的呢？在进入大众传播时代之前，人们更多地是通过人际或群体传播渠道获悉外部社会问题，典型画面就是演讲者在人来人往

① ［法］卢梭. 社会契约论. 北京：红旗出版社，1997. 99
② ［德］黑格尔. 法哲学原理. 北京：商务印书馆，1961. 333

的广场发表激情的演说，通报一些最近的重大事件，从而群情激奋，最终产生舆论。进入大众传播时代以后，尤其是新闻媒介高度发达的信息时代，新闻媒介是我们接收外部重要信息的最主要渠道，公众从报纸、广播、电视、网络上收看或收听了一些与自身利益密切相关的事件，然后才引起大规模讨论进而形成大体一致的意见，此即舆论。

如2009年9月的广州番禺建设垃圾焚烧发电厂项目事件，引起了发电厂周边楼盘市民的激烈抗议，形成大规模的舆论。当年12月，该舆论最终以政府有关部门宣布此项目暂时停建，并表示让市民参与选址论证和环评、选址和建设在2011—2012年12月完成的决定而告终。在这样一个舆论形成的过程中，是新闻对事件的报道引发了舆论。具体情况是2009年9月23日上午，广州市市容环卫局在每月23日的例行市民接访日对媒体透露："一旦完成环评，番禺垃圾焚烧发电厂将动工开建。"24日，《广州日报》登出《番禺垃圾焚烧厂将环评　距楼盘3公里业主担忧》、《信息时报》登出《番禺垃圾发电厂将动工》等消息，使得大范围的受众获悉了这一事件，最终促使与这一事件密切相关的周边楼盘的居民团结起来争取自身的合法利益。所以，报道和反映现实生活中各种情况和问题的新闻信息是人们了解情况、认识问题进而对其作出准确判断和客观评价，最终促使舆论形成和发展的基础与依据。

其次，分散的个人意见要公开表达、参与大范围的社会讨论，才能最终形成一致意见。因此，公开表达是促成舆论形成的必要条件。公开表达又必须借助一定的媒介，如新闻媒介。新闻媒介履行的是面向全体社会成员的大众传播职责，对社会全面开放，其传播涵盖范围之广、公开程度之高是其他传播渠道难以比拟的。同时，它的传播又是持续、大规模的运作。于是公众就很容易也很自然地选择在新闻媒介上发表评论，并最终借助这种"威力强大"的表达渠道"达成一致意见"。

因此，舆论形成的全过程常常少不了新闻媒介这条最公开的渠道，可以说，新闻媒介能够引发并促成舆论的形成。

2. 新闻反映并放大舆论

一定范围内的舆论形成之后，如何让外界（尤其是相关管理部门）知悉这个公众意见从而促成事件的解决呢？这其中有许多渠道，比如可以通过游行示威的方式把舆论旗帜鲜明地亮出来让当权者知道，2007年厦门的"PX项目事件"就是如此。人们通过网络和手机短信发布通知，数千名厦门市民以"散步"的名义上街游行，表达他们反对在厦门建设危险化学品和高致癌物PX（别名"对二甲苯"）工厂项目的心愿。又如，在2009年的番禺"垃圾门"事件中，市民也通过自己的途径发表舆论，如采用万名业主签名、"口罩行为艺术表演"、"带着防毒面具在地铁游走"等多种不同的形式表示反对。这种公众自发组织的发表舆论的形式固然作用显著，但是一般游行示威需要很多组织活动，并且如果组织不当，很有可能被别有用心的人利用，演化成冲突性的事件，进而危害社会稳定。

其实，舆论还有一种更为高效的表达渠道，就是通过媒介反映舆论情况。作为一种信息传媒，新闻媒介是舆论的载体。马克思曾把报刊比做驴子，每天驮负着公众舆论在社会成员面前出现，让人们评价；他也曾认为"报纸是作为社会舆论的纸币流通的"①。报刊如此，继报刊之后兴起的广播、电视等媒介亦如此。如针对番禺"垃圾门"事件，当地媒体发表了许多报道反映舆论。9月25日，《南方都市报》以大篇幅推出《二恶英阴影笼罩居民心结难解 番禺垃圾焚烧发电厂建设引发争议》，《新快报》跟踪并发出《网友声音：众业主网上投票七成人反对建厂》等新闻报道。正如一篇分析文章指出，媒体对业主声音的及时反馈，将急速发酵的30万华南板块业主维权的焦虑和心声，就这样从网上走向了"报端"。②

新闻不仅仅同步反映舆论，它还是舆论传播的放大器。各种分散的或局限于一时一地的小范围舆论借助于新闻媒介可以集中起来加以传播、扩散。而舆论通过新闻媒介传播后，又可以扩大其社会影响，使原先分散的、局部的舆论变为集中的、更大范围内的舆论。新闻媒介对舆论的这种放大和扩散功能是舆论发挥其社会影响力的重要前提，也是舆论自愿同新闻"结盟"的基础。广东南方电视台有一个民生新闻节目叫《今日一线》，其中有个评论栏目叫"马后炮"，在2010年上半年的某期节目当中，笔者听主持人说到这样一个事实：一位观众打电话来说，他曾向BRT（城市快速公交系统）的工作人员反映乘客们普遍抱怨的BRT存在的一些问题，工作人员回复的一句话比较有意思，大致意思是，这个问题你不要向我们反映，你反映了我们也不能马上给你解决，你去找媒体，让他们给曝光，问题就能很快得到解决。从这个回答中，我们可以看到，公众舆论（特别是小范围的公众舆论）如果直接反馈给相关的部门，反而得不到回应，但通过新闻媒介这个曝光平台来反映公众舆论，却能促成问题的迅速解决。当然，这其中相关部门的工作一定存在不合理的地方，但我们通过这个例子能鲜明地感受到新闻媒介在反映和放大舆论方面的重要作用。

---

① 马克思恩格斯全集（第七卷）.北京：人民出版社，1956.523

② 陶达嫔.一个公共危机事件非冲突式解决标本——番禺"垃圾门"事件的传媒介入观察.新闻实践，2010（3）

正因为有了最经常的承载作用，在人们眼中，新闻媒介与舆论之间的关系越来越紧密。它不仅经常被看成是舆论的反映者和表达者，而且还被视为舆论的代表者。人们习惯上把新闻媒介称为"舆论机关"、"舆论工具"也正是基于这一原因。在现代社会中，新闻媒介鉴于其最直接、最经常、最普遍的舆论表达作用，"晋升"到公众代言人、民意代表的地位，作为"广泛的、无名的社会舆论的工具"。① 这样，在不经意间，新闻媒介在舆论领域实际已同时扮演了公众论坛和公众代言人的双重角色，它既是舆论的载体，又常常是舆论主体（公众）的影子。

3. 新闻影响并引导舆论

任何新闻媒介都不会将自己的工作目标仅仅停留在单纯地反映和表达舆论上。这是因为创办、管理和控制新闻媒介的阶级、政党和社会集团，通常都会要求新闻媒介用本阶级、本政党或本团体的思想主张和利益诉求去影响和引导受众，以达到他们自己的某些目的。

新闻媒介能够引导社会舆论的现实基础是新闻媒体在受众中有比较高的威望，而前提条件则是新闻媒体的公信力。如果新闻媒体缺乏信誉，口碑不好，没有广泛的群众基础，是不可能对社会公众舆论起到引导作用的。从目前的情况来看，新闻媒体一般都比较注意自己的形象，受众对新闻媒体所刊播的报道也比较信赖，这对于新闻媒体来说，是弥足珍贵的无形资产。

新闻媒体需要并且能够引导舆论，这使得新闻媒介通常通过有意识、有计划地报道新闻事实和发表言论，对业已形成的舆论施加影响，引导舆论朝着新闻传播者和新闻控制者所希望的方向发展。新闻媒介大致通过以下两种途径来引导舆论：

（1）通过持续不断的信息流，构筑现代信息环境，潜移默化地影响人们的认识，从而引导舆论。

按照美国学者李普曼的观点，现代人已日益浸润在媒介信息的汪洋大海中，人们眼中的现实，是媒介有意无意地营造出来的拟态环境，与真实的现实生活是有差距的。"回过头来看，对于我们仍然生活在其中的环境，我们的认识是何等的间接。我们可以看到，报道现实环境的新闻传给我们有时快、有时慢；但是，我们总是把我们自己认为是真实的情况当做现实环境本身。在涉及现在我们行动所遵循的信念时是较难回想起这一点的。"② 信息是舆论的建筑材料，它决定着人们对事实掌握的程度和对外界的感知，是意见形态形成的基

① 马克思恩格斯全集（第七卷）. 北京：人民出版社，1956. 117
② ［美］李普曼. 舆论学. 林珊译. 北京：华夏出版社，1989. 2

础，是人们判断的依据。公众在形成意见态度的过程中，实际上早已在不知不觉中受到媒介信息环境的制约，这种信息引导作用若隐若现、潜移默化，但其作用更持久，作用力也更大。

（2）通过直接或间接的意见表达引导舆论。

新闻媒介通过报道中隐含的意见倾向（即通常所谓"用事实说话"），或通过直接的新闻评论来表达观点、立场，引导舆论。依照德国学者诺依曼提出的"沉默的螺旋"理论：在舆论形成过程中，分散的公众成员在发表意见时会受到从众心理的很大制约，出于避免被孤立的自然想法，他们会自觉或不自觉地受到占优势地位的多数意见的影响或左右。这种对于外界优势多数意见的感知主要来自人际传播和大众传播，在现代社会，尤其来自面向大众的新闻媒介。由于新闻媒介常以公众代言人的姿态出现，它的意见传播具有公开、广泛、持续时间长、声势浩大的特点，在社会意见中具有独特的权威性，这是媒介意见独有的、很难被超越的优势，也因此很容易成为主流意见或优势意见。公众感知外界意见时也往往将其视为多数人的意见。如果自己与媒介见解相同就大胆发表，如果不一致就保持沉默或干脆改变原有的想法，顺从媒介意见。如此发表的结果，主流意见就会吸引越来越多公众的依附，少数意见则会越来越弱，好像一个上大下小的"螺旋"。这种对媒介意见的遵从、附和，往往也就是媒介有意识地引导的过程，它是新闻媒介对舆论最积极的作用方式，也是其强大影响力的最鲜明的体现。一个典型的例子是，在反对法轮功邪教活动的过程中，新闻媒介通过持续不断地报道一些信教人员由于受到迷惑，做出伤害自己生命的举动，从而对家庭造成巨大伤痛的新闻事件，用事实告诉人们隐含的观点：法轮功是邪教，损害了人们的生命财产利益，必须予以取缔。又或者通过发表新闻评论，明确地告知公众法轮功的邪教性质。

在进行舆论引导时，传媒工作者要明白新闻有效传播是新闻舆论引导的基础。新闻舆论引导必须建立在新闻信息有效传播的基础上。能做到新闻信息有效传播，才能够实现借助新闻舆论正确引导社会公众舆论的目标。从这个意义上可以说，新闻的有效传播，不仅是整个传播过程的出发点和归宿点，而且也是新闻引导舆论的出发点和归宿点。

4. 新闻媒介借助舆论实行社会监督

以上三个方面都是从新闻对舆论发挥作用这个角度来论述的，其实舆论对于新闻媒介来说意义同样重大。新闻媒介除了具有报道新闻，消除人们认识上的不确定的功能之外，还有监督社会的义务和责任，而媒体要进行社会监督，就必须依靠舆论的力量。

新闻媒介不等同于行政、司法机关，其对社会上的违法、违规行为没有强制作用，它只能通过媒介将这些事件大范围地报道出去，在一定范围内形成舆论，并通过反映或引导舆论，进而依靠舆论的共同意见性的力量来实行对社会各方面的监督。所以我们说，新闻媒介是舆论监督媒介。关于舆论监督的内容，我们将在第四章"新闻事业的属性与功能"中进行详细论述。

综上所述，我们可以知道：新闻与舆论关系密切，它引发并促成舆论形成，反映并发展舆论，甚至一定程度上成为舆论的代表，影响并引导舆论的方向，同时，新闻媒介又借助舆论的力量对社会实行监督。舆论和新闻共生共存、相互作用，也正是基于这种关系，新闻和舆论可以说是一对形影不离的亲密"伴侣"。

第三节　新闻要素与新闻类别

一、新闻要素

新闻要素是指构成一则具体新闻的必需材料，好比人要有五官才能构成一张完整的脸，新闻要有六要素才能构成一则完整的新闻。

新闻的六要素是指：发生新闻的主角、发生的事情、发生的时间、发生的地点、发生的原因、结果如何。用英文来表示就是 Who、What、When、Where、Why、How，所以也简称为"5W + H"。如 2010 年 10 月 25 日贵阳一名 10 岁男孩从 20 楼坠楼大难不死这一事件，媒介对其进行报道，就必须告知受众新闻的六要素：时间（2010 年 10 月 25 日）、地点（贵阳新华路国恩大厦）、事件主角（10 岁男孩）、事件（坠楼）、原因（不慎滑倒）、结果（奇迹生还）。若缺少任何一要素，受众就不能获得对新闻事件最基本的了解。

明确新闻要素，对于从事新闻工作有重要的意义，这主要体现为以下两点：

第一，有助于记者在采访时弄清事实的基本要点，有条不紊地进行采访，以保证新闻报道的基本清晰。在采访过程中，被采访对象不可能无一遗漏地将六要素都讲清，记者有必要从这六个方面逐一进行核实，以保证获得清晰的新闻事实。当然，弄清事件的六要素，对于采访来说还远远不够，还需要抓住重点，弄清细节，补充背景，理解重要事实的内涵等。但是，弄清新闻事实的六要素，是弄清每一个具体事件的基本前提。从这个意义上来说，新闻的六要素是采访中获得清晰事实的阶梯。

第二，有助于记者在写作中迅速抓住新闻的重点。新闻写作对六要素并不是均衡用墨的，有些要素受众比较感兴趣，而有些要素一笔带过即可。明白了新闻的六要素并在采访中有针对性地获取这些信息，在写作的时候就可以进行逐一筛选，最终针对新闻事件中的重要要素进行重点写作。

二、新闻类别

按照不同的标准，新闻有各种分类的方法，最常见的如按新闻事件发生地点，分为国际新闻、国内新闻、地方新闻；按新闻内容不同，分为时政新闻、经济新闻（或称财经新闻）、文教卫生新闻、体育新闻、社会新闻等，如中央电视台的"体育新闻"、"综艺快报"、"经济信息联播"等新闻节目就是依据内容的不同进行专门化定位。除此之外，还有其他一些常见的分类也值得我们进行深入研究，以便有针对性地指导新闻实践。

1. 硬新闻和软新闻

硬新闻和软新闻是依照新闻内容与受众的关系来划分的。

硬新闻是关系到国计民生以及人们切身利益的，为人们的工作和日常生活中决策的作出提供依据的新闻。软新闻是和人们的切身利益并无直接关系，富有人情味、纯知识、纯趣味的新闻。

硬新闻一般包括政党和国家重大方针、政策的制定和改变，市场行情，股市跌涨，银根松紧，疾病流行，天气变化，重大灾难事故等。它对时间要求比较严格，要求报道越快越好，特别是一些关乎人的性命（如战争、地震、流行疾病等）的新闻，其时效要求更高，各新闻媒体也经常不惜成本，采用一切先进技术，争先发表这类重大新闻。硬新闻的另一个要求是报道尽可能准确、信息尽可能量化。

软新闻具体包括体育新闻、娱乐新闻以及一些具有趣味性的社会新闻等，它向受众提供娱乐和知识，使其开阔眼界、陶冶情操。软新闻讲究生动活泼的文笔，要求写出事件的情趣。

虽然不同的受众对新闻有不同的需求，但从总体上来说，人类必须在硬新闻获得满足以后才需要软新闻，新闻媒介整体上也是把传播硬新闻作为生存和发展的基础。但这并不是说，任何新闻媒介都应以硬新闻为主，不同的新闻媒介的定位不同，报道的新闻也不尽相同，如综合性的报纸大多以硬新闻为主，而一些娱乐类、体育类的报纸则以软新闻为主。

2. 事件性新闻和非事件性新闻

事件性新闻和非事件性新闻是依照新闻事件的发展过程来划分的。

事件性新闻报道的是事物处于质变时期的特殊反应。这类事件通常缺乏预兆，或虽有预兆而未被人们所注意，因而事件一旦发生就有出人意料之感，令人震惊，并激发受众一睹为快的新闻欲。如战争、骚乱、经济危机等社会政治、经济局势的突变，水灾、地震、空难等重大灾害或灾难事件，以及暴发性流行病和对社会各界有较大影响的新发现或新成就、新纪录等。事件性新闻往往是新闻媒介的主角，有明确的发生时间，精确到几点几分几秒；有明确的行为主体；有开头、过程和结尾；有具体的原因和结果；常常带有鲜明的矛盾性和冲突性。例如，日本巡逻舰冲撞我方渔船、伦敦地铁工人大罢工等。新闻工作者在面对突发性事件时，要有"抢新闻"的意识，敏捷地投入采访，迅速、沉着地审时度势，尽快选定采访目标并奔赴现场观察、采访有关事件的当事人与现场情景。

非事件性新闻是对一段时间内或若干空间里发生的诸多事实、情况、事件的综合反映，揭示带有分析性、启发性的总体情况及倾向或经验等。它一般是对逐步发生变化的事实进行的报道。例如，天气逐渐热起来、房价在不断上涨、青少年的平均视力逐年下降等。非事件性新闻往往没有明确的行为主体，没有事件性新闻所具备的明晰的空间和时间界限，通常用"近来"、"最近"、"日前"之类的模糊词汇来表明时间，对时效性的要求没有事件性新闻那样严格，缺少具体的发生、发展过程。

事件性新闻和非事件性新闻的分类对于新闻写作来说意义重大。一般来说，事件性新闻的写作是比较容易的，记者可以较为容易地判断自己获得的材料够不够，因为事件本身就已经很有情节了，在结构的安排和具体的表达上也都较为容易。比较困难的是非事件性新闻的写作。首先，由于非事件性新闻没有比较现成的、范围明确的界定，要记者从现实生活中去确定范围，去搜集大量的材料，去筛选、提炼，取材范围的界定比较困难；其次，选用什么角度来报道也是较为困难的事情；最后，内涵的挖掘以及表达也比较困难。因此，非事件性新闻的写作也更能考验一个记者的水平和功力。[①]

【思考与练习】

1. 你如何理解"新闻"？
2. 新闻学与历史、文学等学科的关系如何？
3. 结合实践，简述新闻与信息、宣传、舆论的关系。
4. 新闻媒介能不能制造舆论？
5. 结合具体的新闻，简述新闻六要素。
6. 如何区分硬新闻与软新闻？

---

① 艾丰. 新闻写作方法论. 北京：人民日报出版社，2007.66

【推荐阅读】

1. 陆定一. 我们对于新闻学的基本观点. 中国社会科学院新闻研究所. 中国共产党新闻工作文件汇编（下册）. 北京：新华出版社，1980

2. ［美］哈罗德·D. 拉斯韦尔. 世界大战中的宣传技巧. 北京：中国人民大学出版社，2003

3. ［美］沃尔特·李普曼. 公众舆论. 上海：上海人民出版社，2006

4. 陈力丹. 舆论学：舆论学导向研究. 北京：中国广播电视出版社，2005

第三章

新闻事业的产生、发展及规律

　　新闻事业是社会系统中的重要组成部分。报社、广播电台、电视台、新闻网站、通讯社等构成了新闻事业的主体，每天向我们源源不断地提供大量的新闻信息，它们是职业化的新闻传播机构。一个社会的新闻事业的发展水平，与其政治体制、经济基础、社会文化密切相关。新闻事业是如何产生的？新闻事业的产生与发展有着怎样的规律？本章我们将沿着时间的脉络分析这些问题。

随着新闻传播活动的职业化和规模化，新闻事业成为社会系统的重要有机组成部分。新闻事业的产生使新闻传播的效率大大提高，形成了日渐丰富的新闻传播形式，改变了社会的传播格局，使新闻传播具有了多元化的功能。在不同的社会环境和社会制度下，新闻事业表现出来的特征也不尽相同。一方面，新闻事业受社会系统中的经济、政治、文化等因素的影响；另一方面，新闻事业也反作用于社会系统中的其他组成部分。

第一节　新闻事业的含义

新闻事业是新闻传播活动发展到一定阶段的产物，它不同于单一的新闻传播活动。美国学者迈克尔·舒德森这样界定新闻事业：新闻事业是生产和传播有关普遍公共利益的重要时事信息的活动或实践。该活动由定期（一般是每天）发布时事信息或评论的一组机构进行，它以真诚的态度为分散和匿名的受众呈现真相，从而获得公众的关注。①

简单来说，新闻事业是指专门的新闻机构及其所从事的开放性的新闻活动。

专门的新闻机构是专业从事新闻传播活动的组织化的社会机构，包括报社、广播电台、电视台、新闻网站、通讯社等。专门的新闻机构由如下三个要素组成：一是有职业的新闻传播者，他们的工作是采集、制作、发布新闻。二是有一定的运作制度和规范，包括相对固定的工作流程。例如，新闻审核发布制度、稿件修改规范等。三是有一定的组织目标，即新闻机构的活动宗旨。组织目标是新闻机构制订传播计划、调整传播策略、考核传播效果的基本依据，也是调动传播者积极性的动力所在。例如，《南方周末》的办报宗旨是"在这里，读懂中国"，编辑方针则是"正义、良知、爱心、理性"。

开放性的新闻活动有如下两方面的含义：首先，新闻事业是面向大众的。新闻事业不是少数人自我表现的舞台，而是要面向大众进行广泛的新闻传播活动。这要求新闻机构要充分考虑社会大众的信息需求，用准确而快速的信息来满足人们的知情权。新闻事业是社会的"信息中枢"，承担着为大众提供关于环境变动的信息的职责。大众的关注是新闻事业发展的前提。新闻事业不是精英阶层的专属物，它应为全社会所共有，而不应排斥某些弱势群体。新闻事业应注意层级性和多样性，以满足不同类型受众的需要。其次，新闻事业要接受

---

①　[美]迈克尔·舒德森. 新闻社会学. 徐桂权译. 北京：华夏出版社，2010.13

社会舆论的评判和监督。受众从新闻机构的一系列传播行为中，形成对新闻机构的印象和评价。新闻机构以及新闻传播者应该树立正确的新闻观。新闻机构虽然是舆论监督机构，但其本身也应该是舆论监督的对象。新闻机构及新闻传播者是否恪守了新闻报道的原则，是否能够把社会效益放在第一位，都应接受社会舆论的监督。

第二节　新闻事业的产生

　　新闻事业是人类社会的新闻传播活动发展到一定阶段的产物。古代社会虽然有新闻传播活动，但由于生产方式的制约，这些新闻传播活动规模小、速度慢、效率低、传播范围窄，没有产生过以专门搜集和持续向社会发布新闻为职业的新闻机构。新闻传播活动基本上是一种有明确的具体对象的定向传播，大多是服务于统治者，而不是面向普通大众，这时大众传播还没有出现。

　　近代新闻事业伴随着资本主义商品经济的兴起而产生。在西方社会，16—18世纪是新闻事业产生和初步发展的时期，进入19世纪，新闻事业迅速发展壮大。新闻事业中，报纸是最早出现的，这是由当时的物质技术条件决定的。报纸的产生和发展经历了三个阶段，即手抄新闻、新闻小册子和近代印刷报纸。

一、手抄新闻

　　最早的手抄新闻出现在资本主义生产发展最早的意大利。14、15世纪，在地中海沿岸的某些城市出现了资本主义生产的萌芽。威尼斯便是这些城市中的一个，它地处意大利的东北部，濒临亚得里亚海，通过奥特朗托海峡与地中海相连，地理位置优越，是欧洲与东方交往的重要枢纽，也是当时南欧最大的商业都市。作为交通、贸易中心，其同时又有发达的航海、造船和丝织业，因而世界各地的商人往来此地，信息交流频繁。为了满足商人、政客们对经济和社会信息的需求，在当地出现了以专门搜集和传播这类信息为业的人。他们打听、搜集新闻，然后手工抄写，故称之为手抄新闻。手抄新闻主要刊登商情、物价、金融、船期、气象等信息以及与商业有关的政治、军事、宗教、文化动态。手抄新闻在特定的社会背景下为人们所需要，一般以四种方式出售：一是张贴在公共场所的墙上或悬挂在专门的房间里，凡要阅读者，必须先交费才可阅览；二是抄写多份沿街兜售；三是定期寄送给固定订户；四是按需订制，即接受有特定要求的客户的订货。这种手抄新闻无报名、标题，大多不定期出版，发行有限且质量不高，算不上是真正意义上的报纸。但以手抄新闻为业的人，可以说是世界上最早的职业新闻工作者，他们集采、编、写、发行于一身。从这个角度来看，手抄新闻是新闻事业产生的初级阶段的代表形式。

由于手抄新闻适应和满足了资本主义商品生产对信息的需求，因此很快遍及欧洲各大城市，罗马、巴黎、里斯本、里昂、布鲁塞尔、伦敦等地都有手抄新闻发行。英国、法国、德国等国家较大的商行或银行在总行与分支机构之间有互通信息的信件。这些经济机构有时将来往信件中有读者需求的信息摘抄出售。其中最有名的来自德国富商富格尔（Fuger）。富格尔家族在奥地利的奥格斯堡开办了富格尔金融贸易所，该所将总行与遍布欧洲各大城市的分支机构间的通信有选择地编为《富格尔商业通讯》。现在维也纳图书馆仍保存着1588—1605年的《富格尔商业通讯》27册。①

二、新闻小册子

手抄新闻在17世纪初达到高潮，17世纪末逐渐消亡。

16世纪，在欧洲的德国、英国、法国出现了印刷的、可以大量发行的新闻小册子。这种印刷的新闻小册子最早出现在德国的法兰克福地区。它地处欧洲的中心，商品经济发展较早，每年春、秋季在此进行贸易集市，商人云集，信息的需求与交往比较旺盛。比较有代表性的是1588年奥地利人艾青氏印刷出版的新闻小册子，每年两册，每册介绍过去6个月内欧洲和近东各国发生的重大事件，内容以政治、军事为主，也有商业和贸易信息。它在市场上公开出售。

这种新闻小册子虽然有刊名，但一般还是不定期出版，每期间隔时间较长，时效性较差；只靠零售，没有固定的订户。因此，其难以扩大影响，也不易满足人们日益增长的对新闻的需要。

虽然手抄新闻和新闻小册子都以传播新闻内容为主，但还不能称为报纸，只能算做是"新闻出版物"。一份出版物能否称为报纸，要看它是否具备如下条件：其一，至少每星期出版一次；其二，必须是机械手段生产的（有别于手写的"新闻信"、"新闻书"）；其三，凡是愿意付费者，不管属于什么阶级或是有什么特殊兴趣，都一概可以买到；其四，必须刊登一般公众感兴趣的任何事情（有别于某些宗教性的或商业性的出版物）；其五，必须对只具备普通文化水平的公众有吸引力；其六，必须及时，至少就当时技术发展的水平来讲

---

① 欧阳明. 外国新闻传播业史稿. 武汉：武汉大学出版社，2006.31

是相对及时的；其七，必须具有持续出版的稳定性。①

三、近代印刷报纸

进入 17 世纪后，商品经济在欧洲国家进一步发展，社会对新闻信息的需求也随之增长。造纸工业的发展、印刷设备的改进、水陆交通的发达，为印刷报纸的出现准备了种种技术条件。在一些资本主义发展较早的国家，出现了定期出版的印刷报纸。这是近代新闻事业的主要传播形式——报纸走向成熟的标志。

最早出现的是周报，由邮局发行，有不少固定订户。世界上现存最早的印刷周报是 1609 年德国的《报道与新闻报》（*Avisa Relation Oder Zeitung*），每期一张，仅刊登新闻，发行地点为沃尔芬比特尔。到 17 世纪上半叶，欧洲各国几乎都有了新闻周报。这些周报以刊登政治、经济、军事等动态为主，有的还有言论内容。

最早出现日报的国家也是德国。关于世界上第一份日报有两种说法：一为 1660 年，德国的《莱比锡新闻》由周刊改为日报；二为 1650 年，德国莱比锡书商里兹赫创办《新到新闻》。②

1702 年 3 月 11 日，英国出现了第一份印刷日报——《每日新闻》，该报由麦莱特创办于伦敦，出版至 1735 年。麦莱特说《每日新闻》"创办之目的，在迅速、正确而公正地报道国外新闻，不加评论。而且相信读者的智慧，对登载消息的确切含义，一定有正确判断"。这份报纸有两个特点：一是从第 9 期起经时谓英国报业两大彗星之一的巴克莱主编后，由单面印刷改为双面印刷；二是分为两栏编排。这两项改革使《每日新闻》初步具备了近代日报的形式。③

新闻周报和日报的出现，使新闻传播活动复杂化，单个人无法完成周报或日报的出版。由于出版周期缩短，发行量增大，报纸出版的整个过程需要有一批人分工协作，于是出现了采访、编辑、排版、印刷、发行、管理等分门别类的专业化职业。另外，报纸的定期正式出版要求有厂房、设备、辅助人员，等等。因此，周报、日报的出现和发展使得报纸成为一种企业，一种经常的、制度化的事业——新闻事业。

定期印刷报纸的出现，"最早实现了人类传播活动的专业化和规模化，开

---

① 张昆. 简明世界新闻通史. 武汉：武汉大学出版社，1994.24
② 欧阳明. 外国新闻传播业史稿. 武汉：武汉大学出版社，2006.33
③ 欧阳明. 外国新闻传播业史稿. 武汉：武汉大学出版社，2006.34

启了人类新闻事业发展的源头，由于印刷技术具有批量生产性，也就具备了将新闻传播逐步推向社会平民的条件，从而引发了更广大的信息共享时代的真正到来"①。所以说，定期印刷报纸的出现标志着新闻事业的诞生。

第三节　新闻事业的发展

一、大众化报纸的出现

17世纪中叶到19世纪初，欧美许多国家爆发了资产阶级革命，报纸成为资产阶级的舆论工具，用于宣传政治思想、充当言论阵地、鼓吹革命目标，在革命斗争中发挥了巨大的作用。资产阶级革命成功以后，资产阶级内部出现政治分化，随着议会民主和多党政治体制的确立，各派政治力量纷纷创办或控制报刊，并将其作为政治斗争的工具。这些报刊政治上有明显的党派性，经济上依赖执政的或在野的政党支持，内容上偏重于时政新闻和言论，读者对象主要是政界和上层社会。宣传政见、争取舆论甚至党同伐异、激烈争论是这一时期报业的基调。1791年，代表自由派的《国民公报》编辑弗伦诺与代表保守派的联邦领袖汉密尔顿展开激烈争论，最后要由华盛顿总统来仲裁。不仅总统难断两派的争论之事，更有两派的编辑在大街上相遇后互相扭打的历史记载。对于报业史上的这种谩骂之风，美国一些历史学家将这个时期称为"新闻事业的黑暗时代"。

英国、法国、美国等国家资产阶级革命的胜利，使"主权在民"、"天赋人权"的观点深入人心，公民的言论自由和出版自由在一定程度上得到了国家法制的保障。民主政治的环境为大众化报刊的出现提供了土壤。

从19世纪30年代开始，欧美一些国家经历了工业革命，工商业得到迅速发展，城市规模得到了很大的扩张。工业发展对劳动力需求的增长促使大量农民涌进城市，社会人员流动增加，社会的信息交流更为频繁，普通民众对获取信息的渴望也大大提高。在这一时期，先后出现了一批以平民大众为主体读者的报纸。这些报纸的特点是：传播普通民众感兴趣的内容，注重趣味性、人情味，贴近人们的生活，大量传播社会新闻和地方新闻，形式上注重版面活泼、语言生动，报纸售价低廉，通常售价为一便士，故称"便士报"。大众化报纸

---

①　郝雨. 新闻学引论. 上海：上海交通大学出版社，2008.45

把报业（新闻事业）推向了新的繁荣阶段。

世界上第一份大众化报纸是由本杰明·戴于 1833 年 9 月 3 日创办的《太阳报》。本杰明·戴宣称，他的目的是"办一份人人都能买得起的报纸，为公众报道当天的新闻，同时提供有利的广告媒介"。这份报纸主要报道当地发生的事件，特别是暴力新闻。新闻取材大都是奇闻逸事或无足轻重的琐事，但读来却饶有趣味。《太阳报》以其独特的风格和低廉的价格深受读者欢迎。仅在 6 个月内，《太阳报》的销售量就达 8 000 份左右，几乎两倍于其最接近的竞争者的发行量，3 年后销售量达到了 3 万份。

《太阳报》的成功，使得短时间内在美国各地出现了许多效仿者。1836 年 5 月 6 日，詹姆士·戈登·贝内特在纽约创办了《先驱报》。如果说本杰明·戴创办《太阳报》还带有一种误打误撞的味道，贝内特则要比他自觉多了。《先驱报》采用耸人听闻的题材，在犯罪新闻的报道方面达到了登峰造极的程度；扩大报道领域，创办了有特色的金融新闻；提出"人道主义"、"改良社会"的口号，大肆攻击政客、议员和教会，以造成轰动性效果。到 1860 年，《先驱报》已发展成为世界上发行量最大的日报。但其偏激言论引起了上流社会的不满，还遭到了其他报纸的联合抵制。所有反对它的报纸一齐上阵，展开了一场反对这个新闻界"暴发户"的"道德战"，指控贝内特使用了亵渎神明的言辞，迫使广告商们因害怕触怒道德专家而撤回了他们原准备刊登的广告。

1840 年，格里利在纽约创办了《论坛报》。与《太阳报》和《先驱报》不同的是，《论坛报》坚持客观的态度和负责的精神。在宣传该报的广告中，格里利宣称"它将努力维护人们的利益和促进他们道德的、社会的和政治的权益。它将摒弃许多著名'便士报'上的不道德的、下流的警察局新闻、广告和一些其他材料。我们将鞠躬尽瘁地把报纸办成赢得善良的、有教养的人们嘉许的、受欢迎的家庭常客"[①]。格里利"带领大众化报刊从煽情主义的低俗水平，上升到促进文化和启迪思想的地位，同时还能实现赢利"[②]。他并未试图用"写低级作品"的手法去侮辱普通人。毫无疑问，这种态度成为《论坛报》成功的一个因素。《论坛报》被认为是"便士报"的最高典范。

二、无产阶级报刊的出现

19 世纪 30—40 年代，无产阶级在欧洲各国陆续登上政治舞台，在工人阶

---

① 张昆. 简明世界新闻通史. 武汉：武汉大学出版社，1994. 68

② ［美］迈克尔·埃默里，埃德温·埃默里. 美国新闻史（第八版）. 展江，殷文主译. 北京：新华出版社，2001. 126

级反对资产阶级的斗争中，诞生了革命的工人阶级报刊。作为阶级宣传的工具，工人报刊一经登台，便显示出了鼓动群众的强大力量，极大地促进了工人运动的发展。

无产阶级报刊事业的产生和发展，大体可以 19 世纪 40 年代为界，划分为两大历史阶段。前一阶段表现为工人报刊的初级形式，其站在工人群众的立场，揭露资产阶级的剥削本质，要求改善工人的劳动条件和工资待遇，号召工人组织起来与资产阶级展开经济斗争，这一阶段的工人报刊缺乏明确的政治目标。后一阶段则是工人报刊的成熟时期。此时，无产阶级政党报刊成了工人报刊的主体，阶级意识和政治目标日益明确。马克思、恩格斯创办并指导了当时欧洲优秀的工人报刊，并提出了科学的办报理论。

1848 年 6 月 1 日，马克思、恩格斯创办《新莱茵报》，这是世界上最早的马克思主义报纸。1849 年 5 月 19 日，《新莱茵报》被迫停刊。虽然这份报纸存在的时间不长，但它在工人运动中发挥的作用和产生的影响却是巨大的。

1900 年 12 月 24 日，列宁在德国莱比锡创办了《火星报》，成为俄国社会民主工党的中央机关报。在列宁的指导下，俄国无产阶级党报继承、发展了国际无产阶级报刊的传统，丰富了无产阶级政党报刊理论。无产阶级报刊的产生，为人类新闻事业揭开了崭新的一页。

三、新闻通讯社的出现

欧美工业革命推动了资本主义世界市场的形成，各国之间的政治经济联系日益密切，人们对外国、外地的新闻需求大大增加。工业革命使社会文化水平得以提高，报纸的读者群扩大，报纸的种类也变得丰富了，更多的廉价报纸陆续出现，这使得报纸对新闻报道的需求增加，专门从事新闻采集、提供新闻资讯的新闻通讯社应运而生。另外，通信技术的发展和四通八达的电报线路使得新闻的时效性大大提高，为新闻通讯社的产生和发展提供了必要的物质条件。

1835 年，查理·哈瓦斯在巴黎创办了哈瓦斯通讯社，这是世界上第一家通讯社。1849 年，德国沃尔夫通讯社成立。1849 年，港口通讯社在纽约组建，经过几番机构变动，改名为"美国联合通讯社"（简称"美联社"），总部设在芝加哥。1851 年，路透通讯社创办于英国伦敦。通讯社是专门搜集和发布新闻的机构，是新闻流通的特殊渠道，它是应报业的发展和人们日益增长的信息需求而产生的，其本身就标志着新闻事业的发展，把世界新闻事业推进了一个成熟的阶段。

四、广播的产生

1835 年，美国人莫尔斯发明了莫尔斯电讯机（电磁式电报机），经改进后，被各国普遍采用。1837 年，莫尔斯编制了莫尔斯电码。1844 年，莫尔斯在美国政府资助下建成了巴尔的摩至华盛顿的世界上第一条架空电报线路，全长 60 千米。电报开始成为商业、军事、新闻领域的通讯媒介。

1851 年 11 月 13 日，英国在英吉利海峡的加来（法国）—多佛尔（英国）铺设了连接英法的世界上第一条海底电缆。1876 年，贝尔发明了电话。1893 年，西奥多·普斯卡斯在布达佩斯将 700 多条电话线连接起来，定时向听众广播新闻，当时被称为"电话报纸"。1895 年，意大利人马可尼完成了无线电实验。1901 年，马可尼通过试验，在英国、美国之间实现了跨大西洋无线电通信。此后无线电很快取代了有线电报，世界迎来了电信时代。1902 年，美国匹兹堡大学物理学教授费森登在一系列发明的基础上，于马塞诸塞州的布兰特·罗克城建立了可传递语音的发射台。1906 年圣诞夜，费森登使用功率为 1 千瓦、频率为 50 赫兹的交流发电机，借助麦克风进行调制，播出了《圣经·路加福音》中的圣诞故事、小提琴演奏的德国作曲家亨德尔的《舒缓曲》，并在最后祝大家圣诞快乐。当时在附近新英格兰海岸边的几条船上的无线电报务员在他们的耳机中听到了这次广播，成为最早的听众。[1]

世界上公认的第一个广播电台是 1920 年 11 月 2 日开播的美国匹兹堡西屋（Westing House）电器公司的商业广播电台 KDKA 电台。根据美国商务部记载，这家电台是第一个向政府领取正式营业执照的电台。KDKA 在开播的第一天就公布了总统选举的结果：共和党候选人、来自俄亥俄州的参议员哈定击败了民主党的考克斯正式当选总统。KDKA 电台的开播标志着广播事业的正式诞生，掀开了世界新闻事业崭新的一页。

1920 年前后，广播电台在很多国家陆续出现，各国开办广播的时间为：1919 年英国、加拿大；1921 年新西兰、澳大利亚、丹麦；1922 年法国、苏联；1923 年德国、中国；1924 年意大利；1925 年日本；1927 年印度。[2]

1922 年，英国广播公司（British Broadcasting Company）正式开播。1922 年 5 月，苏联的莫斯科无线电台开始试播，11 月 7 日改名为"共产党国际广播电台"并正式播音。1924 年 3 月 25 日，日本出现第一家私营的东京广播电台；1926 年，由三家电台合并而成的日本广播协会成立，简称"NHK"。1926

---

① 周小普. 广播新闻与音响报道. 北京：中国人民大学出版社，2001.6
② 周小普. 广播新闻与音响报道. 北京：中国人民大学出版社，2001.8

年，美国成立了全国广播公司（NBC），拥有 25 家电台；同年，哥伦比亚广播公司（CBS）成立，拥有 16 家电台网络。到 1930 年，无线广播几乎遍及世界。

1923 年初，美国记者奥斯邦利用华商资本在上海外滩开设"中国无线电公司"，1 月 24 日正式播音，播送音乐和新闻，其被认为是中国第一家广播电台。1928 年 8 月 1 日，国民党政府在南京开办的"中央广播电台"开始播音。1940 年 12 月 30 日，延安的新华广播电台开始播音，呼号为 XNCR，这是中国共产党创办的第一家广播电台。现在把 1940 年 12 月 30 日定为中国人民广播事业创建纪念日。

20 世纪 20 年代末，资本主义世界爆发了一次严重的经济危机，并导致了政治危机。为了争夺殖民地，扩大势力范围，加强对殖民地和半殖民地的控制，帝国主义国家一面组织经济集团扼制竞争对手，一面发展对国外广播，企图从精神上实施对殖民地和半殖民地人民的奴役，加强意识形态渗透，压制日益高涨的民族独立和民族解放运动。荷兰率先于 1927 年开办对外广播，随后是美国（1929 年）、法国（1931 年）、英国（1932 年）、德国（1933 年）、日本（1935 年）。珍珠港事件后，1942 年 2 月 24 日，"美国之音"对外广播，先用德语，后用法语、意大利语播出。①

据统计，第二次世界大战爆发前后，世界上共有广播电台 1 200 多座，有 25 个国家开办了对外广播。第二次世界大战中广播在对内、对外宣传中发挥了重要作用。苏、美、英等国同德、意、日法西斯国家展开了激烈的"电波战"。

1935 年 11 月 6 日，美国科学家 E. H. 阿姆斯特朗进行了第一次调频无线电传输表演。美国于 20 世纪 40 年代最先建立了一批调频电台，但在第二次世界大战之后才得到大力发展。

五、电视的产生

1926 年，英国人贝尔德首次研制出电视传真。1928 年，贝尔德发明的机械电视已经能把电视画面从英国伦敦发射到美国纽约。1929 年，英国开始了实验性电视广播。1930 年，英国广播公司和贝尔德合作进行实验，终于播出了第一个声情并茂的节目——舞台剧《口含一朵鲜花的勇士》。1936 年 11 月，英国广播公司建立了世界上第一座电视台，正式播出新闻节目。1937 年 5 月

---

① 周小普. 广播新闻与音响报道. 北京：中国人民大学出版社，2001.9

12 日，英国广播公司有了第一辆电视转播车，它用一条同轴电缆把亚历山大宫和海德公园连接起来，播送了英王乔治六世加冕的实况，这是英国历史上首次户外电视实况转播。

美国开始实验性电视广播是在 1927 年，由美国贝尔电话实验室在纽约和华盛顿之间发射有线电视节目，第二年又播送了室外节目。由于美国从事电视研究和电视实验广播的电台逐渐增多，国会于这一年通过了广播条例并成立了联邦无线电广播委员会，以发放定期执照的方式分配频道的使用权。纽约美国无线电广播公司（RCA）所属的全国广播公司的实验电台于 1928 年 4 月取得了第一个执照。20 世纪 30 年代，美国的电视继续处于实验阶段，直到 1941 年才开始颁发商业电视广播执照。第一家商业电视台是纽约全国广播公司旗下的 WNBT 电视台；1953 年，美国政府宣布采用 NTSC 制（点描法彩色电视技术标准）播出电视节目。1954 年，美国全国广播公司（NBC）首先正式播送彩色电视节目。

其他国家电视业发展的时间是：苏联于 1939 年开始电视实验性播出，1950 年恢复电视节目播出，1967 年正式播放彩色电视节目；日本的电视事业始于 1953 年，1960 年播出彩色电视节目；法国于 1938 年开办电视节目，1967 年播出彩色电视节目；德国于 1935 年开始播放电视节目，1967 年开办彩色电视节目。[①]

中国于 1958 年 5 月 1 日成立北京电视台，后改名为中央电视台；1973 年开办彩色电视节目。

电子传播彻底突破了时间和空间的限制，使信息瞬息传播万里，放大了人类的感官范围，丰富了人们对外部世界的感受，加速了社会信息的流动，推动了社会生产力和社会文明的进步。

第四节 新闻事业产生和发展的基本规律

前面说到，人类的生存和发展始终伴随着新闻传播活动，但新闻事业却是社会生产力发展到一定阶段的产物。新闻事业的产生依赖于一定的社会条件，同时脱胎于社会信息需求的增长。新闻事业的发展在一定程度上受到社会政治、经济、科学技术、文化教育等多方面因素的影响。

虽然在数百年的发展过程中经历了曲折，甚至在某些地区出现了短时期的

---

① 李良荣. 新闻学概论（第三版）. 上海：复旦大学出版社，2009.72

倒退现象，但新闻事业总的发展趋势始终是不断依靠社会生产力的发展，借助新的传播技术和工具手段，在努力适应社会与公众信息需要的过程中冲破阻力，扩大规模，创新发展。

一、传播技术条件的不断改进是新闻事业产生和发展的基础

人类新闻传播活动的进步，最为明显的表征就是新闻媒介的不断发展。媒介演变的基本趋势是速度更快、覆盖面更广、信息符号更为丰富，而这是科学技术不断进步的直接结果。新的物质技术在新闻传播中的运用，不仅会提高新闻传播的速度和效果，而且对新闻采访和编辑的方式、新闻文体、新闻观念，乃至新闻事业与社会的互动及社会功能等，都会带来一系列的影响，促使新闻事业的整体面貌发生深刻的变化。

新闻事业是由专业的新闻从业者进行的大规模的、持续不断的新闻传播活动。没有一定的传播技术条件作为基础，新闻传播活动只能是零星的、偶尔的、局部的。没有文字、书写工具和纸张，就不会有手抄新闻；没有印刷技术和印刷机械，就不会有印刷新闻；没有无线电技术和电子设备，也就不会有电子新闻。在原始社会，社会生产力极其落后，物质极度匮乏，文字出现之前，人们只能用口头的或手势语以及借助一些实物来完成新闻传播。随着人类文明的进步，出现了文字，但最初文字的载体有很大的局限性，它们要么制作不便，要么十分笨重，要么价格昂贵，无法开展大规模的新闻传播。在催生新闻事业的物质技术条件中，造纸术和印刷术缺一不可。造纸术解决了新闻的物质载体的问题，印刷术则解决了新闻的大量复制的问题。造纸术和印刷术的发明使人类的新闻传播有了轻便、高效的工具，对于手抄媒介和印刷媒介的产生与发展都起到了至关重要的作用。

在近代报业诞生前，欧洲用人造纸取代了昂贵的羊皮纸与从埃及进口的纸草纸。

在中国，东汉元兴元年，蔡伦改进了造纸术，书写材料比起过去用的甲骨、简牍、金石和缣帛要轻便、经济多了，但是抄写书籍还是非常费工费时，远远不能适应社会的需要。直到东汉末年的熹平年间（公元172—178年），出现了摹印和拓印石碑的方法。大约在公元600年的隋朝，人们从刻印章中得到启发，在人类历史上最早发明了雕版印刷术。

北宋时期，毕昇发明了活字印制术，改进了雕版印刷费时费工费料、书版存放不便、错字不易更正的缺点，完成了印刷史上一项重大的革命。

造纸术到公元7世纪初期（隋末唐初）开始东传至朝鲜、日本；8世纪西传入撒马尔罕，也就是后来的阿拉伯，接着又传入巴格达；10世纪到大马士

革、开罗；11 世纪传入摩洛哥；13 世纪传入印度；14 世纪传到意大利，意大利很多城市都建了造纸厂，成为欧洲造纸术传播的重要基地，从那里再传到德国、英国；16 世纪传入俄国、荷兰；17 世纪传到英国。到 17 世纪，欧洲的主要国家都有了自己的造纸业。

中国的毕昇于北宋庆历年间（公元 1041—1048 年）发明了被誉为"中国古代四大发明"之一的胶泥活字印刷术。400 年后（公元 1450 年左右），德国人古登堡发明了金属活字印刷术，对人类历史产生了深远影响。

在古登堡发明金属活字印刷术以前，西方的书籍制作几乎全是靠手抄写，主要是由修道院的僧侣们抄写并制作成书。大约在 13、14 世纪，中国的雕版印刷术传到了欧洲，因而在欧洲不少地方也出现了雕版印刷，但雕版印刷还不流行，在图书制作中不占主导地位。古登堡于 15 世纪中发明的金属字母活字印刷术，开启了欧洲出版史上的新时代。

古登堡的印刷术使印刷成本降低，提高了生产效率，使印刷品的传播范围扩大，平民也有机会接触到先进的社会文化成果。

17 世纪初，西方国家凭借古登堡发明的金属活字印刷术，出版了世界上最早的一批印刷报纸。1609 年德国出版了《报道与新闻报》。随后，英国（1622 年）、法国（1631 年）、美国（1690 年）、俄国（1702 年）等国家也相继出现了近代印刷报纸。

19 世纪初出现的以蒸汽为动力的滚筒印刷机，工效相当于人力印刷机的 10 倍；木质纤维纸的问世，使印刷品质量大大提高。到 19 世纪中叶，高速印刷机问世，1868 年，《伦敦时报》用卷筒新闻纸双面印刷，每小时可印 12 000 张报纸。

新闻事业的继续快速发展和壮大与电子技术的发展密不分可。1832 年，德国人韦伯和高斯制造了世界上第一台电报机。1839 年，英国人惠斯通架起了世界上第一条商业电报线。1844 年，美国人莫尔斯发明了莫尔斯电码，使得电报能够以一种超越民族特点的语言，沟通人们的思想与情感。通信技术的发展和四通八达的电报线路是通讯社得以出现的物质技术前提。从 19 世纪 30 年代中期开始，法国哈瓦斯通讯社、美国港口通讯社、德国沃尔夫通讯社、英国路透通讯社等相继成立。

新闻事业发展过程中广播、电视媒介的出现，同样是人类对信息的需求与现代科学技术相结合的产物。

1896 年，俄国科学家波波夫制成了历史上第一个无线电接收装置。同年年末，意大利的马可尼在英国政府的支持下，完成了利用无线电波进行通信的装置。之后，无线电技术很快进入实用阶段，语言广播首先在美国成为现实。

1916 年，美国无线电报务员萨尔诺夫提出了制作"无线电音乐盒"（收音机）的设想。经过几年的研制，美国无线电公司成功制造了最初的收音机。至此，无线电通信在发射、发送和接收技术上都趋于成熟，为无线电广播的普及创造了条件。

无线电广播使新闻传播的速度大为提升，打破了时空界限，使新闻可以在更大的范围内传递。而且广播为人们带来了全新的媒介体验，新闻变得更有趣、更生动，新闻传播的效果也得到了增强。此外，无线电广播引起了全社会的关注，出现了越来越多的广播爱好者。

电视的出现同样经历了无数发明者和科学家的不懈尝试。电视开创了新闻传播的新时代，它将图像、声音、文字融入同一媒介中，让人们产生身临其境之感。电视再次缩短了观众与新闻事件的距离。人们坐在家中，就可以遍览世间万象。

有线电视技术以其图像清晰度高、频道多、选择性强、能满足不同受众群的需要等优势，自问世以后迅速发展，拥有了更多的观众群，进一步推动了电视新闻事业的发展。

1962 年 7 月 10 日，美国成功地发射了"电星一号"通信卫星。7 月 23 日，"电星一号"成功地把从美国发射的电视节目传送到欧洲，又把欧洲播送的节目传送到美国，从而开创了利用通信卫星传播电视的新纪元。卫星电视再次使新闻事业插上了翅膀。

新闻事业中的新生力量——互联网的诞生和发展，也伴随着科学技术的发展而不断进步。20 世纪 60 年代，互联网的雏形——阿帕网，为了适应冷战的需要并用于军事目的而发明。90 年代以后，随着计算机技术的进一步成熟，特别是 WWW 技术、窗口技术、图形技术的出现，互联网不再"难以亲近"，拥有了更为"朴实"的面孔，互联网的商业化成为可能，从此，互联网成为人们生活的一部分。老百姓可以使用互联网来获取新闻、查阅资料。互联网发展的速度十分惊人，从 1993—1997 年，仅仅 4 年时间，它的用户已经达到5 000 万。而作为一种新媒体，要使其受众达到 5 000 万，广播用了 38 年，电视用了 13 年，有线电视用了 10 年，互联网的发展速度由此可见一斑。

互联网在中国的发展速度同样是一日千里。1994 年，我国被国际上正式承认为有互联网的国家。1995 年以后，互联网在中国的发展进入开放性的商用化阶段。据 CNNIC（中国互联网络信息中心）的统计数据，到 2010 年 6 月底，中国网民人数达 4.2 亿，而 1997 年 10 月底，中国网民人数只有 62 万。互联网的发展与计算机技术、通信技术、多媒体技术的发展紧密相连。技术的不断发展，使互联网的新闻传播速度更快，形式更生动多样。

由此看出，新闻事业的规模、具体形式、传播工具的使用、辐射的范围都依赖于社会生产力和科学技术的不断发展。新闻事业形成和发展的每一步，都离不开相应的科学技术和物质条件的进步。没有现代科学技术，也就没有现代新闻事业。

二、社会经济发展程度决定了新闻事业的总体水平

从新闻事业的发展历程来看，一个社会的经济发展程度决定了新闻事业的总体水平。经济发展程度越高，新闻事业的总体水平也越高。报纸的雏形——手抄新闻出现于16世纪的威尼斯，这与当地的经济发展程度关系密切。作为东西方贸易的中心，威尼斯的社会经济活动十分频繁，棉织、丝织、造纸、印刷、冶炼、造船等行业迅速发展，商业、金融业、旅游业也初具规模，出现了资本主义生产的萌芽。当时在威尼斯的商贾和其他社会人士希望了解他们所关心的经济信息和交通信息，即经济的发展产生了某种社会需求。于是，手抄新闻便应运而生。

后来，随着资本主义商品经济的发展，欧洲的贸易中心逐渐向大西洋沿岸国家转移，德国、英国、法国等国家相继出现了手抄报纸。进入17世纪后，商品经济在欧洲国家进一步发展，社会生产的规模进一步扩大，社会分工更加精细，人们的社会联系大大增多，社会变动加速，人们对社会政治、经济、文化等各方面信息的需求也越来越大，手抄新闻、新闻小册子都已不能满足人们的需要，在此背景下，定期出版的印刷报纸在欧洲一些资本主义发展较早的国家产生。

可以说，资本主义商品经济孵化了新闻事业。而中国的封建社会历来重农抑商，到了明朝中后期才出现资本主义萌芽，但发展十分缓慢。直到19世纪中国才有了真正的新闻事业。

一方面，资本主义商品经济的发展，使一些出版商或其他行业的工商业者有财力独资或合资购置设备、雇佣人员办报，将新闻传播活动由个体劳动转入作坊经营状态；另一方面，工商业的发展使广告的需求大大增加，这又为报业发展增添了资金来源渠道，使报业能够实现良性运转。

广播、电视、网络等媒介同样诞生在社会经济发展程度较高的国家。纵观世界新闻传播业，美国、英国、法国、德国、日本等发达国家新闻事业发展较为迅速，总体水平较高，在国际舆论中的影响较大。相形之下，发展中国家和欠发达国家的新闻事业稍显落后，这也直接影响了信息的流向，即从发达国家流入发展中国家的较多；反之则较少。

三、城市和配套设施的发展影响着新闻事业的进程

资本主义商品经济的兴起，使人口迅速向城市集中。英国是最早开始城市化的国家之一。1750 年，始于英国并波及欧洲以及全世界的工业革命，极大地推动了英国生产力的发展。机器生产代替手工生产，先进的工厂生产方式逐步代替了原始的家庭生产方式，大量的移民涌入城市，城市规模扩大。17 世纪初，英国全国已有 1/5 的人口生活在城市里，17、18 世纪形成了一批人口数量庞大的工业城市，如曼彻斯特、利物浦、伯明翰等。城市人口的集中带来了信息交流的频密，城市中各种行业的迅速发展增加了信息来源与信息需求，传媒业也随之勃兴，这些都为新闻的采集和传播创造了条件，也降低了报刊发行的成本。

交通、运输业、邮政业的发展也为报纸的定期发行提供了不可或缺的客观条件。16 世纪前后，欧洲大量兴建行驶马车的公路，内航与海航也竞相发展。交通、运输业的发展为新闻的采集、传递和报刊的运输、发行提供了便利的条件。同时，没有邮政业，报纸就无法及时定期发行。15、16 世纪，法国、英国、德国等相继开办了为民众服务的邮政业务。法国 1464 年由路易十一建立官方邮局，英国 1478 年也建立了官方邮局。到 17 世纪，许多城市的邮班已缩短到每周一次。①

新闻事业面向的是有新闻需求的受众群。文化和教育事业的推广与发展提高了人们的文化知识水平，更多的人具备了阅读能力；人们对外界事物和社会变动有了更为迫切的求知欲望。视野的开阔和自主性的提高进一步增强了人们对于新闻的需求，而且这种需求日益多元化、深刻化。这在某种程度上也促进了新闻报道方式的革新。例如，报纸新闻最早以提供消息为主，而随着人们对信息需求的深化，新的报道文体开始出现，如解释性报道、分析性报道和调查性报道等。

四、社会对新闻信息的需求是新闻事业产生的基本动力

从前面的论述中我们可以看到，中国造纸、印刷术的发明早于西方，应该说技术条件已经具备，但为什么印刷报纸并不是在中国首先出现的呢？马克斯·韦伯曾说过："印刷术是中国早就有的；但是，只是为了付印而且只有通过付印才成其为作品的那种印刷品（尤其是报纸和期刊）却只有在西方才得

---

① 欧阳明. 外国新闻传播业史稿. 武汉：武汉大学出版社，2006. 36

以问世。"① 现代印刷报纸诞生时，就是以商品形式存在的。只有当社会经济发展达到某种程度，社会需求形成一定规模，才可能出现专门从事信息搜集的人，报纸才有可能成为商品、成为可以持续发行的文化产品。所以，新闻事业的产生，不仅需要具备一定的物质技术条件，而且依赖于一定的社会需求。人类的社会交流、精神交往制约着新闻事业的发展。当社会需求达到一定程度，同时又具备相应的物质技术条件时，新闻事业就会自然萌芽。

手抄新闻之所以最早在威尼斯出现，与当时、当地存在的较大的社会需求有关。有需求就有市场，于是出现了一批专门跑码头、商行搜集信息的人。在这种供需互动中形成了近代报纸的萌芽。而在中国封建社会，虽然已经产生了造纸术和印刷术，但社会生产力水平仍然不高，经济基础仍是自给自足的自然经济，封闭保守，经济上联系少，经济信息需求小，且社会长期停滞不前，几乎凝固不变，因此，社会不需要也不可能有一种专门为社会提供新闻的事业。虽然也存在少量的社会需求，但还不足以从"量变"转化为"质变"，社会仍未具备产生定期印刷报纸的充分条件，不足以产生新闻事业。

古登堡发明金属活字印刷术后，欧洲许多国家都先后建立了印刷所，但这一科学技术成果首先却被用来印刷《圣经》等宣传品，直到一个半世纪后，人们才用它来印刷报纸。这同样是因为社会对新闻信息的需求囿于社会经济发展的水平而显得不太突出。当资本主义的社会生产逐渐取代封建社会的小生产方式并形成一定气候的时候，社会中的各种关系会变得更加密切，社会各种力量、各个领域会越来越相互依赖。资本主义生产的开放性使其不断向外扩张，大机器生产所需要的原材料可能来自其他国家，本地的产品也可能销往外地。于是，人们迫切想要了解本地和外地的情况，了解国内和国际的重大事件，其中重要的商业城市与贸易港口的人们对这种新闻信息的需求尤为突出。因此，新闻传播业首先在重要的工商城市和贸易港口出现。

电视事业的发展也可以说明社会需求对新闻事业的重要性。在 20 世纪 30 年代末期，电视技术已基本上趋于成熟。只要社会需要及条件具备，电视事业就会实现突破性的发展。但是 1939 年 9 月 1 日，德国进攻波兰，第二次世界大战全面爆发，这使人类卷入了一场全球性的浩劫。各参战国为了满足战争时期的特别需求，纷纷将平时工业转为战时工业，电视的研究开发也告停顿。一些已有电视事业的国家，如英国，在参战之初，BBC 的电视台便宣告停播。德国柏林电视台被盟军空军炸毁。法国电视台完全为战争所破坏。日本、苏联

---

① ［德］马克斯·韦伯. 新教伦理与资本主义精神. 北京：生活·读书·新知三联书店，1987.6

电视的研究工作陷于停顿。受战争影响较小的只有美国。1941年6月，美国创立了第一家商业电视台。在战争期间，美国约有6座电视台继续播放节目。虽然如此，美国电视事业的发展仍然受到战争的影响。直到战争结束时，全国电视机不过1万台，在新闻界还远未形成气候。① 直到第二次世界大战以后，电视事业才迅速发展起来。1950年时，美国的电视机普及率为9％，到1959年则提高到88％。第二次世界大战以后，美国一直是世界上广播电视业最发达的国家。

五、社会政治民主推动着新闻事业的发展

从新闻事业的发展过程中我们还会发现，社会政治环境影响着新闻事业的发展。新闻事业通常被居于社会主导地位的统治阶级所主宰。一个社会的政治氛围是民主还是专制，决定了其新闻事业的发达程度。

在阶级社会中，统治阶级总是根据自己的政治和经济利益来控制新闻传播，使新闻传播活动更好地为本阶级服务。在阶级社会中，只有统治阶级的新闻事业才有可能真正得到自由发展。

中国早期出现的邸报用于中央政府同各地官员之间的信息沟通，其目的是加强中央集权。宋朝时，严格的新闻审查制度进一步体现了封建统治者的利益。封建统治者对民间小报持敌视态度，采取了一系列限制措施。虽然民间小报更接近于真正的新闻传播，但因其不符合统治者意愿，被视为异端，难以得到自由发展。

在西方社会，报刊的出版最初受到严格的控制，或是由官方出资出版发行，或是由官方特许出版发行。封建主义官方控制出版活动的主要手段有特许出版制、司法手段和检查制度。例如，1586年，英国"星法院"颁布前后实施了54年的《星法院法令》。封建王朝对出版物的严厉限禁，使报刊的产生和发展一直困难重重。欧洲在发明了印刷术之后，过了一个多世纪才出现印刷报纸，其原因也在于封建统治者控制了印刷业，规定只能印制宗教宣传品及其他宣传品。

西方的资产阶级革命推动了近代资产阶级报业的形成。从17世纪中叶到19世纪中叶的200余年中，各国封建主义相继垮台，资本主义登上政治舞台。资产阶级革命时期，资产阶级与封建专制作斗争，争取新闻出版自由，用报刊作为政治斗争的武器，推进革命进程。在革命的浪潮中，报刊成为革新和保守

---

① 张昆. 简明世界新闻通史. 武汉：武汉大学出版社，1994. 273

两大势力相互较量的舆论工具和宣传工具。资产阶级革命之后，资产阶级报刊又成了新统治者的统治工具。资产阶级革命的胜利为欧美主要资本主义国家奠定了出版自由和新闻自由的历史传统。可以说，在资本主义社会，新闻事业的存在与发展是同资产阶级发展商品经济和进行政治斗争的需要紧密相连的。随着资本主义工业革命的完成，民主观念逐渐深入人心，社会政治环境较为宽松，欧美主要资本主义国家的报业从原来的以政党报刊为主转变为以民营商报为主的格局，新闻事业显现出政治和赢利的双向诉求。

无产阶级新闻事业的产生和发展，也同无产阶级及其政党在一定时期的斗争需要紧密联系。正如资产阶级利用报刊作为反对封建势力的武器一样，无产阶级也认识到宣传、鼓动群众的重要性，工人报纸、无产阶级组织的机关报因此应运而生。无产阶级在反对资产阶级的过程中，为满足争取政治地位、实现无产阶级解放事业的需要催生了无产阶级及其政党的新闻事业，并促使它不断发展。无产阶级报刊一出现，便显示出巨大的革命热情，向群众宣传革命真理，坚定无产阶级革命者的信念，动员群众加入到革命事业中。无产阶级报刊是维护无产阶级自身经济利益和政治权利的重要工具，促进了工人运动的发展。

社会政治民主推动着新闻事业的发展。一个专制的社会，它的新闻事业的形态一定是单一的，新闻事业被严格控制，可能会表现出死气沉沉的特点。而一个开放、民主的社会，它的新闻事业则是充满生机、活跃的、多样的。在不同社会政治体制和民主面貌之下，新闻媒体，包括新闻记者都会倾向于附和一种特定的文化，影响新闻事业发展的脚步。

【思考与练习】

1. 你如何理解"新闻事业"这一概念？
2. 新闻事业产生的标志是什么？它是在哪种社会环境中产生的？
3. 阐述新闻事业产生和发展的基本规律。

【推荐阅读】

1. ［美］迈克尔·埃默里等. 美国新闻史（第九版）. 展江译. 北京：中国人民大学出版社，2004

2. ［美］戴比尔等. 全球新闻事业：重大议题与传媒体制. 郭之恩译. 北京：华夏出版社，2010

第四章

新闻事业的属性与功能

属性是事物所固有的根本性质，是事物从诞生之初就已经具备的特质。新闻事业的属性是新闻事业形成之初就已经具备的特征，它是一切新闻事业的共同特征。事物的属性规定着事物能够作用的范围和方向，新闻事业的功能直接受制新闻事业的属性。

新闻事业的属性与功能是新闻学中的基本问题，对它们的认识直接影响着新闻实践，关系到新闻事业发展的方向。本章将对新闻事业的属性与功能进行大体的介绍和总结，希望有助于指导新闻实践。

要弄清新闻事业的属性与功能，就必须先了解新闻事业的具体内容。众所周知，最早的新闻事业——近代报刊，是在生产方式的变革引起社会对新闻信息的大量需求的条件下产生的，传播新闻信息是它最主要的外部特征。后来出现的广播、电视等传播媒介，仅仅是在传播技术手段上发生了改变，并没有改变传播新闻信息这一外部特征。因此，新闻事业从产生起一直发展到今天，它的全部内容可以概括为人类运用已经形成一定规模和系统的新闻媒介，有组织地、经常性地传播新闻信息的社会活动。

这个界定是新闻事业区别于其他任何事业的内在规定性的特质，因此，对新闻事业的属性和功能的认识也可以从这个界定中引申出去。

第一节 新闻事业的属性

一、新闻事业的社会属性

从新闻事业的具体内容可以看出，新闻事业是一种以报道新闻为主要手段，面向整个社会，为各个阶层的公众提供多方面信息的社会服务活动，这种特质决定了新闻事业具有社会属性。这种社会属性具体表现在：新闻事业的服务对象、传播范围、报道内容、传播目的都有着广泛的社会性。接受者是社会上的普罗大众，传播范围比较广泛，传播内容涉及社会生活方方面面的新闻信息，传播者希望自己所传播的信息能被尽可能多的人所接受，能产生尽可能大的社会影响，能提供尽可能多的社会服务等。

新闻事业的社会属性是从新闻事业诞生之初就已经具备的特质。人们之所以需要新闻事业，就在于它能够为人们提供各种他们生产和生活所需的及时信息。作为新闻事业产生标志的近代报刊，其最初就是以信息媒介的形态出现的，它的主要职能就是传播信息和报道新闻，以此满足人们对信息的需求。放眼当今甚至是更遥远的未来，世界上每一个新闻机构每天甚至将一直忙着一项共同的工作——为社会公众报道多样的新闻信息。

新闻事业的社会属性是所有新闻事业都具备的特质。不论是资本主义新闻事业，还是社会主义新闻事业，都把向大范围的社会公众报道多方面的新闻作为它们的主要工作内容。

认识新闻事业的社会属性，有助于更好地把握新闻事业作为一种服务社会的公共文化事业和一种社会公共信息传媒的特征，有利于新闻工作者在实践中将向社会公众提供新闻信息服务作为自己的基本职责，而这又决定着人们能不能按照新闻事业自身的规律来进行媒介运作。

二、新闻事业的意识形态属性

从新闻事业的具体内容还可以看出，新闻报道是客观世界中事物变动的反映，媒介所传播的内容是具有观念形态特征的精神产品，体现出一定的观点倾向性。马克思主义经典作家对人类社会机构作过这样的描述：任何社会都由经济基础和上层建筑两部分构成，经济基础是整个人类社会的基础，决定了矗立其上的上层建筑部分；上层建筑可以分为为经济基础服务的政治设施和法律设施以及以政治观、法律观、哲学、艺术、宗教等为主要内容的意识形态。根据这种分类，很明显，新闻事业属于上层建筑中的意识形态部分，具有意识形态属性。

新闻事业的意识形态属性也是新闻事业从诞生之初就具有的本质属性，并且也将伴随着新闻事业的发展一直存在，是所有新闻事业都具有的共同特征。

新闻事业的意识形态属性具体表现在：新闻工作者对于信息的搜集、选择，在背后起作用的是自己的价值判断体系，这无疑属于意识形态的范畴；新闻工作者对于信息的深度加工，如选取披露信息的角度，在披露信息的过程中把自己的评价巧妙地传递给受众，按自己的理解对信息进行必要的解释，这些做法都不可避免地会在所传播的信息上打上意识形态的烙印；新闻媒介经常反映舆论和引导舆论，而舆论也是属于意识形态范畴。因此，作为精神产品的新闻和生产这种精神产品的新闻媒介，都具有意识形态属性。

对新闻事业的意识形态属性要从以下方面进行理解，才能避免在实践中走入误区。

第一，新闻媒介在更大范围内属于上层建筑，作为精神产品的生产机构，一方面，其与政治上层建筑（由政治制度决定的政府、法庭、议会、警察、军队等有一定国家权力的机构和组织，即国家机器）不一样，它没有强制性和指挥权，不属于国家权力机关。一旦分不清这一基本界限，就有可能把新闻事业作为思想专政的工具。过去有人提出用新闻事业来搞"全面的思想专政"，也有人简单地把新闻事业视为"阶级斗争的工具"，把报刊、广播、电视当做类似法庭、军队的专政工具。实践已反复证明，这"不仅在理论上是极其荒谬的，对社会生活的破坏也是十分严重的"[①]。典型代表就是在"十年动乱"这一特殊时期，新闻媒介按照某些集团或帮派的旨意，今天批判一个，

---

① 童兵. 理论新闻传播学导论. 北京：中国人民大学出版社，2000.124

明天批判一个，甚至可以宣判一个人政治上的"死刑"，可以将批判对象搞得身败名裂，可以对他们实行"专政"。当时媒介的功能被严重异化，被推向了极端，新闻媒介被当做无产阶级专政的工具了。在这种情况下，新闻媒介已经"越位"，它已不是具有意识形态属性的单纯的社会舆论机构，而是进入了上层建筑中政治设施和法律设施的范畴。马克思指出，"批判的武器"是不能代替"武器的批判"的。新闻传播事业作为"批判的武器"，无法代替国家机器，它是观念形态的东西，不是暴力机关。①

另一方面，新闻事业与其他上层建筑一样，对经济基础有着巨大的反作用，它通过舆论这种软力量作用于社会，在社会上具有强大的影响力。

第二，新闻与哲学、文学、艺术、道德、宗教、政治学说、法律学说等意识形态的东西一样，都是客观生活的不同反映形式。新闻事业与它们一起构成了社会的思想意识形态。但新闻事业作为一种独立的意识形态，有着自己的特点。

新闻事业比哲学、文学、艺术等更接近政治，因为它直接宣传和维护一定阶级的政治路线，为一定阶级夺取、巩固和发展政权服务，对经济基础和社会生活的反作用十分明显。新闻事业的传播辐射面大、速度快，对社会生活的影响能力强。这方面的社会功能与其他上层建筑相比显得尤为突出。

新闻事业主要运用新闻手段（指新闻、评论、图片等新闻文体和编排方法及传播形式的总称）反映社会生活，为社会生活服务。它的核心是通过报道事实，用事实表达无形的意见，用事实说话。

第三，上层建筑在阶级社会里的突出表现是阶级性，因此，新闻和其他上层建筑一样，在阶级社会里从属于一定的阶级。新闻事业的阶级性是指报纸、广播、电视等新闻媒介在反映客观世界过程中所表现出来的立场、思想、观点，它们客观上有利于某个阶级的利益。② 所谓"超阶级"的新闻事业，在现实阶级社会中是难以存在的。

马克思和恩格斯100多年前在他们合著的《德意志意识形态》一书中就指出："统治阶级的思想在每一个时代都是占统治地位的思想，这就是说，一个阶级是社会上占统治地位的物质力量，同时也是社会上占统治地位的精神力量。支配着物质生产资料的阶级，同时也支配着精神生产的资料，因此，那些没有精神生产资料的人的思想，一般的是受统治阶级支配的。"③

---

① 童兵. 理论新闻传播学导论. 北京：中国人民大学出版社，2000. 124
② 李良荣. 新闻学概论（第三版）. 上海：复旦大学出版社，2009. 121
③ 马克思恩格斯全集（第三卷）. 北京：人民出版社，1960. 52

显然，新闻事业作为一种精神生产资料，是由占有物质生产资料的统治阶级控制和掌握的。统治阶级通过一定的政治制度和自己所拥有的政治、经济权力，决定新闻事业的所有权、性质、地位和作用，制约着它的发展，并要求它遵循自己的主张，按照自己的意志行事，而不允许它脱离自己思想和利益的范围。

新闻事业在阶级社会具有阶级性，这是不以人的意志为转移的客观事实。部分西方资产阶级国家的新闻媒体常常以"公共通信工具"、"大众传播媒介"和"社会公器"的面目出现，强调自己的"公共服务性"、"独立性"、"超党派性"，也有人把媒体称为"第四权力"，把记者称为"无冕之王"等来试图否认其新闻事业的阶级性。其实，在存在阶级对立的社会中，为维护、争取本阶级的经济利益而展开的阶级间冲突不可避免地会反映到新闻事业上来，西方资本主义的新闻媒介也同样无法挣脱一些政治党派、经济财团和政府机构的控制，其阶级性也总是或隐或现地表现出来。

任何新闻事业都有阶级性，并不是说任何一家报纸、广播、电视所表现出来的阶级性是同等程度的。我们通过比较可以注意到一种现象：不同的报纸，阶级性有强弱之分及鲜明与不鲜明之分。社会主义革命导师在他们的办报生涯中对新闻事业的阶级性也有深刻的体会和总结。1887年3月21日，恩格斯在给海·施留特尔的信中说："《人民新闻报》既已停刊，你们就阅读《每日纪事报》好了。诚然，这是自由党人合并派的报纸，同托利党必然有紧密的联系，但是它反映国内工人运动的情况比其他报纸要好些，而且所有的报道全部刊登。"[①] 从旧中国的情况看，《申报》、《新闻报》、《大公报》和国民党的《中央日报》同属资产阶级报纸，但在20世纪40年代以前，前三份报纸的政治倾向性和后者有明显的区别。从目前西方国家的报纸情况来看，例如美国，严肃的高级报纸《纽约时报》、《华盛顿邮报》、《华尔街日报》等政治立场十分鲜明；而一些通俗报纸，如《纽约每日新闻》、《芝加哥太阳报》等，其政治立场则不那么鲜明。

为什么不同的新闻传播工具阶级性有强弱之分？报纸的阶级性是现实社会中阶级和阶级斗争的反映，报纸主持者（或主持机关）的阶级性规定了报纸的阶级性。报纸阶级性的强弱程度取决于报纸主持者阶级觉悟的高低。处在自在状态的报纸主持者，仅仅本能地、自发地流露出阶级性来，他们主持的报纸阶级性比较弱，政治观点摇摆；处在自为阶级的报纸主持者自觉地维护本阶级的利益，他们所主持的报纸阶级性比较鲜明，政治观点比较坚定。

---

① 马克思恩格斯全集（第三十八卷）．北京：人民出版社，1972.56

新闻事业具有阶级性，并不等于说任何新闻都有阶级性。在新闻传播活动中，有些事实本身包含对某个阶级有利或对某个阶级不利的政治内容，或与一些阶级的利害有较密切的关系，反映这类事实的新闻，阶级倾向性就较为明显，如政治、军事、经济、外交等新闻；有些事实并不直接涉及阶级的利害关系，反映这类事实的新闻，就会较少地或完全不表现出阶级性，如气象、体育、科技、奇闻逸事等新闻。要求所有的新闻都表示自己的立场、观点，既无必要，也无可能。

认为同一阶级的新闻事业只有一个观点，或者凡是对某些问题持同一观点的，就是同一阶级的新闻事业，这也是对新闻事业阶级性的简单化看法。人类社会的阶级和阶级斗争是十分复杂的，阶级内部有不同的阶层、不同的集团（这里指资产阶级）、不同派别，有先进、中间、落后之分；在资产阶级政党内，还有当权派和非当权派之分。此外，任何一个国家，除阶级利益外，还有民族利益、国家利益以及宗教上的分歧等。这一系列斗争都反映到新闻事业上来，使得新闻事业所表现出来的观点、意见错综复杂。事实上，有时候对一些重大的问题，同一阶级的新闻事业会有尖锐的对立观点；有时候，不同阶级的新闻事业却有一致的立场。比如，对于中国的态度，美国的资产阶级报纸有些表示出友好的态度，有些则持敌视态度，鼓吹"一中一台"的滥调。对中国友好，并不因为他们站在无产阶级立场上，而仅仅因为发展中美关系符合这些报纸所代表的那些集团的政治利益和经济利益。因此，对于新闻事业阶级性的分析要具体问题具体对待。

新闻媒介表现自己的阶级性，主要通过选择事实、编写新闻、安排版面、写作言论等具体业务环节来实现。新闻媒介一般会多选对本阶级有利的新闻事实，少登甚至不登对其利益有害的新闻；写作新闻的时候，作者用事实来说明有利于本阶级的观点；对同一个事实，不同阶级的报纸从阶级的角度作出不同的解读，显示不同的观点；在稿件的主次、组合上，突出有利于本阶级利益的新闻，把一些非登不可而又不利于其利益的稿件放在次要的、不显眼的位置上；写作各种评论、理论文章来宣传本阶级的政治纲领和理论原则。

选择事实、编写新闻、安排版面、写作言论会表现出阶级性来，但并不是说阶级性是一切新闻工作唯一的标准或要求。除阶级性外，新闻工作还具有业务上的要求和标准，如美化版面，新闻写作须简洁、明快等。因此，不能把新闻工作的一切问题统统都提升到阶级立场上来认识。

总之，不管人们承认与否，只要是在阶级社会里，新闻事业的阶级性总是一种客观存在。在阶级社会里从事新闻工作和新闻学研究，没有阶级意识，可能会迷失方向；但若把阶级当做"万能画线器"，又是荒谬的。重要的是，我们既要有阶级意识，又要对具体问题进行具体分析，防止简单化、绝对化地用阶级来分析新闻媒介内容。

三、新闻事业的产业属性

从新闻事业的具体内容还可以看出，新闻媒介作为信息传播机构，它能进行信息产品的生产并在市场上进行交换以实现产品的价值，它是一种具有各种生产要素的经营实体，具有产业属性。

所谓产业，从宏观上说，是指各种生产、经营事业。经济学中通常将其划分为第一产业、第二产业、第三产业。1992 年由中共中央、国务院颁发的《关于加快发展第三产业的决定》指出：根据国情，我国对国民经济按三个产业作如下划分："第一产业是农业；第二产业是工业和建筑业；第三产业是除此以外的其他各业，主要包括流通部门、为生产和生活服务的部门、为提高科学文化水平和居民素质服务的部门。"从微观上说，产业是指各种制造或者供应货物、劳务的生产性企业或组织。

不管是从宏观上还是微观上看，产业通常必须具备如下特点：首先，必须从事生产或经营活动，这是产业存在的最基本的条件。其次，必须尤其重视经营活动。再次，产业的存在条件在于市场。有论者指出："在一般情况下，产业经济学中'产业'与'市场'是同义语。"①没有市场，也就没有产业。是企业，就必须进入市场，就必须经受市场的考验。

从以上关于产业的定义和特征的界定，明显可以看出新闻事业具有产业属性。具体表现在：媒介产品具有生产特征，可以进行大批量生产；媒介受众具有消费者特征，可以通过提高新闻信息产品质量吸引其消费行为；媒介经营具有企业特征，可以借助现代企业管理方式改善经营，增加效益；生产相同或相关产品的媒介企业，在同一市场上具有直接或间接的业务或竞争关系；媒介运作具有市场化特征，可以运用市场手段来组织生产。

纵观历史也可以认识到新闻事业的产业属性。诞生于欧洲的最早的近代报纸，一开始就带有商品特征，它是作为一种信息商品向其消费者——读者提供的。后来，面向社会与公众出版的大众化报纸出现，其商品属性就更为明显。报纸的经营者把扩大发行、吸引广告、增加利润作为主要追求目标，把新闻传播作为一种大量生产供社会公众消费的文化产品的活动，办报成为一种商业行为，报纸完全成了商品。随着西方国家新闻媒体逐步走向垄断化，新闻事业作

---

① 丁柏铨. 中国当代理论新闻学. 上海：复旦大学出版社，2004. 61

为一种信息产业的特征及其表现出的产业属性也更为明显。

对新闻事业的产业属性，可以从以下方面加深理解：

1. 新闻产业的商品：新闻

新闻事业作为产业，其所生产的产品就是新闻。新闻是商品，具有一般商品的属性：第一，生产新闻产品的过程中，记者首先必须根据有关线索，进行调查采访，以掌握比较丰富的、全面的、有一定价值的新闻素材，根据获得的素材进入新闻写作和制作程序，然后通过一定的技术印刷或编辑将新闻播送出去。新闻工作者在这个过程中付出了大量的劳动，从而使形成的产品具有价值。第二，新闻以信息满足人们的需求，具有使用价值。第三，同其他商品一样，新闻媒介通过市场将新闻商品销售出去，解决了价值和使用价值之间的矛盾。因此，新闻信息具有一般商品的共性，我们应该承认它具有商品性。

2. 新闻是一种特殊的商品

新闻传媒所生产的新闻产品，不同于一般的商品。这是一种以意识形态呈现为主，而不是以物质形态呈现为主的信息产品；新闻工作者在制作这种商品时不仅改变了它的形态，而且注入了自己的意识，使其具备一定的价值观念指向；新闻是一种以劳动者的智力劳动为主而生产的商品；新闻是一种以信息服务为主要功能的商品，可以满足人们精神层面的消费需要，并进而潜移默化地影响人们的思想，而不直接满足人们物质层面的消费需要。

因此，在认识新闻事业的产业属性时，一定要认清它不同于一般的经济实体，它是生产政治性、思想性很强的精神产品的信息产业，它的生产和经营要坚持把社会效益放在首位，在保证社会效益的前提下，争取最大的经济效益，实现社会效益和经济效益的统一。

3. 新闻产业特殊的赢利方式——"二次交换"

作为一个生产组织，新闻媒介必须按照企业化的要求实行经营管理。与一般物质产品生产企业的运营模式不同，新闻媒介是一个按照特殊模式运营的产业组织。

一般生产企业是直接从产品销售利润中取得维护和扩大再生产的资金，也即产品的价格总是大于成本，通过价格和成本之间的差额来获取利润。但新闻媒介的投入明显地大于产出，世界上大多数报纸的卖价抵不上成本，甚至一张报纸比同样大的白纸还便宜。比如，以20世纪90年代初的价格计，一份每天80版的《洛杉矶时报》成本加合理利润应该卖到1.5美元，而实际售价只有25美分。在中国沿海的一些大报，报纸零售价只能收回成本的50%～75%，一份价格1元的《广州日报》，其成本远远不止1元。正如美国一名出版商所说："报纸大概是世界上唯一以低于成本价出售的商品。"因此，媒介不可能仅仅依赖于报刊发行和广播电视的节目销售收入来保持收支平衡甚至赢利，它必须还有另一个赢利渠道——在卖新闻给受众的同时，新闻媒介也将版面空间和节目时间出售给广告商来获取利润。从表面上看，新闻媒介是将版面或时间段出售给了广告商，但从更深层次看，广告商之所以买版面和时间，完全是因为媒介吸引过来的受众注意力，能够扩大他们商品、服务甚至品牌的知名度等。所以有学者曾指出：报纸不是把广告版面出售给广告客户，而是把读者卖给了广告客户。

从上面的分析可以看出，新闻媒介在交换中实现价值进而获得剩余价值的过程中存在"二次交换"的模式：第一次交换中，新闻媒介低于成本价将新闻信息商品卖给受众，收回一定的成本，但主要目的是获得受众的注意力资源；第二次交换中，新闻媒介将获得的受众注意力资源以高价卖给广告商，获得巨额利润。

认识新闻事业的产业属性，有助于我们更好地把握新闻事业作为一种信息产业经营实体的特征，按照产业和企业的要求来进行相应的管理，在相当的程度上按照市场化的要求进行运作，从而更好地挖掘新闻传媒的产业潜质，增强新闻事业经营的经济效益。如果决策机构和管理部门忽视新闻传媒的产业属性，那么就必然会迫使传媒违背市场化运作的规律，并最终受到市场规律的惩罚。

四、我国对于新闻事业产业属性的认识

在西方国家，新闻事业具有产业属性，这已是一个普遍认识。但在我国，关于新闻事业产业属性的认识，却经历了曲折的过程。

在改革开放之前，中国共产党领导下的新闻事业的属性仅被定位在上层建筑内，认为新闻媒介是上层建筑的一个组成部分，因此认为中国共产党领导的新闻事业是党和人民的喉舌，即党的宣传工具。这一认识从我们党的报刊一开始创办就被确定下来。1921年8月于上海出版的《劳动周刊》在发刊词中宣布："我们的周刊不是营业性质，是专门本着中国劳动组合部的宗旨，为劳动者说话，并鼓吹劳动组合主义。"不搞经营，专事宣传，这是我们党的新闻事业在半个多世纪里的基本运行模式。

毛泽东于1931年3月，就普遍地举办《时事简报》问题，以中央军委总政治部主任名义发出了《总政治部通令》，又写了《怎样办〈时事简报〉》的小册子。他在上述两个文本中说，《时事简报》的目的是提高群众的斗争情绪，打破群众的保守观念。中华苏维埃共和国临时中央政府机关报《红色中华》，是红色政权创办的第一份中央报纸。该报以教育、组织群众参加根据地

的工农民主政权建设和革命战争为主要使命，被誉为"苏维埃人民新生命的表现"、"全苏区人民的喉舌"。在战争年代，受众将革命的报刊看做"不见面的司令员"以及思想上和生活上的向导。

新中国成立以后直至改革开放之前，在很长的一段时间内，阶级斗争一直是社会生活中的主要内容。这一内容通过各种方式（其中包括新闻媒介）一再得到体现和强调。新闻媒介必须为一次次的政治运动服务，其方式是按政治运动的需要和领导人的意志而大造舆论，表现出鲜明、强烈的意识形态属性。其间，1949年12月，新闻总署曾召开全国报纸经理会议，决定报纸实行企业化经营，但没过几年就停止执行。随着改革开放的进行，这个问题被重新提出，并逐渐成为新闻界的共识。

党的十一届三中全会以来，随着党和国家工作重心的转移，经济建设被放到全党、全国工作的头等重要的位置。我国的新闻事业开始了自身的与时代要求相吻合的艰难的改革进程。

1978年年底，财政部批准《人民日报》等北京七家报纸试行"行政事业单位，企业化经营管理"，这是与改革开放大背景相适应的一项重要尝试，是新闻管理体制方面的一项重要变革，有着非同寻常的意义。但没过几年就停止执行了。

1985年2月，中共中央总书记胡耀邦在《关于党的新闻工作》的讲话中谈到："党的新闻机关就经营来说也是一种企业，但他们首先是舆论机关。"[①]

一直到党的"十四大"召开，确立我国要建立社会主义市场经济体制以后，新闻界逐渐达成一个共识：在社会主义市场经济条件下，新闻事业不但是一支强大的精神上、道义上的力量，而且还是一支强大的经济力量。新闻媒介不但要促进社会主义市场经济的发育，而且其本身就是社会主义市场经济不可或缺的有机组成部分。

1992年6月，中共中央、国务院发布的《关于加快发展第三产业的决定》中明确将报刊经营管理归入第三产业的范围。该决定指出："现有的大部分福利型、公益型和事业型第三产业要逐步向经营型转变，实行企业化管理。"从此确立了新闻事业生产企业型的属性，确立了新闻事业"行政事业单位，企业化经营管理"的基本定位。这意味着，新闻媒介的性质决定它不能像一般的企业那样可以自由地出入市场，可以作为"无主管企业"，可以自定方针，而是必须服从党和政府的领导，但可以在管理上采取企业方法。新闻媒介是独立法人，在经济上必须自主经营、自负盈亏、依法纳税。或者说，新闻媒介在

---

① 中国共产党新闻工作文献选编. 北京：人民出版社，1990.82

政治上必须恪守党性原则，经济上则按社会主义市场经济的规则运行。

始于 1996 年的报业集团化的尝试，在中国当代新闻事业的发展进程中有着里程碑式的意义。基于对新闻媒体产业属性的科学认识，广州日报社开中国内地报业集团化经营的先河。截至今日，中国内地已建成报业集团 30 多家。

综上所述，改革开放以来，随着商品经济的发展，特别是随着经济领域中市场化程度的加深，人们对新闻媒介的产业属性的认识日趋深入。

认识到新闻媒介的产业属性并在实践中发掘媒介的经济潜力，极大地解放了我国新闻媒介的生产力，新闻业界出现了许多积极的变化。为了吸引受众，获得更大的发行量和更高的收视、收听率，新闻媒介更加努力地改进版面、提升节目质量，更加注重塑造自己鲜明的个性，使传播内容更加生动活泼；更加注重人才的培养和设备更新，自 1993 年以来，中国各大报都实现了办公自动化，电台、电视台的设备基本达到或接近国际水平[1]；更加注重受众的需要和反馈，媒介内容越来越贴近生活、贴近受众，逐渐从过去的"以传者为中心"向"以受众为中心"过渡；更加重视投入与产出的关系，开源节流，加强自身管理，不断发展壮大。从 1993—1998 年的 6 年时间内，全国新闻媒介的广告收入增加了 6 倍。[2]

对媒介产业属性的认识给中国新闻媒体带来了重大的转变，但新问题也随之而来。例如，有些媒介为了获得广告收入，不惜降低报格、台格，传播一些低级庸俗的、格调低下的新闻来争夺受众。也有些新闻媒介搞"有偿"新闻，甚至将整个版面标价出售给一些企业等。因此，在当前的产业竞争中，如何保持一定的品位，是我国新闻媒介迫切需要解决的问题。

五、三重属性之间的关系

全面认识和理解新闻事业的这三个基本属性，对于准确把握新闻事业的性质及特征，发挥新闻事业的积极作用，做好新闻工作有着重要意义。同时，我们不仅要从理论上深刻认识新闻事业三重属性的内涵，更要在实践中处理好这三者之间的关系。

社会属性体现的是新闻事业作为一种信息媒介和文化事业的特征；意识形态属性体现的是新闻事业作为一种宣传工具的特征；产业属性体现的是新闻事业作为一种信息与文化产业经济实体的特征。

这三种属性之间是一种互为补充、相互制约的关系。社会属性决定着新闻

① 李良荣. 新闻学概论（第三版）. 上海：复旦大学出版社，2009. 118
② 李良荣. 新闻学概论（第三版）. 上海：复旦大学出版社，2009. 118

事业基本的存在形式和行为方式；意识形态属性决定着新闻事业根本的利益方向和工作原则；产业属性决定着新闻事业长远的生存基础和发展潜力。它们形成了一个复杂的综合体系，各自发挥着自己的作用，同时又制约着其他属性的存在方式和发展状况。

通常情况下，意识形态属性要借助社会属性来体现价值、发挥作用；社会属性要靠意识形态属性来引导方向、规范行为；产业属性既为社会属性和意识形态属性提供存在和发挥作用的经济基础和物质条件，同时又受到它们的制约——意识形态属性为其把握政治方向，防止偏离正确的行为轨迹；社会属性为其确定运作范围及方式，规范其按照新闻事业的特殊规律和要求来组织经营和管理。如果只是把新闻事业作为一般的产业和企业来经营，过分强调它的产业和企业属性，一味地追求经济效益，就会损害它作为社会文化事业的特征和属性，使它不顾公众利益和社会效果，背弃它应当承担的社会责任和历史使命，导致新闻传播产生负面效应。

总之，新闻事业在发展过程中，应当注意三个属性的结合，充分体现这三个属性的内涵及特征，更好地发挥自己的社会功能和作用，为国家、为人民、为社会作出更大的贡献，同时也使自身能够得到健康、全面的发展。

第二节 新闻事业的功能

功能是指事物所具有的作用或效能，是一事物在与其他事物的联系中所能发挥的作用，它显示事物"有何用"。新闻事业的功能是指新闻事业在社会生活中所具有的有效作用，即新闻事业满足社会与公众需要的有利作用和效能。

新闻事业的功能问题与其属性密切相关。事物有什么样的属性，就决定了该事物能发挥什么样的作用。对新闻事业属性有什么样的认识，也就影响了新闻事业功能的发挥。拥有和管理媒介的人对新闻事业的属性有正确的认识，媒介才可能发挥它应有的功能；如果拥有和管理媒介的人对新闻事业的属性的认识不正确，他们手中的媒介就不可能发挥其应有的功能，就会被迫去做媒介力所不能及的事情，其结果是对公众、对社会产生了不良的影响，同时也浪费了媒介资源，甚至败坏了传媒本身的声誉。

依据对新闻事业的社会属性、意识形态属性和产业属性的认识，我们认为，新闻事业对社会发挥着多方面的作用，我们可以形象地认为，其在社会结构中主要扮演着以下七种角色：

一、守望者——报道新闻、传递信息，消除人们对环境变化认识上的不确定性

大众传播学家哈罗德·D. 拉斯韦尔在《社会信息交流的结构与功能》中说："在动物社会里，社会成员扮演着专业分工的角色。有的从事环境的监视，负责担当哨兵，在距离动物群较远的地方活动，警戒周围的环境。一旦发现威胁，就立刻大声吼叫起来。运动着的动物群，一听到'哨兵'的吼叫声、啼鸣声、尖叫声，便会应变而迅速地行动。"[①]人类社会也必须时刻监视周围的环境以确保生存的需要。类似于动物世界的"哨兵"角色，新闻媒介成为人类活动的守望者，它以源源不断的准确信息，客观反映社会各方面的变动情况，再现周围世界的原貌，帮助人们预防或应对可能遭遇的不幸事件，这就是新闻事业的守望功能。

在传播学中，新闻媒介被形象地称为"社会守望者"、"社会雷达"、"社会监视器"。美国著名报人普利策也曾说："新闻记者是什么？假如国家是一条船，新闻记者就是站在船头的瞭望者。"可见，新闻事业具有环境守望功能早已成为了人们的共识。

回顾新闻事业产生和发展的过程可以看出，人们之所以需要新闻事业，最主要的目的也是为了从中获取大量最新的信息，及时了解世界的变化，调整自己的行为。新闻媒介也一直扮演着外部环境守望者的角色，并将一直持续下去，这是社会分工赋予新闻事业的神圣使命。如果新闻媒介放弃信息传递的功能，就失去了自身的规定性，也就失去了生存的依据和价值。

新闻媒介是依赖"报道新闻，传播信息"而生存的，报道新闻、传播信息是新闻事业的基本社会功能，或称为"最主要功能"、"第一功能"，是新闻事业的其他社会功能得以实现的基础，新闻媒介的其他功能都依附在提供信息这一功能的基础上。新闻媒介如果不报道、传递新闻，而只是单纯地做监督、宣传、服务或者提供消遣等工作，那就不能称其为新闻事业，只能是其他如监督部门或者娱乐产业了。

民国时期著名新闻学导师徐宝璜把"供给新闻"作为报纸最重要、最基础的职责和作用。联合国国际交流委员会发布的研究报告《多种声音，一个世界》中，也将"传播必要的新闻"放在第一位[②]。国内外在对新闻事业基本功能及作用问题的认识上显示出高度一致，这说明人们对新闻事业的本质特征

---

① ［日］和田洋一. 新闻学概论. 北京：中国新闻出版社，1985.6

② 国际交流问题研究委员会. 多种声音，一个世界. 北京：中国对外翻译出版公司，1981. 19~20

有着共同的理解。

新闻媒介的信息处理能力是其他社会机构所不具备的，处理信息的方式与其他社会传播渠道相比也是独特的。如新闻媒介传播的不是客观世界中的所有信息，而是具有社会意义和新闻价值的信息。为了帮助人们正确认识错综复杂的外部世界，使他们能够适应环境的变化，媒介必须依据一定的原则为受众选择信息并进行传播，这就涉及新闻选择的标准问题。在信息已经成为社会发展、个人决策的最重要资源的当今社会，新闻媒介正是由于其强大的信息传播能力而居于社会系统的信息枢纽地位。

在相当长的一段时间内，我国的新闻媒介主要是从传播者主观规定出发，被作为政治的宣传工具看待，因此，宣传政策、指导工作一直被认为是新闻媒介的首要功能。改革开放之后，对媒介功能的认识最重要的调整就是确立传播信息作为新闻媒介的基本功能的地位。这一重要调整表明我国对新闻事业属性的重新认识。

在我国新闻改革之初，新闻媒介所传播的信息常常因缺乏信息量和新闻的时效性而受到受众的批评。新闻媒介中官样文章多，有实际内容的信息少；或者对于国内发生的一些重大事件的报道往往比外电慢一拍，这些现象说明我国媒介对信息传播功能的忽视。随着改革开放的深化，这些现象近年来逐渐减少。例如，传统报纸已经进入了"厚报"时代，动辄几十版、上百版，信息量增加，时效性增强。

当今受众面临的问题通常已经不是缺乏信息，而是信息过剩，在某些特定条件下，新闻媒介传播的信息已经超过了人们能够承受的程度。西方发达国家在20世纪60年代提出了"信息社会"的概念，中国信息社会的进程在改革开放以后才真正启动，各种社会信息扑面而来，新闻媒介不仅要传播信息，还面临着对信息进行条理化、系统化的工作，媒介传播信息的功能有了更丰富的内涵。

二、监督者——舆论监督，惩恶扬善

新闻媒介通过专业新闻活动发现社会丑恶的事实并将之公布于众，从而抑制丑陋行为，以使整个社会按照规范有序运行的功能，被称为新闻事业的监督功能。

之所以能够对社会的不良现象产生震慑、监督作用，主要是因为新闻媒介是社会化的大众传播工具，其传播范围广泛，与舆论有着天然的密切关系。我们知道，新闻媒介能够通过新闻报道引发并促成舆论、传播并代表舆论，必要时还能引导舆论走向。而舆论由于是多数公众的一致意见，具有强大的影响力，能够对社会产生相当的作用，尤其对一些偏离正常社会轨道、危害公共利益的不正当行为具有监督作用。实际上，新闻媒介的监督就是基于其与舆论的密切关系，它总是利用舆论的强大力量促使相关事物的改进，从而达到监督的作用。因此，新闻监督也称新闻舆论监督。如中央电视台的《焦点访谈》节目，通过揭露大量社会黑暗现象，发现生活中的不文明、不道德、不合法的事件或现象，并加以曝光，最终通过形成强大的舆论压力促成对"三不"现象的监督，促使相关责任人进行改正，这就是新闻事业的舆论监督功能的具体表现。

新闻媒介的舆论监督作为预防社会伤害的警钟，是制衡社会有害倾向的重要力量。在民主社会里，媒介揭露错误和丑恶已形成制度，成为社会抵御伤害、进行自我保护的利器。一个社会中的有害因素如果没有新闻媒介对其加以广泛揭露，公共利益就会被破坏，人类的生存就会受到威胁。许多国家的新闻媒介都重视监督作用，在一些西方国家，新闻媒介更是自称为除立法、司法、行政之外的第四权力，对立法、司法尤其对行政当局实行舆论监督。

新闻舆论监督的范围是广泛的。它监督法律条文的制定和实施，使政府重大决策民主化、科学化，使其符合法定的程序；监督国家法令和政府纲要的执行、实施；监督国家所有公务员遵纪守法、勤政廉政；监督市场运行的公开、公正、公平。同时，它也监督社会的正常秩序、扶正祛邪、惩恶扬善，等等。凡社会的失范行为，新闻媒介都能发挥重要的监督作用。当然，由于各国国情不同，不同媒介在自身属性和市场定位上也有所不同，舆论监督具体实行的重点也是不同的。有的侧重于经济生活，有的侧重于政治生活，有的则侧重于文化生活。

与其他监督形式（如行政监督、司法监督、纪律监督）的刚性制约力不同，媒介的舆论监督是一种软性的监督，它没有国家和政党赋予的强制力量，它的力量在于舆论的影响力，在于舆论造成的一种精神方面的道德压力。但其由于报道的公开性和广泛性，新闻监督能转化为全民的舆论监督，能最有效、最广泛地抑制社会丑恶现象的发生，实现与其他监督形式的优势互补。如司法监督的有效性只存在于有限的空间，如果被监督者的行为没有触犯法律法规，司法监督除了践行警示以外无法进行直接的监督。与之相反，新闻舆论监督的范围要宽泛得多，许多虽然没有触犯法律但违背某些行为准则的人和事，都是新闻舆论监督的对象，在法律发挥不了威力的地方，新闻舆论常常可以发挥它应有的作用，这就是司法监督常常需要借助新闻舆论监督的原因。

新闻舆论监督要想产生好的效果，有三个关键性的环节：一是要传播准确而充分的新闻信息，这样，有关机构和社会公众实施监督才有依据，它是新闻媒介进行舆论监督立于不败之地的根基；二是新闻媒介要善于运用监督对象的有关报道来凝聚或形成强大的社会舆论；三是在进行批评报道的时候，要本着"治病救人"的原则，促使事物向良性方向发展，而不能造成过度"杀伤"，这其中涉及分寸感和"度"的把握问题。

三、服务者——服务社会，指导生活

从广义上来说，新闻媒介报道新闻，消除人们对环境认识上的不确定性，就属于服务社会的范围。但有的新闻不仅告诉受众外部发生了什么，还介绍具体的应对措施，给人们的日常消费、增长才智、提高工作效率提供样板、方法和途径。从这个意义上说，新闻媒介对人们来说就好像生活中的一位好帮手、好朋友一样，给人们提供建议以助于解决生活和工作中遇到的困扰和难题，此即本节介绍的新闻媒介服务社会和指导生活职能，这里指狭义范围的服务。

新闻媒介给人类提供各种各样的服务，涉及经济、科技、生活、政策、法律多方面。同时，服务具体而贴近受众的生活，如指导公众如何就业和择友、如何处理人际关系、如何办理出国手续，提供法律咨询、新书介绍、购物向导、天气预报等服务。如广州儿童手足口病爆发高峰期间，新闻报道不仅提供"有这样一种病蔓延于广州"的信息给受众，更采访了相关医学专家，告诉受众应如何预防疾病、患病了又该如何应对的具体措施。

新闻事业具有影响广、传播快、覆盖面大等特点，它广泛接触社会生活各部门，深入联系方方面面、各行各业的公众；它及时、全面地了解受传者的所思、所需、所求，并且能在很大程度上把他们的想法、需求反映出来，又通过自己的活动尽可能地满足他们的需求。所以，新闻事业服务社会、指导生活的功能能够较好地得以实现，关键是媒介机构和广大新闻工作者要有一颗全心全意为人民服务的心，平时要留意受传者需要什么，并且肯于勤勉地、周到地实施服务工作。

服务功能是新闻媒介的重要功能之一，近几年媒体上大量的民生新闻在更深层次意义上体现出媒介的服务功能。民生新闻本着为百姓排忧解难的目的，把平民在生产和生活中遇到的疾苦事件报道出来，对百姓无奈的投诉、环境灾难、家庭环境恶劣、合法权利被剥夺、遭到社会歧视等，给予及时报道和呼吁，引起政府和强势群体的重视，以解决平民生存危机。民生新闻与一般的社会新闻不同，它发生在平民甚至贫民身上，他们遭遇了较多的苦难与不幸，媒体应该尽自己的责任帮助平民摆脱困境，让平民获得生存权，维护他们的公民权。

新闻媒介把服务社会、指导生活搞好了，方便了公众，培养了受传者对新闻事业的亲切感，便可提高新闻事业的威信，从而进一步加强新闻事业对受传者、对社会的影响。

四、娱乐者——消遣休闲，丰富生活

新闻媒介通过报道新闻，提供趣味性的内容或采用轻松的形式，使人们感受到快乐，缓解其精神压力的作用，被称为新闻事业的娱乐功能。典型代表如体育新闻和娱乐新闻带给人们的快乐感和轻松感。

随着经济发展带来人民生活水平的提高和科技进步对劳动力的解放，人们有了较好的经济条件和更多的闲暇时间来享受精神文化生活，娱乐消遣成了现代人生活中不可缺少的内容，因此，很多新闻媒体愿意投入很大精力去采编体育新闻和娱乐新闻，新闻媒介的娱乐功能越来越得到重视和开发。

需要注意的是，新闻媒介发挥娱乐功能的同时，也担负着重大的责任。一方面，任何一个富有责任感的媒体都要尽可能传播健康的、情趣高尚的、生动有趣的新闻内容，满足受众的正当娱乐需求。这是因为，健康的娱乐是引导受众品德修养与道德追求的舞台，有利于陶冶人们的情操，提高人们的审美能力；健康的娱乐还以其特有的公共属性承载着社会责任和意识导向，媒体通过传播高尚、幽默、智慧、知识和体力健美等内容，给受众带来积极的欢愉感，引导人们建设一个互尊、互爱的社会。另一方面，任何一个富有责任感的媒体都要禁止传播一些低俗的、粗鲁的、不健康的、有违社会公德的东西，杜绝一味迎合受众的低级情趣的传播行为。在具体的新闻操作中，媒介要时刻坚守道德准则，不能拿别人的灾难和危机取乐，更不能把弱势群体的不满和愤怒当做"逗乐"的素材，践踏人的尊严和同情心。河南电视台都市频道的"都市报道"栏目曾报道过一则新闻，标题为"悬！男子坐上高压线"，讲述的是一名精神有障碍的男子爬上高压电线的危急事故。但在1分26秒的节目中，同期声的叙事方式却非常轻松幽默，完全看不到一个新闻人对弱势群体应有的人文关怀，有的只是看客式的轻松和麻木。

由上可见，新闻媒介发挥娱乐功能应该有一个"度"的问题，需要区分什么能娱乐以及娱乐的底线在哪里。正如美国学者尼尔·波兹曼在《娱乐至死》一书中提出的警示："如果文化生活被重新定义为娱乐的周而复始，如果严肃的公众对话变成了幼稚的婴儿语言……那么这个民族就会发现自己危在旦夕，文化灭亡的命运就在劫难逃。"[①]

---

① ［美］尼尔·波兹曼. 娱乐至死. 章艳译. 桂林：广西师范大学出版社，2004. 202

五、整合者——进行宣传，引导舆论，凝聚社会各方力量

根据社会有机论的观点，社会机体各个组成部分是相互联系的，在其保持平衡状态时，社会呈现出一种平衡状态，社会秩序得以维持。但社会并不是总能保持这种状态，各个部分之间可能会出现冲突，最为常见的就是社会各个利益集团的冲突。无论是何种状态，社会整合都是必需的。社会必须通过某些中介机构将社会各个部分联系在一起，协调他们之间的利益关系，使得他们在同一社会系统之中和谐共处，以维持社会系统的现行模式。

现代社会结构的复杂性，使得社会需要一种在全社会范围之内交流与沟通的整合工具，新闻事业的社会属性，使它成为社会上人们进行新闻与信息传播和思想与文化交流的一种不可缺少的物质手段，发挥越来越重要的整合作用。通过新闻传播，能够沟通上下、内外、左右的关系，做到上情下达、下情上达，促进内外相通、左右相连，把受众个人同国家乃至整个世界联系起来。新闻媒介这种将社会各个部分、各个环节、各类因素整合为一个有机整体，以适应环境变化和应付环境挑战的功能称为新闻事业的整合功能。

马克思曾称报纸是把个人同国家和整个世界联系起来的"有声的纽带"，它能最有效地进行政府与民众之间的沟通。法国学者贝尔纳·瓦耶纳在其所著《当代新闻学》中也指出，"新闻形成社会……是新闻，实际上也只有新闻，能使全社会的单子凝结起来，能使潜在的现象明朗化，能够左右潮流，能够引起千百万条件相似的、渴望寻觅知音的人们的共同感应。除新闻外，没有别的东西能把人们连起来……"① 按他的观点，新闻事业能促进社会的形成；能在社会中起到一种沟通与黏合的作用；能影响社会的思潮；能促使人们产生思想的共鸣和行动的一致。这非常清晰地阐述了新闻媒介整合社会的功能。

2008年5月12日发生的汶川地震震撼了中华民族。新闻媒介通过对汶川地震的多方面报道，向社会展示了灾区人民的悲惨遭遇和政府投入的巨大救援力量，这些报道一方面向受众传播了最新信息，消除了人们的未知性；另一方面又凝聚了全体华人的力量，大家纷纷慷慨解囊或组织援救，使得抗震救灾取得了巨大的胜利。可以说，在凝聚社会力量方面，没有任何一种其他的渠道能达到这样广泛和深入（形象）的影响，新闻媒介发挥了巨大的整合作用。

在现代社会，新闻媒介的整合作用主要体现在以下两方面：

---

① ［法］贝尔纳·瓦耶纳. 当代新闻学. 北京：新华出版社，1986.17

（1）利用新闻与宣传、舆论的紧密关系，强化社会主流价值观念。

一个社会的维持，仅靠武力是不可能的，必须有统一的主流价值观念。大众媒介的优势在于传播的广泛性和无所不在的渗透力，它可以传播并维护主流价值观念，使之达到全社会的共享；它可以强化社会规范，协调思想；它还可以通过新闻手段反映、影响和引导社会舆论，传递观念和意见，让大众的思想和行为受到媒介的影响，朝着顺应规律和道德的方向前进。

（2）协调社会各个利益集团以求平衡。

从这个意义上说，大众媒介是"社会公器"，各个利益集团都有权使用媒介为自身的利益服务，如利用知晓权、表达权等，促进社会各部门与各阶层之间的联系，提供上情下达的渠道。

当然，新闻媒介在进行社会整合的时候必须谨记：传递新闻信息始终是传媒的第一功能，新闻宣传和舆论引导都必须通过新闻手段来实现，严禁利用新闻传媒进行空洞说教，否则不可能真正起到联系社会的整合作用。

六、教育者——传播知识，普及教育

新闻事业的教育功能表现为传播文化知识、社会道德规范和价值观念，教育社会成员。如媒体在报道《美宇航局发现史上"最年轻"黑洞 年仅30岁》这则最新信息的同时，又向人们传达了天文界最新的知识成果。又如，通过报道2009年10月24日长江大学学生舍己救人事件的新闻，传媒实际上对受众进行了一次潜移默化的价值观的洗礼，从道德上对受众进行了潜在的熏陶和教育。

在现代社会，随着科学技术的发展，人们的文明生产和生活丝毫离不开文化知识。一个现代文明人，也应当是一个有着良好知识涵养和道德素质的人。因此，新闻媒介的教育功能在满足受众需求方面发挥着重要作用。

当前人们积累知识主要通过家庭教育、学校教育和社会教育三种途径进行。新闻媒介的教育很明显属于社会教育的范畴。与其他的教育形式相比，新闻媒介的教育具有自己的特点：首先，新闻媒介传播的知识具有新鲜性，每天报道的大量新情况、新经验、新思想和新成果，就是人们创造的新鲜知识。新闻媒介对此加以报道，既是在报道新闻，也是在传播文化。其次，新闻媒介传播的知识具有广泛性，内容涉及方方面面，如天文、地理、哲学、历史等，可谓五花八门。再次，传播范围和受众具有广泛性，教育的对象是形形色色的异质人群，范围甚至可包括整个世界。最后，知识传播具有快速性，每天用最快的速度把最新的科学文化知识传播给广大受众。

新闻传播事业的特点决定了它可以成为传播科学文化知识的最有效的工

具，也使新闻媒介逐渐变成教育的有力工具。人们可以从报刊、广播、电视、互联网等传播媒介中吸取各种知识营养。特别是对于那些已经离开学校的人来说，媒介传播更成为他们中许多人接受知识和教育最主要的渠道和手段。因此，新闻媒介被人形象地称为"人们生活的教科书"。

七、经营者——创造物质财富

新闻事业具有产业特征，具有为社会创造物质财富的功能。新闻媒介作为一种信息产业，它为本国创造大量利税，提供大批就业机会，是国民经济中不可或缺的组成部分。

在现代信息经济的浪潮下，在电子媒介产业崛起的新技术背景下，媒介产业向技术密集型和人才密集型产业转化，大量媒介产品的成功开发带动了消费市场，媒介产业成为现代各国的经济增长点。据统计，1997—2001年美国信息传播业平均增长率为6.5%，远远高于这五年间美国GDP的增长率。在美国400家最富有的公司中，有1/4是文化传媒企业。英国文化传媒产业拥有170亿美元的产业规模，与汽车工业不相上下，其平均发展速度是经济增长的两倍。[①]

同样，我国传媒产业总产值在国民生产总值中的比重也在不断提高。2004年，中国传媒产业总产值为2 108.97亿元；2005年达到3 205亿元，同比增长11.9%，占全国国内生产总值的1.75%；2006年，传媒产业总产值达到4 236亿元，比2005年增长了32.1%，占我国GDP的2.1%~2.2%；2007年传媒业总产值为4 811亿元，比上一年增长13.6%，仍高于同期GDP的增长率。[②] 根据最新的《2010传媒蓝皮书》统计，2009年中国传媒产业的总产值为4 907.96亿元，比2008年增长16.3%，预计2010年中国传媒产业的总产值将达到5 620亿元。

通过以上对新闻媒介功能的七点总结，我们对新闻事业有了更进一步的认识。同时，我们还应该获得以下两点认知：

（1）媒介主要功能的认定是基于对媒介运行的实际效用的考察，是一种客观存在而不是主观规定。同时，媒介的功能发挥又是动态的，是可变迁、可选择、可替代的，中国计划经济时代注重媒介的宣传整合功能，而在市场经济体制下却将信息传播功能放在了第一位，正有力地证明了这一点。随着时代的变迁和社会的发展，媒介的功能还必须继续进行调整，才能适应社会系统的结

---

① 李良荣. 新闻学概论（第三版）. 上海：复旦大学出版社，2009. 165
② 李良荣. 新闻学概论（第三版）. 上海：复旦大学出版社，2009. 165

构需要。只有用动态的观点观察媒介的功能，在社会变迁中不断调整媒介功能，才有利于大众媒介促进社会系统的运行。

（2）媒介的不同功能之间是相互联系、相互作用的。当代新闻媒介是社会宏观系统的一部分，媒介的功能是指整个媒介体系对社会系统所发挥的功用，而不是指某种媒介对社会系统的作用。承认媒介功能的整体性也就使得大众媒介功能的普遍性与个别媒介功能有所侧重、有所突出之间的矛盾迎刃而解。不同媒介的定位是存在差异的，只有整体观照，在相互依存、相互作用的关系中把握具体媒介的具体功能，才能够解释和说明各种媒介存在的必要性和可能性。

【思考与练习】

1. 简述你对新闻事业社会属性的认识。

2. 简述你对阶级社会里新闻事业阶级性的认识。

3. 简述你对新闻事业产业属性的认识。

4. 结合实际，谈谈你对新闻事业功能的理解。

【推荐阅读】

1. ［美］赫伯特·阿特休尔. 权力的媒介. 黄煜，裘伯康译. 北京：华夏出版社，1989

2. 李希光，刘康. 妖魔化中国的背后. 北京：中国社会科学出版社，1996

3. 王君超. 媒介批评——起源·标准·方法. 北京：北京广播学院出版社，2000

4. ［美］尼尔·波兹曼. 娱乐至死. 章艳译. 桂林：广西师范大学出版社，2004

第五章

新闻选择与新闻敏感

　　新闻传播者每天都要面对纷繁复杂的万事万物，究竟哪些事实值得写成新闻进行报道，哪些事实值得重点报道，这涉及新闻工作中一个重要的环节——新闻选择。

　　面临选择，记者需要按照一定的标准进行筛选，其用来衡量事实的第一条标准就是新闻价值，即只有具备新闻价值的事实才有可能进入新闻报道环节。当然，事件有了新闻价值并不一定都能成为新闻，还有其他标准限制着新闻选择，如新闻法规、宣传价值等。

　　本章重点介绍新闻选择标准中的新闻价值，同学们要把它当做新闻学上的一个核心理论来掌握，同时，在实践中不断培养自己的新闻敏感，以便迅速、准确地进行新闻选择。

第一节　新闻选择的定义及原因

新闻工作者每天面对着五彩缤纷的大千世界，面对着纷纭变化的万事万物，面对着四处涌流的海量信息，到底哪些事实值得报道、哪些不值得报道，哪些应该重点报道、哪些只需作一般报道，这涉及新闻选择的问题。

新闻选择是指新闻传播者在新闻采访、写作和编辑过程中，按照一定的价值取向对客观世界中发生的事实进行分析、鉴别、衡量和取舍，从中筛选出值得传播的事实，并准备加以传播的过程。简言之，新闻选择就是新闻内容的确定，即判定哪些事实信息能够构成新闻内容，并且能够传播给受众。

新闻传播者要进行新闻传播，首先要解决的问题就是进行新闻选择。之所以要进行新闻选择，主要是因为在新闻工作中存在着以下三对矛盾：

（1）事实的无限性与媒介的有限性之间的矛盾。

现实中每天发生的事实千千万万，而每天报纸的版面和广播、电视的播出时间等媒介容量是有限的，媒介不可能对所有发生的事件都进行报道，它必须按照一定的标准，从形形色色的事实中选择一些适合新闻媒介发表的事件。

（2）传播信息与引导舆论之间的矛盾。

我们知道，新闻事业最基本的功能是传播新闻信息，这是由它的社会属性所决定的。除此之外，新闻事业也担负着引导社会舆论的任务，这既是由新闻传播媒介承担的社会职责所决定的，也是新闻传播媒介所依托的社会政治、经济利益集团的倾向使然。为了将这两者有机地统一起来，新闻传播者在进行新闻传播之前必须先进行新闻选择。

（3）传播者的传播意向和接受者的需求之间的矛盾。

新闻媒介受其赖以依托的社会政治、经济利益集团倾向的支配，在新闻传播过程中必然反映出一定的倾向性，表现出明显的传播意向。但是，这种传播意向不一定都能反映新闻接受者的需求，新闻传播者必须不断了解受众的需求，在尽量满足受众需求的情况下实现自己的传播意向，这就需要认真进行新闻选择。

新闻选择是新闻传播的前提条件和基础环节，是决定整个传播过程能否达到预期目标的决定因素和关键环节。"如果说文学的基本任务是调动各种艺术手段来塑造具有鲜明个性的艺术形象，那么新闻的基本任务就是从大千世界每日每时变动的无穷事实中挑选事实。""当一名记者或编辑，仅有生花妙笔是远远不够的，首要的是有挑选事实的过硬本领。"① 因此，新闻工作者必须把注意力集中在选择事实上。

第二节　新闻选择的标准

在众多的事实中选择部分适合新闻媒介报道的新闻事实，记者需要按照一定的标准进行筛选。新闻选择的标准不是仅有一个，而是由新闻价值标准、法律法规标准、宣传价值标准等构成。它们像一层又一层的过滤网，对事实进行一次又一次的筛选。最后，记者才把达到这些标准的事实制作成新闻作品并投放到媒介上进行传播。

一、新闻价值

新闻价值所要解决的问题是：一个事实是不是新闻事实、值不值得报道？这属于新闻选择的业务标准、客观标准和普遍标准。世界上所有国家的所有新闻传播媒介，在新闻选择中都必定首先考虑事件的新闻价值。新闻价值标准是基础性的、具有决定意义的标准，掌握这一标准可以确保新闻媒介能够按照新闻传播规律选择适合业务规范的报道内容。

新闻价值这一概念最先是由西方新闻学者提出来的。19 世纪 30 年代，西方报业开始由政党报刊向大众化报刊过渡。大众化报刊完全改变了政党报刊时期那种为了政治宣传需要，只顾党派争斗、互相攻讦，不讲经营、不计成本、经费完全靠政党津贴的状况；而是以市场为导向，以赢利为目的，办报成为赚钱赢利的一种途径和手段。报纸经营者为了追逐利润，千方百计地争取读者，扩大发行量，他们大幅降低报纸售价，并且全面改进报道内容和报道方式，尽可能地从满足读者的兴趣和需要出发去选择新闻、组织报道。

在这样的环境下，新闻传播者在实践中时刻面临着一个难题：在无数的事实中选择什么样的事实才能引起社会大众的共同兴趣，进而获得最大限度的市场占有率呢？19 世纪中期《纽约时报》的主持人雷蒙德眼红《纽约先驱报》的主持贝内特常常发表公众感兴趣的新闻，曾感慨地说："我宁可出一百万美元，如果能使魔鬼每天晚上来告诉我，就像他告诉贝内特一样，纽约的人们明天早晨喜欢读些什么。"②

---

① 李良荣. 新闻学概论（第三版）. 上海：复旦大学出版社，2009. 303 ~ 304
② 李良荣. 新闻学概论（第三版）. 上海：复旦大学出版社，2009. 307

为了解决这一难题，新闻价值理论应运而生。所谓新闻价值，是指事实本身包含的能引起社会公众共同兴趣的素质，素质的级数越高，新闻价值越大。这个定义的核心在于，它强调要从公众的共同兴趣与共同需求出发来进行新闻选择。

所谓共同兴趣，是指新闻要反映社会大众关心的事实，而不是个别人关心的事实。任何一种大众新闻传播媒介，不管其宗旨、目的是什么，要想在社会上生存下去，首先必须考虑受众的共同兴趣。新闻事业与口头新闻、书信新闻最大的区别是：新闻事业所面对的社会大众，他们分属不同的阶级、阶层，有不同的社会地位、不同的职业、不同的年龄、不同的爱好，一份报纸印出来，要大家都来买、都愿意读，那就不能仅仅满足个别人的需要，必须能够引起社会公众的共同兴趣。否则报纸就没有销路，连维持简单的再生产都不可能。

一个客观事实究竟具备哪些特殊素质才能引起受众共同兴趣？这涉及新闻价值的构成要素问题。新闻记者也对此进行了多年的探索，并根据他们的工作经验，提出了各自所认同的新闻价值素质构成。

美国第一份成功的"便士报"《太阳报》（1833 年 9 月 3 日创刊）的创办人戴伊说："我们报人的兴旺基于他人的灾难之上，把你真实的'莫斯科大火'告诉我们；把你的'滑铁卢战役'告诉我们；当某个'拿破仑'带着他的纵队在世界上冲杀，把千年的皇冠打落在地，并将世界淹没在血泪之中，那我们这些人太荣幸了。"[①]戴伊认为只有新奇的、不寻常的、灾难性的、骇人听闻的客观事实才可以上报，才会引起公众的兴趣，从而使报纸兴旺。

被称为"报界怪杰"的普利策在主持《世界报》（1883—1911 年）期间，曾反复告诫手下记者，必须采集"与众不同的、有特色的、戏剧性的、浪漫的、动人心魄的、独一无二的、奇妙的、幽默的、别出心裁的，适于成为谈资而又不致破坏高雅的审美观或降低格调的，尤其不能损害人们对报纸的信任……"的事实。[②] 在该标准的指导下，《世界报》精彩纷呈、别具一格，到1897 年，成为美国销量最大的报纸。

在中国新闻史上，凡是能取得成效的报纸也都注意到了受众共同兴趣这一新闻价值标准。《申报》从 1872 年创刊的第一天起，就开宗明义地提出，报上所刊载的内容是："凡与国家之政治、风俗之变迁、中外交涉之要务、商贾贸易之利弊，与夫一切可惊可鄂可喜之事，足以新人听闻者，靡不毕载。[③]"

---

① 李良荣. 新闻学概论（第三版）. 上海：复旦大学出版社，2009. 306
② ［美］斯旺伯格. 普利策传. 北京：新华出版社，1989. 380
③ 李良荣. 新闻学概论（第三版）. 上海：复旦大学出版社，2009. 307

经过不断的实践、总结，目前中外新闻界一般公认的新闻价值的具体要素包含以下七个方面：

1. 新鲜性

新鲜有两层意思：一为事件是新近发生，二为事件内容不为受众所知的程度高，即时间近、内容新。

事件发生离公开报道的时间越短，新闻价值就越高，2010 年上海"11·15"特大火灾，如果媒体在火灾发生的当天下午即时报道这件事，其新闻价值就越大，越能够吸引较多受众的注意力，但是如果等到第二天才报道，对于很多受众来说其已不是新闻，新闻价值就大打折扣了。因此，针对一些突发事件，各家新闻媒体总是争分夺秒地抢发新闻，主要是基于事件新鲜性的考虑。

事件不为受众所知的程度越高，新闻价值就越大；事实发生的概率越小，越不寻常或越离奇，就越能引发受众的共同兴趣，因此越具有新闻价值。一些意外、偶然、异常的事实，通常都会具有新闻价值。如果受众发出"天哪！我以前从来没有听说过这样的事件！"和"这件事我是不知道，不过以前听说过类似的"两种感慨，很明显，前者的新闻价值要大于后者。

2. 重要性

事实对当前社会生活以及广大群众的切身利益的影响力，即事实的重要性。影响力越大，影响面越广，越能立即产生影响力，力度越强，新闻价值就越大。例如，政治决策、政局的变动、战争、重大经济信息、重大灾难、重要科技发明、天气的显著变化等，与人们的切身利益关系密切，于是具有新闻价值。因此，新闻媒介应该抓住受众普遍关心的热点、疑点和难点问题，及时进行报道。

3. 接近性

事实同受众在地理上和心理上的距离，对于受众能够产生吸引力的性质，称为接近性。一般来说，受众对距离他们地理和心理距离较近的事实更感兴趣，因此，新闻事实同受众的距离越近，其新闻价值就越大；反之则越小。

从地理上看，距离越近的事实，受众越是关心，人们更感兴趣的是在家附近发生了什么。在媒介覆盖范围内发生的事情，要比在外地发生的、性质相似的事情更能引起读者的兴趣，因为本地发生的事情与他们的生活有更直接的关系。当他们阅读或收听国内或国际新闻时，也常常想知道这些新闻与他们自己的生活有什么联系。从心理上看，有些事情虽然发生在远方，但由于经济上、文化上、人事上有密切联系，也能引起公众感情上、心理上的共鸣。

由此看来，站在受众的立场上，越接近"我"的事实，其新闻价值越高。在新闻工作中强调要加强地方报纸的地方性，就是坚持新闻价值中接近性的具体表现。毛泽东同志在《普遍地举办〈时事报〉》中反复强调"简报"要有本地的内容。他指出：红军编的《时事简报》，它的内容国内国际消息要少，只占 3/10，本军、本地、近地消息要多，要占 7/10。只有这样，才能引起士兵和群众看报的兴趣，取得我们所要取得的效果。[①]

4. 显著性

通常情况下，名人、胜地和著名团体、单位的动态往往更为世人所瞩目，这就是新闻价值显著性的具体表现。事实中所包含的人或事的知名度和显著度越高，越具有新闻价值。这是基于人们对名人或著名地点的知悉而产生的关注意识。在西方的新闻学教科书中有一个著名公式：名人＋普通的事＝新闻，就是对显著性的通俗解释。

5. 趣味性

富有幽默感、耐人寻味的人或事容易引起受众的兴趣。趣味性是西方新闻界最为重视的新闻价值要素之一，对此我们应该有科学的态度。一方面，我们要遵循新闻价值的理论，将生活中的奇闻逸事传达给受众；另一方面又不能单纯为趣味而趣味，更不能为追求趣味性而牺牲真实性。

6. 冲突性

凡是含有冲突的事实，多少都有新闻价值，且冲突越大、越激烈，就越具有新闻价值。这是因为人类有崇尚斗争的本性，对于一切冲突和斗争都感兴趣，人们之间、国家之间的冲突，或者是和自然力量的矛盾，都是吸引受众的内容。冲突具体表现为竞技、论战、商业竞争、外交斡旋、战争等，因此，体育事件、司法事件、商业竞争、外交斡旋、战争等都是发掘新闻的好领域。冲突是生活中非常基础的元素，但新闻工作者必须杜绝将冲突部分夸大或过分简单化的不良倾向。

7. 人情味

越能表现人类情感的事实（悲欢离合、爱恨情仇），便越具有新闻价值。特别是在和平年代，报道这类事件能够引起人们的共同兴趣。如父母恩、师生情、失散亲人团聚之类的新闻经常见诸媒介。一个事实所具备的上述元素越多，其新闻价值就越高，越能引起人们的兴趣。

对于任何新闻媒介来说，新闻价值都是新闻选择的第一标准。碰到任何一个事件，新闻传播者首先要问自己的问题就是这个事件有没有新闻价值，有多大，能不能引起受众的共同兴趣，能引起多大的兴趣，然后才考虑这个事件在不在法律允许报道的范围内，对本阶级的利益有无危害等新闻法规和宣传价值标准等。

---

① 毛泽东新闻工作文选. 北京：新华出版社，1983.32

二、新闻法规

在现代法治社会，法律法规对于整个社会的方方面面都起到强制性的约束作用，作为社会重要组成部分的新闻传播活动同样要受到法律法规的规范。因此，在具体的新闻选择过程中，某一事实在法律上是否允许公开地传播，这是任何新闻机构都必须考虑的问题。新闻法规是新闻选择的社会标准，其目的是"去毒"，即把危害国家和社会公众利益的事件"卡"下来，不准其公开传播，以维护社会的正常秩序。

世界各国的法律法规对新闻媒介的报道都有内容方面的禁载要求。例如，媒介的一切报道内容都不允许侵害国家安全和公共利益，不允许反对宪法确定的基本原则，这是新闻报道必须遵循的首要的法律规定。我国的新闻法规也明确规定了新闻传播媒介的禁载事项，以 2002 年 1 月修订后由国务院重新颁布实施的《出版管理条例》为例，该条例第二十六条规定，任何出版物不得含有下列十个方面的内容：①反对宪法确定的基本原则的。②危害国家的统一、主权和领土完整的。③泄露国家机密、危害国家的安全或者损害国家荣誉和利益的。④煽动民族仇恨、民族歧视，破坏民族团结的，或者侵害民族习俗、习惯的。⑤宣扬邪教、迷信的。⑥扰乱社会秩序，破坏社会稳定的。⑦宣扬淫秽、赌博、暴力或者教唆犯罪的。⑧侮辱或者诽谤他人，侵害他人合法权益的。⑨危害社会公德或者民族优秀文化传统的。⑩有法律、行政法规和国家规定禁止的其他内容的。该条例第二十七条规定，以未成年人为对象的出版物不得含有诱发未成年人模仿违反社会公德的行为和犯罪行为的内容，不得含有恐怖、残酷等妨碍未成年人身心健康的内容。

因此，作为一名合格的新闻记者，除了需要对受众进行深入研究、学习新闻价值理论之外，还要学习和掌握国家的宪法以及其他法律法规，这样才能在新闻选择时做到游刃有余。

三、宣传价值

新闻价值解决的是受众是否愿意读、听、看的问题，它直接决定媒介的发行量、收听（视）率；新闻法规解决的是受众应不应该看的问题。除此之外，新闻传播者还会根据其所代表的某一阶级、政党或社会团体的利益和要求，对新闻进行取舍，这里涉及新闻选择的政治标准，我们用"宣传价值"来概括。

宣传价值就是事实本身所包含的有利于媒介及其所代表的阶级、政党的利益，能够证明和说明他们主张的因素。如果新闻事件本身的特性与新闻媒介所持的政治主张、价值标准越一致，其宣传价值就越大；反之则越小。

宣传价值在新闻选择中占有重要的一席之地。一件事从新闻价值角度考虑，很值得报道，在法律上也是允许的，但从政治角度考虑却可能会产生不良影响，这时新闻传播者不得不改变新闻内容及其传播的时间和方式，有时甚至可能禁止发表。如对"我"有利的就多选多报道，凡对"我"有害的就少选少报道，即使不得不报道，也尽量避重就轻，反话正说。

值得注意的是，具体的新闻选择是个十分复杂的过程，除了上文重点论述的新闻价值、新闻法规、宣传价值标准外，它还要受到新闻媒介和新闻传播者所处的各种内外环境以及诸多主、客观因素的制约和影响。如国内外的政治、经济和文化环境，社会的道德水准，民众的心理、心态和承受能力，新闻行业的从业规范与传播惯例以及传播者自身的道德、涵养、能力等。因此，新闻传播者需要依靠自己的新闻敏感，尽可能在最短的时间内对自己捕捉到的事实迅速作出鉴别和取舍，以获得卓有成效的新闻传播效果。

第三节　新闻敏感

新闻敏感是指新闻工作者善于在纷繁芜杂的社会现象中迅速发现和准确判断新闻线索，并挖掘新闻事实的能力，简言之，是一种迅速发现新闻和善于选择事实的本领。一个具有新闻传播价值的事实，别人视而不见或习以为常，而你却能迅速识别出它是新闻，这就是新闻敏感能力。

新闻敏感既是一种综合性的判断能力，又是一种敏捷的思维能力。在具体的新闻工作中，它包括以下内容：迅速判断某些事实能否引起受众共同兴趣以及兴趣大小的能力；迅速判断同类事实中，哪些重要、哪些次要、哪些无关紧要的能力；迅速判断某些事实的政治意义以及预见其可能产生的政治作用的能力。

西方新闻学著作把新闻敏感形象地称为"新闻鼻"和"新闻眼"，形象地指出了新闻敏感在新闻传播活动中的重要地位，因为他们经常将记者比喻成"看门狗"和"瞭望者"，显然，灵敏的嗅觉和敏锐的视力对于新闻记者所扮演的这两种角色来说，起到基础性的决定作用。美国有影响的新闻学家卡斯伯·约斯特在他的著作《新闻学原理》中写道："一个不善于辨别色彩的人，不能成为一个画家。一个不懂和谐的人，不能成为一个音乐家。一个没有'新闻感'的人，也不能成为一个记者。"[1]因此，新闻敏感是新闻工作者必备

---

① 宋春阳等. 实用新闻写作概论. 上海：复旦大学出版社，2006.12

的职业素质。

新闻敏感从何而来？在马克思唯物主义新闻观看来，新闻敏感并非记者与生俱来的，"也不可能用人工训练的技术方法培养出来"①，而只能在长期的新闻工作中锻炼与培养。

1. 接触实际，加强受众观念

我们选择新闻的第一条标准就是必须让受众愿意看、喜欢看，因此要处处留心受众的情绪、愿望、要求和呼声，发掘他们在生活和工作中的所思所想、所喜所忧，选择那些他们关心的热点和难点问题进行报道。受众关心的问题是实实在在的现实问题，因此，记者应"深入群众，不尚空谈"，最重要的是深入基层进行调查研究。

正如新华社前社长穆青所说："记者的新闻敏感，归根结底不是哪个人多了只新闻鼻子、新闻眼，而在于思想解放，多学习，更多地关心社会，关心人民。这样才能发掘出很多题材，当然这不是一两天就能做到的，要不断地努力。"②

2. 加强政治思想的学习

新闻不能脱离政治，新闻总是为一定的政治服务的。从这个意义上说，新闻敏感就是政治敏感在新闻问题上的反映。一个记者的政治思想水平越高，他的新闻敏感度就越强，因此，记者应当加强政治思想方面的学习。在中国从事新闻记者这个职业，就要努力学习马列主义、毛泽东思想、邓小平理论和"三个代表"重要思想，掌握马克思主义观察社会、理解社会、认识社会的理论和方法，不断提高自己的政治思想水平，这样才能锻炼和增强自己的政治敏锐性和观察力，强化和提高自己的新闻敏感。

3. 胸有全局，比较分析

一件事有没有新闻价值，有多大新闻价值，要拿到全局上去比较。如果不掌握全局情况，不作比较分析，囿于见闻，就事论事，就很容易出差错。只有将大量的事实材料进行分析比较，才能找出某些事实的新意，才能找到既有个性特征，又有普遍意义的典型。

此外，新闻工作者还需要积累广博的社会科学与自然科学知识，培养自己的思维能力，需要广交朋友，形成自己的社会关系网络。总之，新闻敏感不是一蹴而就的朝夕之功，需要记者在实践中不断总结，正如外国记者所言，"敏感来自勤奋"。

---

① 斯大林全集（第六卷）．北京：人民出版社，1956. 229
② 张举玺．实用新闻理论．开封：河南大学出版社，2006. 299

【思考与练习】

1. 结合实践，谈谈你对新闻价值的理解。

2. 结合实践，谈谈如何培养自己的新闻敏感。

3. 简述你对新闻价值和新闻的价值的理解。

4. 新闻定义能不能作为新闻选择的标准？

【推荐阅读】

1. ［美］杰克·海敦. 怎样当好新闻记者. 北京：新华出版社，1986

2. 南振中. 我怎样学习当记者. 北京：新华出版社，1985

3. 孙旭培等. 新闻侵权与诉讼. 北京：人民日报出版社，1994

4. 中宣部新闻局等. 新闻法规政策须知. 北京：学习出版社，1994

第六章

新闻工作的真实性原则

　　新闻事业本质上是为社会提供最新信息、消除人们对外界认识上的不确定性的专业活动。为了合格地完成专业分工，新闻工作者在具体工作中应该坚持一些基本原则，如果这些原则缺位，将导致新闻事业失去其基本职能，也失去其存在的价值。

　　真实是新闻的生命，是新闻和新闻事业存在的基础，新闻工作者在新闻工作中首先必须坚守的工作原则就是——真实性原则。

第一节　真实性是新闻的生命

新闻事业是为受众提供外部世界新近发生变动的事实的社会活动，事实是新闻的本源，没有事实就没有新闻。因此，新闻只能按照客观事物的本来面目作真实的陈述，如果背离事实，报道的是个人的主观想象和臆造，就不能称之为新闻，新闻也就失去了存在的价值。受众之所以需要、青睐和欢迎新闻，并依赖新闻认识世界和改造世界，关键就在于新闻是真实的，能够满足人们求生存、图发展的需要。因此，真实是新闻和新闻媒介存在的基础。

真实是新闻的生命，这已经成为一种社会共识，中外新闻界对此也进行了很多论述和规定。

美国著名报人普利策在主持《世界报》（1883—1911年）期间，一再对记者强调"准确、准确、准确"，"光是不登假报道还是不够的……必须把每一个人都与报纸联系在一起——编辑、记者、通讯员、改写员、校对员——让他们相信准确对于报纸就如贞操对于妇女一样重要"。[1]

马克思在主编《莱茵报》时提出，"真实和纯洁是报纸的本质"。他认为，报刊应当"根据事实来描写事实"，而不应当"根据希望来描写事实"。[2]

毛泽东历来强调报纸要讲实情，1945年4月，在党的第七次全国代表大会的报告中，他就告诫全党同志，"要讲真话，不偷、不装、不吹"[3]。

刘少奇在《对华北记者团的谈话》中对记者们说："你们的工作第一要真实，不要故意添油加醋，不要戴有色眼镜。群众是反对我们就是反对我们，是欢迎就是欢迎，是误解就是误解，你们不要害怕真实地反映这些东西。"[4]

1948年通过的《联合国国际新闻信条》第一条规定：报业及所有其他新闻媒介的工作人员，应尽一切努力，确保公众所接受的消息绝对正确，他们应该尽可能查证所有消息的内容，不能任意歪曲事实，也不可以故意删除任何重要的事实。

《美国职业新闻工作者协会章程》第一条也规定，"真实是我们的最终

---

① 李良荣. 新闻学概论（第三版）. 上海：复旦大学出版社，2009. 244

② 郑保卫. 新闻理论新编. 北京：中国人民大学出版社，2007. 190

③ 郑保卫. 新闻理论新编. 北京：中国人民大学出版社，2007. 191

④ 中国社会科学院新闻研究所. 中国共产党新闻工作文件汇编（下册）. 北京：新华出版社，1980. 256～257

目标"。

因此，无论是资产阶级新闻事业，还是无产阶级新闻事业，都必须坚持新闻真实性，这是新闻工作的第一信条和共同要求。从一定意义上说，真实不仅是新闻的生命，也是新闻事业和新闻工作者的生命。

第二节　新闻真实性的具体要求

新闻真实性的定义是：新闻报道必须反映客观事物的原貌，即新闻传播者在报道新闻时，要从客观实际入手，从现实生活出发去采集新闻、报道新闻，把现实生活中最新发生的、具有新闻价值的、实实在在的人和事如实地报道给受众，新闻报道要与客观存在的事物相符。

在实际运用和操作中，新闻真实性原则有一些具体的一般性要求。换言之，新闻要想做到真实，必须严格做到以下五点：

1. 基本要素准确无误

新闻六要素是一则新闻的基本框架，新闻报道一定要保证时间、地点、人物、事件、原因和结果的准确无误。保证确有其人、确有其事，这是新闻形成的前提，也是新闻存在的基本条件。

2. 细节材料准确可靠

一则新闻除了基本要素之外，还需补充一些必要的细节，因此，新闻真实也要保证细节材料的准确可靠。新闻报道中的引语、数据，所涉及的人物形象、言论和行动等每一个细节都必须完全与客观实际相符，容不得半点虚构、夸张和粉饰，更不能随心所欲地生编硬造。

3. 背景材料全面真实

为了保证新闻报道的完整、清晰、通俗、有趣，新闻报道还需要补充一些背景材料，对新闻事件进行补充、说明和解释。要保证新闻的真实，背景材料也必须真实。

4. 综合、概括符合实际

新闻除了报道某一具体事实外，有时还要对涉及这一事件的大量相关事实进行综合和概括。对这些概括性事实同样要做到真实、准确，符合实际，不能以点代面、以偏概全。这就要求在综合和概括新闻事实材料的过程中，要注意选择那些能够代表和反映事物基本特征和整体面貌的事实，选择那些能够体现和揭示事物内在规律和本质特征的东西。如果不加分析和思考，任意从杂乱无章、互不相关的事实材料中选取某个材料加以报道，虽然这个材料本身是真实的，但因为它们不能代表和反映事物的整体和全貌，也就在整体上失实了。

5. 解释、评述实事求是

新闻报道在对新闻事实进行解释和评述时要做到实事求是，要符合客观事物自身的逻辑，要力求从事实的整体上和联系中深刻反映事物的内在品质，防止简单、肤浅地认识事物。

总之，新闻报道追求真实，要将具体事实的、概括性事实的和分析性事实的真实结合起来，追求具体真实、整体真实和本质真实的统一。

新闻真实是多层次的真实，但这并非要求所有的新闻报道都要达到这三个层次的真实，要视具体情况而定。如果报道的是一件具体的事件性新闻，又没有深层次的社会原因，做到具体真实就可以了；如果报道的是反映某一层面上的情况的非事件性新闻，那就要做到具体和整体的真实；有时候还要透过事件的表层去探究深层次的社会原因，这又涉及分析事实的真实性问题。

第三节　新闻失实的表现

中外新闻界普遍强调新闻真实的重要性，也都鄙视一切新闻失实的行为。然而，在新闻实践中，假新闻却屡禁不止，失实现象时有发生。对这种不真实的新闻进行分类，大致有以下五种表现形式：

1. 无中生有

现实中并没有这样的事件发生，记者完全靠自己的主观想象虚构了一个"新闻"事件。如北京电视台 2007 年 7 月 8 日播放的"新闻"——《纸做的包子》，讲述记者暗访北京朝阳区一无照加工点使用废纸箱为馅制作小笼包出售的事件，就属于一则典型的无中生有的假新闻。

后来经过查证，事情经过是北京电视台的《透明度》栏目组的记者訾北佳在选题会上提出，曾接到过群众电话反映"包子有掺碎纸"的问题，引起栏目制片人的兴趣，遂被确定为报道专题。此后訾北佳先后在北京四环路一带进行调查，但始终没有发现包子的质量问题。由于选题已上报，压力很大，加之其刚到北京电视台，既想出名又想赚钱。期间，栏目主编以时限为由，催促其抓紧拍摄专题节目。于是，他化名"胡月"，以为民工购买早点的名义，要求来自陕西省华阴市的卫全峰、赵晓彦、赵江波、杨春玲等人为其制作包子。6 月底的一天，訾北佳携带秘密拍摄设备，邀请其朋友、无业人员张沄江假扮工地老板，在朝阳区康家沟市场购买了肉馅、面粉等物后，要求卫全峰等四人做包子。拍摄过程中，訾北佳要求卫全峰等人将其捡来的纸箱经水浸泡剁碎掺入肉馅中，制成包子喂狗。因效果不佳，便随机找到一名农民工，授意其编造了有关"肉和纸比例关系"的谎话，并编造使用火碱的台词，以增加视觉、听觉效果。

节目播出后，在社会上引起了强烈反响，北京市政府领导高度重视，王岐山市长批示："如属实要严办，如属虚假，要公开澄清事实！"赵凤桐副市长要求："请市工商局即派人检查并报情况。"7月15日，北京市公安局刑侦总队成立专案组对此进行立案侦查，最终发现这是一起无中生有的假新闻。8月12日，制造"纸箱馅包子"假新闻的北京电视台记者訾北佳，以损害商品声誉罪被北京市第二中级人民法院判处有期徒刑1年，并处罚金1 000元。

这种完全无中生有的假新闻影响极其恶劣，但在实践中发生的频率较低，经常发现的倒是一些亦真亦假、扑朔迷离的部分失实的新闻报道。

2. 要件失实

现实生活中确有其事，但进行新闻报道时部分要素出现了失实的情况。如将人物张冠李戴，或把大家做的事说成是某一个人做的。有些电视台在拍摄专题经济新闻时，让一些长得漂亮的文工团人员代替工人装模作样操作机器或代替农民来拍"喜摘丰收棉"；有的把过去发生的事情写成现在；有的把事情发生的地点写错等。

要件失实还有另一种表现，就是要件残缺，作者采取"减"法，从一个完整的事件中抽去部分重要因素，给读者造成假象，从而使得新闻不真实。

例如，湖北电视经济频道于2008年9月播放一则新闻《公交车内又现暴行，女司机遭两男青年殴打》，将事件发生的时间、地点、人物以及殴打的经过和结果作了清晰的介绍：武汉519路女司机宋汉芳于9月12日在开车途中遭到两名男子殴打，被医院诊断为脑震荡、头皮血肿和软组织损伤。两男子是黑龙江人，被警方判15天刑拘，新闻中还呈现了25秒的没有画外音的暴打镜头。但是这则新闻却缺少对两名男子"为何"先动手打人的合乎逻辑的解释，到底是什么原因促使这两个东北人不惜在别人的地盘上伸出拳头？画外音作出这样的解释："两男两女上了车，其中一人埋怨前后两班车次间隔的时间太长，随后两名男青年就动起手来。"这样的解释等于回避了事情发生的原因。从规范的新闻报道角度来说，向观众说明事件发生的真正原因，对新闻来说是必不可少的。也正因为缺少原因的清晰介绍，这则新闻播放后受到很多人的质疑。部分目击网友在网上留言提到女司机先出言侮辱人家，男子才动手打人。我们姑且先不论事件真正的原因是什么，但新闻报道中故意将冲突事件的重要构成要素——原因模糊化，误导了受众，就已经违背了新闻真实性原则。

3. 添油加醋

主干事件存在，六要素都是真实的，但记者为了达到更好的新闻效果，在细节上添枝加叶、添油加醋，追求事实的"完美"，借以"扩大宣传效果"。这种失实大量表现在追忆杰出人物、先进典型的报道里，作者以为"油多不坏菜，好话说多人不怪"，说了许多过头的好话。

例如，2007年6月《杂文月刊》上刊登的新闻通讯《一次感动》，文中讲述兵妈妈乔文娟的英雄事迹，作者选取了一些细节对兵妈妈的故事进行描写，"在（1998年）抗洪中，她用为女儿借来的上大学的2 000元学费给一线子弟兵买了雨衣。时过6年，再回洛阳，兵妈妈的名字竟如雷贯耳……她认了176个兵儿子，她救助了700多个灾民和患病战士……我去了她家，她不在，她那退休又打工的丈夫张建民在用煤球炉做饭……老人把一个上了锁的大木箱打开给我看，里面是全国各地的火车票和汽车票、汇往全国各地及几十个部队的汇款单、爱心捐款的证书。老人告诉我，这些凭据的总数是43.865 6万元。也就是说，月收入从未上过千元的一对夫妻，25年献爱心40多万元"。

这篇被职业写手肆意拔高而写就的《一次感动》，经《杂文月刊》刊发、《读者》转载后，使得"新时期爱国拥军模范"乔文娟及其家人陷入了重重误解之中，当事人后来主动找到媒体要进行细节澄清：她是救助过一些困难群众和患病战士，但救助人数没有达到"700多个"，也从没救助过"灾民"；捐款数目没有40多万；家庭状况和丈夫也不是报道中描述的那样。

8月17日，作者张鸣跃在网上回应网友的质疑和指责时承认，《一次感动》的初稿"开始不是投给《杂文月刊》的"，此前"接连投给三家（刊物），人家都说不用"，原因是"感人的分量及细节不足"。其间，"每当一家（刊物）说不行，我就改一点，先后改了4次，最终，稿子被《杂文月刊》留用了"。"事后，我和乔文娟通过几次话，才觉得文中有几处拔高描写确实对她有负面影响……这件事我确实有错"。职业写手张鸣跃造假固然可恶，但是一些编辑追求高、大、全的报道模式恐怕更是问题的关键：说真话不感动，讲假话却感动得忘乎所以；说老实话的文章不用，讲了假话却抢着发表。正是这种病态畸形的新闻观，唆使众多新闻造假者投其所好，一定程度上推动了假新闻的传播。

4. 以偏概全

用个例来概括整体上的情况，以点代面、以偏概全，这样会造成新闻整体失实。2004年9月26日《江南时报》刊登《新闻从业人员的平均寿命只有45.7岁》就是一篇典型的以偏概全的假新闻。该报在10月9日刊发的《更正》中说："本报9月26日刊登《新闻从业人员的平均寿命只有45.7岁》，应为前两年某些地区（上海）调查，在职死亡的新闻工作者的平均寿命只有45.7 岁。特此更正。"其实单凭常识判断，也不至于得出"新闻从业人员的平均寿命只有45.7 岁"这样荒谬的结论，主要问题还是记者的工作作风不扎实。

5. 因果不符

新闻指出事件所发生的原因不符合实际情况，或把事件发生的多种原因说成只有一个原因，或者风马牛不相及。例如，九江化工厂曾是全国氯碱骨干厂，企业利税从 1984 年的 133 万元增长至 1987 年 1 045 万元，可以说一年一大步，4 年增长 8 倍，经济效益好得出奇。多家媒体曾报道这家企业领导"治厂有方"、"不断开拓市场"，等等。但实际上，这家企业管理一片混乱，煤、电、盐等原材料消耗量直线上升，"1987 年，消耗之高，消费之大，是建厂30年从来没有的"。那么，该厂为什么能获得如此高利税？《人民日报》的报道一针见血："九江化工厂靠涨价发财。"报道说："1987 年实现税利为 1 045.5万元（其中利润为 573 万元），这一年原材料提价因素是 407 万元，而该厂产品提价增收 884 万元，1987 年实现千万税利，其中将近一半是由于产品提价而获得的。"这就把九江化工厂税利大幅增长的真正原因揭示出来，这才真正有利于九江化工厂的整顿治理。否则，九江化工厂还会继续烂下去。所以，只有揭示真实的原因，才有助于促进事业的发展。①

第四节　新闻失实的原因与对策

从上文对新闻失实表现形式的分析和总结可以看出，造成新闻失实的原因是多种多样的。根据辩证唯物主义观点，事物的发展由内因和外因共同起作用，两者同时存在、缺一不可。在这里，我们也将新闻失实的原因分成内因和外因两种，内因主要是从新闻传播者自身来寻求，外因则主要寻求社会环境对新闻真实的影响。内因第一位，外因第二位，因此，下文将重点从新闻记者自身的内部因素来探究新闻失实的原因。

一、新闻失实的内因及对策

按新闻传播者自身在失实报道中有无主观故意可以分为故意性失实和非故意性失实。

---

① 李良荣. 新闻学概论（第三版）. 上海：复旦大学出版社，2009. 250～251

1. 故意性失实

新闻报道者事先明知报道内容不符合客观事实，有虚假成分，但出于种种主客观因素的制约和影响，仍有意为之，导致新闻报道失实。这类失实从性质上看是比较严重的，所造成的危害常常也比较大。

故意性失实的具体原因也是不尽相同的，有的是记者出于个人名誉、经济利益考虑，故意捏造事实、虚构情节，甚至颠倒黑白、混淆是非。如上文的《纸做的包子》就是因为记者急功近利、急于成名而导致的无中生有；个别的记者因为收受了一些单位或个人的好处，故意将新闻进行拔高或避重就轻；有的是慑于相关部门的强权，不得已而为之；有的是记者并没有获得任何个人好处，而是由于对新闻的理解不够，没有弄清新闻的本质特征，模糊了新闻和文学的区别，合理想象导致的失实。

2. 非故意性失实

非故意性失实也称业务性失实，新闻报道者事先并不知道事件是假的，而是由于种种主客观条件的限制或影响，未能按照客观事实的本来面目如实地作出报道所导致的新闻失实。这种失实虽然从性质上看没有故意失实那么严重，但它出现的频率高，所造成的危害也不能忽视。

非故意性失实的具体原因有：思想方法片面，对所报道的事物认识不够准确；知识不足，在报道中闹笑话、出差错；采写作风不严谨，偏听偏信、粗枝大叶；编辑不进行核对，校对不严，以讹传讹等。

例如，2006 年 6 月 12 日，吉林省的《新文化报》刊登了《松原市宁江区出了个"超级孕妇"》的消息，记者任飞霖在报道中称，吉林省松原市宁江区出了个"超级孕妇"乔玉波，怀孕前腰围 72 厘米，怀孕 3 个月时肚子大得就像待产孕妇，去医院做检查时被告知怀了三胞胎，两个月后再查，又被告知至少怀了 5 胞胎。近半个月，她的腰围平均每天都会增加 9 厘米左右，怀孕 5 个月腰围已达 1.75 米，比她的身高（1.67 米）还长 8 厘米。

事后，孕妇自曝这是一则假新闻，称自己由于不想让丈夫伤心才故意向媒体撒谎，大大的"肚子"也是她精心伪造出来的：由棉被、棉衣、毛衣、单衣、棉坐垫、帽子等 20 件衣物构成。孕妇的恶搞与欺骗固然可恶，但主要原因却是相关媒体记者采访作风不扎实。我们不能苛求记者们都有相关生活经验和专业医学知识，更不能要求采写这篇报道的记者当场就掀起这位"超级孕妇"的裙子看个究竟。但是面对这样一个国内外均属罕见、平均几率只有六千万分之一的"猛料"，记者在采访时绝不能仅凭表面现象和当事人的口述，听信一面之词，不作进一步核实，而理应向孕妇及其家人索取正规医院的检查鉴定结果，在采访完毕后，应当查阅相关的医学资料和新闻事例，并向专业人士咨询求证。如果真正做到了这一点，相信这一则愚弄受众的"乌龙新闻"是绝不会出笼的。

假新闻事件后，《新文化报》刊文向读者致歉："轻信，不止是对事件当事人说辞的轻信，更为致命的是对自己工作态度、认识水平和判断能力的轻信让我们铸成大错！如果我们多一分冷静科学的态度，如果我们多一些质疑核实的努力，如果我们对自身悄悄滋长的轻慢保持足够的警惕……"肺腑之言，值得每个新闻从业者深思。

针对种种新闻失实的现象和背后的原因，新闻工作者需要全面提高自身修养，培养扎实的新闻工作作风，才能维护新闻的生命和坚守新闻的底线——真实。

1. 全面提高自身修养

从新闻失实的情况看，大多数新闻失实报道都与新闻工作者的素质和修养有关。由于思想方法片面，认识问题的方式简单，缺乏扎实的专业理论知识和修养，或缺乏职业道德涵养，导致新闻工作者在新闻报道中无法真实、准确、全面地反映客观事物。因此，新闻工作者坚持新闻真实性的第一步就是要全面提高自身的修养。

学习和掌握马克思主义唯物辩证法，提高思想修养，用科学的世界观和方法论指导自己从事具体的新闻工作。一切从实际出发，用事实说话；全面地、一分为二地看问题，杜绝以偏概全、以点代面，夸大失真、不及其余或感情用事、偏袒一方的工作方法；用发展的眼光看问题，反对生搬硬套、预设方案，或固定模式、牵强附会等不当的思维方式。

系统、深入地学习新闻学的相关知识，提高专业理论修养。认真思考并深刻体会新闻事业的属性和功能，认识到真实性对于新闻工作的重要作用；了解新闻事业的本质和新闻工作的个性，将新闻学与相关学科进行区分，尤其要正确处理文学和新闻学的关系，杜绝合理想象。

不断提高新闻记者的职业道德修养，不要将新闻工作变成记者个人谋取私利的一种手段，不要钱迷心窍、唯利是图，为追逐个人的名利地位去造假；同时，要有不畏强权的勇气，不趋炎附势，勇敢地与外界掩盖新闻真相的强权势力作斗争，维护新闻真实。

2. 培养扎实的工作作风

除了在思想、知识和道德上为维护真实性做好准备，我们更需要将这种认识、领悟和精神运用到具体的新闻工作中，踏踏实实从事新闻实践。

新闻工作是一个系统的工程，从采写、编排到印刷、传输，各个环节都要培养扎实的工作作风，才能避免新闻失实。记者要保证事实准确可靠；编辑和各级审稿人要严格从报道思想、传播政策和文字用语上严格把关；排版、印刷、传输等一系列生产技术过程要一丝不苟、严肃认真。

负责采写稿件的记者尤其需要坚持深入调查研究的工作方法，培养质疑精神。调查研究要求深入现实生活和社会实际，掌握来自事件发生现场的第一手资料，即使在现代化的通信技术手段为新闻工作提供了诸多便利的条件下，新闻工作者仍然一刻也不能离开调查研究，它是新闻工作者必须时刻坚守的工作方法。当前一些新闻失实和假新闻泛滥现象，就是由于记者过分依赖新的通信技术，忽视实际的新闻调查造成的。例如，2003 年 6 月 3 日，北京市发行量最大的《北京晚报》报道，美国将新建一座豪华型国会大厦。这则假新闻最初由美国《洋葱》杂志编造出来，被几家网站转载，《北京晚报》信手拈来，刊发出来。于是，国内网站又转发《北京晚报》新闻，其他各报一看是《北京晚报》的新闻，于是纷纷转发，假新闻由此蔓延。

记者在深入实地调查采访的时候，还要始终保持质疑意识。具体包括不轻信一面之词，多方核对；不相信记忆力，查阅权威资料；对于自己不熟悉的专业领域，不要不懂装懂，应虚心请教。西方新闻传播界的一条规则值得我们借鉴：新闻报道必须经过与所报道的事件或人物无关的、独立的、两个以上的来源证实，才能被认为"大致准确"，才能在新闻报道中引用。

二、新闻失实的外因及对策

除了新闻工作者个人的原因之外，外部的社会因素也对新闻失实造成了一定影响。

（1）因某种价值观（意识形态或政治环境等）对新闻报道产生强烈作用而造成的体制性新闻失实。

1958 年中国"大跃进"时期，由于受到"左"倾冒进思潮的影响，出现了大批浮夸假新闻，《人民日报》1958 年 8 月 13 日头版头条消息《早稻亩产三万六千九百多斤》、《光明日报》同年 8 月 22 日头版头条《中稻亩产四万三千多斤》和 11 月 17 日《春光公社单季晚稻创高产纪录亩产八万三千多斤》，都是当时涌现的所谓水稻放高产卫星的失实新闻报道。同年 10 月 1 日《天津日报》消息甚至称："毛主席视察过的天津市东郊区新立村水稻试验田获得高额丰产"，"经过严格的丈量、过磅和验收"，"亩产 124 329.5 斤"。《人民日报》发表文章欢呼："没有万斤的思想，就没有万斤的收获。"[①] 时至今日，据

---

① 刘明华，徐泓，张征. 新闻写作教程. 北京：中国人民大学出版社，2002.23

相关新闻报道可知，水稻的世界最高亩产量也不过 2 000 多斤。可见当年的新闻浮夸达到了登峰造极的程度。另一个典型年代就是文化大革命时期，由于"四人帮"控制了舆论宣传，用"事实服从路线斗争需要"的谬论指挥新闻工作，新闻的真实性原则再一次遭到浩劫。

（2）部分行政部门工作作风不正，利用自身的职权阻挠新闻真实的实现。

这些部门或者亲自出面向新闻记者提供假情况，或指使、暗示、强迫本单位的通讯员搞假报道，或采用组织手段，精心布置一些座谈会提供假情况，以达到利用新闻实现自我吹嘘、掩盖劣迹、欺上瞒下，从而骗取荣誉和利益的个人目的。类似这样的问题，值得引起全社会的重视和警惕。

（3）相关行政管理部门和新闻单位对造假行为轻描淡写，处罚力度不够，一定程度上也助长了新闻失实的歪风。

2003 年 4 月，《纽约时报》杰森·布莱尔的假新闻以及丑闻发生以后，报社公开向公众检讨，不但该记者被开除出报社，而且常务主编和执行主编双双辞职。我国部分媒体在被曝光发布假新闻后，大多采取大事化小、小事化了的处理方式，至多内部作个检讨，扣发些奖金，有些媒体甚至还庇护那些造假者。

针对外部环境因素对新闻真实的影响，首先，国家应当尽快建立健全的相关法律法规，具体规定如何对新闻失实行为进行处罚，特别要严惩那些由于故意造假而造成严重社会危害的行为，增强纠正和处罚新闻失实行为的严肃性和权威性。只有将对新闻失实行为的治理纳入法律的范畴，让造成报道失实的有关责任人承担相应的法律责任，才能从根本上克服和解决新闻失实的问题。

其次，相关的行业组织需要对新闻报道进行监督，如新闻工作者协会要加强对新闻队伍的行业规范、行业纪律和职业道德的教育和监督，形成一种良好的职业氛围和环境，促进新闻队伍的健康成长。

再次，新闻单位也要建立相关的制度来维护新闻真实，如实行稿件送审制和岗位责任制。稿件送审制就是用制度严格规定记者稿件写完以后应该送给相关对象或部门核实，以防止新闻失实。如有的稿件需要送给被采访对象过目，这个程序不仅有助于纠正稿件中的失实之处，在某种意义上相当于二次采访，被采访者有时候会在审稿时对内容、事实、观点作进一步的补充修正；有些重要稿件按规定还要送给有关部门审核，它可以防止稿件在政策上出现问题或宏观上失实；每一家媒体内部也应该有以编辑为主的审稿系统，也就是内部把关。经过这样层层过滤，假新闻出现的概率将会随之减小。

最后，加强受众监督，如举行读者（听众、观众）座谈会，直接听取受众的意见；建立报道差错和失误反馈系统，及时搜集群众意见信息；重奖指出报道差错和失误的受众，调动受众监督的积极性等。

总之，防止新闻失实是一项长期的任务。维护新闻真实，需要内外兼修、多方合作，需要全体新闻工作者的努力，更需要全社会的外在监督。只有这样，才能实现新闻真实的理想目标。

除了真实性原则之外，还有如客观原则、公正原则等都是新闻工作中要坚守的基本原则，但真实性原则是所有新闻工作原则的核心和基础，其他原则都建立在新闻真实的基础之上。

【思考与练习】

1. 阐述新闻真实的重要性。
2. 列举新闻失实的具体表现。
3. 结合具体案例，谈谈新闻失实的原因以及你从中得到的启发。
4. 你准备从哪些方面来坚持新闻的真实性？

【推荐阅读】

1. 中共中央宣传部新闻局，中国社会科学院新闻研究所. 真实——新闻的生命. 北京：中国新闻出版社，1986
2. 王再承. 真实道路：新闻非真实、类真实与极限真实的现实分析及演进. 北京：北京研究出版社，2006
3. 杨保军. 新闻真实论. 北京：中国人民大学出版社，2006

第七章

新闻工作的党性原则

　　不论是社会主义新闻事业还是资本主义新闻事业，都要遵循真实、客观、公正的新闻工作原则，这是由新闻事业的社会属性决定的。但新闻事业的意识形态属性决定了不同社会制度下的新闻事业各自特有的一些新闻工作原则，这是新闻事业阶级性的具体表现。

　　中国新闻事业必须坚持党性原则，其基本内涵是：思想上，始终以马克思主义为指导思想，坚持实事求是的科学态度；政治上，和党中央保持一致，正确宣传党的纲领路线和方针政策；组织上，自觉接受党的领导，严格遵守党的组织原则和宣传纪律。

　　本章将围绕中国新闻工作党性原则的内容和具体要求展开论述，希望有助于大家树立对党性原则的正确认知。

党性原则是我国新闻工作的基本原则之一，也是重要原则之一。它既是中国新闻事业基本性质的必然要求，也是中国共产党领导下的新闻工作长期形成的传统。

什么是党性？党性是阶级性的集中表现，是高度发展的阶级斗争的随行者及其产物。一切政党为了维护自己的阶级利益和阶级意志所表现出来的阶级立场，正是其党性的表现。①

新闻事业的党性，是一定政党的阶级利益和阶级意志通过新闻手段的集中表达和体现。具体是指新闻媒介站在一定政党的立场，以该政党的利益和主张作为选择、评价和报道新闻的标准，借以维护该政党的利益和意志的行为。党性原则的核心就是代表和体现政党的利益和意志。②

在阶级社会和政党环境中，无论是资产阶级还是无产阶级新闻事业，通常都具有党性。因为一切政党都要求自己的新闻事业在工作中体现出本党所代表的阶级利益和阶级意志。

第一节　无产阶级新闻事业党性原则的提出与具体内容

无产阶级新闻事业的党性原则是在无产阶级政党报刊的斗争实践中逐步形成的。

作为无产阶级革命导师的马克思和恩格斯，在其党报思想中就含有许多有关党性原则的内容。他们提出：党报党刊是党的重要思想武器和"政治阵地"，是党存在和发展的标志；党的报纸首先应是"政治性机关报"，应成为"党的旗帜"，应表现出自己"特殊的无产阶级性质"；党报党刊必须遵守和阐述"党的纲领和策略原则"，按"党的精神"进行编辑工作；党报党刊要处理好同党的领导机关的关系，在党的领导和监督下开展工作。③

在无产阶级新闻事业史上，第一个明确使用出版物（包括报刊）"党性"这一概念的是列宁。1905年，列宁在《党的组织和党的出版物》指出："如果我们党有蛊惑人心的倾向，如果党性基础（纲领、策略规则、组织经验）十分缺乏或者薄弱、动摇，那么毫无疑问，这个危险是很严重的"，"出版物应当成为党的出版物"，"报纸应当成为各个党组织的机关报"。同时他认为，

① 郑保卫. 新闻理论新编. 北京：中国人民大学出版社，2007. 279～280
② 郑保卫. 新闻理论新编. 北京：中国人民大学出版社，2007. 280
③ 郑保卫. 新闻理论新编. 北京：中国人民大学出版社，2007. 280

"社会主义无产阶级应当提出党的出版物的原则，发展这个原则，并且尽可能以完备和完整的形式实现这个原则"①。

列宁所阐述的报刊党性原则的主要观点包括：报刊是无产阶级总的事业的一部分，是社会主义整部机器上的"齿轮和螺丝钉"；党报应成为党组织的机关报，应当接受党的领导和监督，主动向党"请示汇报"工作；党组织要关心和重视党报，要加强对党报的领导；党组织要清除违背和破坏党性原则的成员，使党报成为真正的党的事业；确定有无党性是以是否符合"党纲"、"党的策略和党章"和党的"全部经验"为依据。他认为，只有具备了上述条件，只有完全按照党性原则工作，才称得上真正的党报。②

列宁对党性原则的阐释带有一定的普遍性，成为后来其他无产阶级政党认识新闻事业党性原则的理论依据。列宁同马克思和恩格斯共同开创的党报坚持党性原则的光荣传统也为世界无产阶级新闻事业所传承。

第二节　中国共产党领导下新闻事业的党性原则

中国共产党人在自己的新闻实践中，忠实地继承了列宁关于党性原则的思想和传统。党的"一大"通过的第一个决议就明确规定党的报刊"须由中央执行委员会或临时中央执行委员会经办"，并强调"应由党员直接经办和编辑"，③ 以确保党报的无产阶级性质。

在后来党的一些有关决议、通知、报告等文件以及党的负责同志的讲话、文章中，对党报的阶级性质和党性原则也都有不少论述。毛泽东就明确要求党的机关报《解放日报》和《新华日报》增强党性。

1942 年延安整风时期，把加强党性锻炼作为党的新闻队伍整风的主要内容，从而形成了中国共产党人关于新闻工作党性原则问题的较为系统的观点。主要内容有：党报是党的宣传鼓动工作最有力的工具，各级党委要关心党报工作，抓紧对党报的领导；党报要同党中央保持政治步调的一致，未经同意，不得任意发布涉及全党、全军、全国的全局性文件电文、讲演等；党报应正确宣传党的方针政策，并且要严格按照党的方针进行宣传，不能有违背党的方针的

---

① 列宁全集（中文第二版·第十二卷）. 北京：人民出版社，1987.93
② 列宁全集（中文第二版·第十二卷）. 北京：人民出版社，1987.92~97
③ 中国社会科学院新闻研究所. 中国共产党新闻工作文件汇编（上册）. 北京：新华出版社，1980.1

表现；党报的宣传必须增强党性，要克服宣传人员闹独立性的错误等。这些观点在解放区新闻界很快形成了共识，成为当时新闻工作的重要指导原则，并且作为党的新闻工作的传统在以后的新闻实践中不断发扬光大。

新中国成立后，中国共产党根据党和国家所面临的形势与任务的变化，对新闻事业如何坚持党性原则提出了新的要求。

1950 年，中共中央作出了《关于在报纸刊物上展开批评和自我批评的决定》，强调要在报纸刊物上展开对于工作中一切错误和缺点的批评和自我批评，并将其作为检验新闻机构有无党性和党性强弱的标志。

1954 年，中共中央政治局通过《关于改进报纸工作的决议》，在肯定新闻工作坚持党性原则取得成绩的同时，指出了许多报纸存在"党性和思想性不强"的问题。将是不是"密切联系实际和联系群众"，是不是"经常地充分地严肃地开展批评和自我批评"，是不是"做好马克思列宁主义的理论宣传和党的生活的宣传"，是不是"充分地反映人民群众多方面的生活"，以及"宣传报道的形式是不是生动、活泼"等，作为评价报纸党性强弱的标准。

1957 年"反右斗争"、1958 年"大跃进"以及十年"文革"期间，由于"左"的路线的影响，人们对党性原则的理解过于狭隘，使新闻媒介沦为部分人的吹鼓手，偏离甚至完全脱离了正确的党性方向。

进入改革开放和社会主义现代化建设新时期以后，新闻事业还要不要坚持党性、怎样坚持党性？在此问题上，新闻界和社会上曾出现过一些混乱的思想。邓小平对此运用战略眼光从党的根本性质和新时期所面临的形势和任务入手，强调新闻工作必须毫不动摇地坚持党性原则。1980 年，邓小平发表讲话，明确提出"党报党刊一定要无条件地宣传党的主张"的观点。他指出，开展批评也好，组织讨论也好，要合乎党的原则，遵守党的决定。否则，如果人人自行其是，不在行动上执行中央的方针政策和决定，党就要涣散，就不可能统一，不可能有战斗力。他从维护和保证党的统一和战斗力的高度来强调坚持党性原则的重要性。在对党性原则内容的认识上，邓小平有一个内涵丰富的解释，他指出"党性也包括联系群众、艰苦朴素、实事求是等等"①。在他看来，完整的、真正的党性绝不仅仅只是对党的决议、原则和纪律的组织服从，还包括联系群众、艰苦朴素、实事求是的思想路线和工作作风。

江泽民也非常重视新闻工作的党性原则问题。1996 年，他在接见解放军报社部分领导干部时的讲话中明确指出，办好《解放军报》，首要的一条就是必须坚持鲜明的党性原则。江泽民还从党的阶级性质出发，阐述了党性原则与

---

① 新华社新闻研究所. 邓小平论新闻宣传. 北京：新华出版社，1998. 19，28，25

工人阶级和人民群众利益之间的关系。他指出，坚持党性原则，也就是坚持工人阶级和人民群众的根本利益，两者是完全统一的。为此，他要求新闻工作者到生活中去、到群众中去，同人民群众保持最广泛、最深刻的联系，从群众的实践中吸取智慧和力量。

对于如何保证新闻工作坚持好党性原则，江泽民提出了新闻工作也要"讲政治"，并且重申了毛泽东的"政治家办报"的主张。新闻工作者"必须具有良好的政治素质，具有很强的政治鉴别力和政治敏锐性，必须树立高度的政治责任感"，要"自觉地在思想上、政治上与党中央保持一致，在任何复杂多变的形势面前，都要保持清醒的头脑"[①]。

江泽民还指出，"政治家办报"并不意味着只讲政治不讲其他，更不意味着只是作"政治空谈"，只是"机械简单地重复一些政治口号"，或只是宣传"纯粹的理论"。他认为，新闻宣传的目的在于让广大干部群众通过媒介认清自己的利益和奋斗目标，紧紧团结在党和政府的周围，去为实现自己的利益和目标而奋斗。因此，一定要讲究宣传艺术，注意宣传方式和方法，提高新闻宣传和舆论导向的水平。要善于采取群众喜闻乐见的形式，"把党的政治观点、方针政策，准确地、生动地体现和贯注到消息、通讯、言论、图片、标题、编排等各个方面"[②]，使群众在新闻传播过程中受到潜移默化的影响，从而取得理想的传播效果。

中共"十六大"以来，胡锦涛多次强调，新闻工作要坚持鲜明的党性原则，在一些重大原则问题上应当旗帜鲜明、观点明确。

中国共产党人关于党性原则问题的一系列思想观点，深化了党性原则的理论内涵，为社会主义新闻工作如何更好地坚持党性原则提供了新的理论和实践依据。

综合几代中国共产党领导人关于新闻工作党性原则的理论阐释，并且经过长期的实践检验，社会主义新闻工作党性原则的基本内涵可以概括为：思想上，始终以马克思主义为指导思想，坚持实事求是的科学态度；政治上，坚持和党中央保持一致，正确宣传党的纲领路线和方针政策；组织上，自觉接受党的领导，严格遵守党的组织原则和宣传纪律。

社会主义新闻工作要坚持以马克思主义为指导思想，善于运用马克思主义的立场、观点和方法去观察、认识、解释和评价客观事物，去组织和指导日常的新闻报道，以使自己的宣传报道符合并体现马克思主义的科学原理；坚持实

---

① 郑保卫. 新闻理论新编. 北京：中国人民大学出版社，2007. 285
② 郑保卫. 新闻理论新编. 北京：中国人民大学出版社，2007. 285

事求是的思想原则，坚持理论联系实际的思想作风，要善于从实际生活中发现、挖掘和提炼事实，指导实际工作。

社会主义新闻工作要正确宣传党的纲领和方针政策，同党中央保持政治上的一致，主要体现在思想立场、政治观点、奋斗目标、政治策略和宣传口径上的一致，对一些重大问题、敏感问题特别是涉外事件，不能任意表态，抢先发言，应有大局意识。

社会主义新闻工作要严格遵守党的宣传纪律，自觉接受党的领导和监督，这是党性原则在组织路线上的集中体现。如重要信息及时通报；重大问题事前请示、事后汇报；重要稿件送主管机关审阅；向上级党委及时反映情况；涉外事件未经允许不得随便发言；未经请示不得在报纸上批评同级党委，不得利用报纸与同级党委争论或与同级党委闹独立等。

以上三点都属于新闻事业党性原则中的精髓，是历久而不衰的。这些精髓不仅适用于战争年代，而且也适用于和平建设年代；不仅适用于计划经济时代，而且也适用于市场经济时代。

第三节　社会主义新闻工作党性原则的基本要求

我国社会主义新闻工作的党性原则在长期的实践中，形成了自己的一些工作传统，提出了许多基本要求。

1. 实现党性和真实性的统一

从新闻史上看，任何政党的报纸都有自己的倾向性。社会主义新闻事业坚持党性原则也是题中应有之义。既然是在新闻事业中坚持党性原则，一切成果都要通过新闻作品的传播来实现，因此应在坚持新闻工作的科学规律基础上凸显党性，将党性和真实性统一起来。

在一些重大事件或重大是非问题上，党报必须自觉地捍卫党的原则，应该鲜明地表达党的立场、观点和态度。列宁曾经把党报上那些超党派的自由主义论调斥为"没有党性的宣传"，把马克思主义报纸同小资产阶级报纸混淆起来。

社会主义新闻事业的立场和倾向，是建立在遵守新闻工作的基本原则——真实性的基础上，讲究尊重事实、尊重受众。列宁曾经要求：哪怕是一则不长的报道，也要做到"绝对正确，没有一丝一毫的误差；事实经过再三核对；

材料来源可靠，引语和数据准确无误"①。新闻媒介和新闻工作者必须向受众报道真实的情况，决不允许有不顾事实、不从实际出发，甚至用凭空捏造的事实来表达立场、倾向的做法；决不允许有抓住有利事实不放，对不利事实闭眼不见、加以歪曲的作风。未把真实的情况调查了解清楚就进行报道，或明明知道情况不实但是为了达到某种目的依然进行公开报道（可能是收受了当事人的贿赂，或者是为了哗众取宠等），这些都是缺乏党性的典型表现。

刘少奇明确地把树立实事求是的作风作为加强党性的"第一个标准"。邓小平也把实事求是的科学态度和理论与实践统一的作风看作坚持党性的表现。他提出要"从国内外、省内外、县内外、区内外的实际情况出发，从其中引出其固有的而不是臆造的规律性，即找出周围事物的内部联系，作为我们行动的向导"②。

在坚持党性和真实性的统一方面，我国新闻界也有过一些失误和教训。1958年"大跃进"时期，一些新闻媒介为了政治宣传的需要，脱离实际，不讲科学，无视事实，大搞浮夸宣传，给国家和人民的事业带来了巨大的损失。刘少奇后来批评说，当时报纸搞了很多"错误的东西"，"有报纸的害处，比没有报纸的坏处还要大"。

实践证明，真实性是党性的基础，社会主义新闻事业要坚持党性原则，要把主观倾向和客观求实统一起来。这要求新闻工作者一方面要对党和人民的事业始终充满信心，以饱满的政治热情为其鼓劲，促其发展；另一方面，要坚持实事求是的工作作风，讲究科学精神，不断探索、总结、把握新闻事业的规律和工作要求，尊重事实，注重客观规律。

2. 实现党性与人民性的统一

中国共产党是用马克思主义武装起来、把为最广大的人民群众服务作为最高宗旨的政党，它是中国无产阶级和最广大人民利益的代表者和捍卫者。因此，我国社会主义的新闻事业既要向党负责，也要向人民群众负责，实现党性与人民性的统一，这是我国新闻事业党性原则理论中的一个基本命题。

1956年7月1日《人民日报》改版，发表社论《致读者》指出："我们的报纸名字叫做'人民日报'，意思就是说它是人民的公共的武器，公共的财产。人民群众是它的主人。只有靠着人民群众，我们才能把报纸办好。"③

坚持人民性，新闻媒介必须明确自己与受众的关系是服务与被服务的关

---

① 列宁论报刊与新闻写作·前言. 北京：新华出版社，1983
② 郑保卫. 新闻理论新编. 北京：中国人民大学出版社，2007.291
③ 高金萍，孙利军. 建国后党性原则的变革. 新闻知识，2002（1）

系。按照中国共产党的最高宗旨，党所做的一切工作，都可以用"为人民服务"来进行概括，新闻工作也是如此。在这个问题上，并不是所有新闻工作者的认识都十分清醒。部分新闻工作者，包括一些新闻媒介的负责人，并没有牢固地树立服务意识，他们常常将领导和领导部门作为自己的服务对象，将受众当做自己的教育对象，常以"指导者"、"教育者"的姿态，居高临下地指挥受众，并且往往低估了受众的水平。

坚持人民性，新闻媒介必须在为受众服务的问题上表现出很高的热忱。想受众之所想，急受众之所急，排受众之所难，供受众之所需。全面反映实际生活中的难点、热点问题，向政府传达人民群众的呼声、愿望和要求。在向人民群众宣传党的路线、方针、政策的同时，运用生动活泼的文风，采用群众喜闻乐见的形式，杜绝枯燥的空洞说教，将党的政策与群众的生产生活密切联系起来，将党的政策转变为人民的实际行动。

坚持人民性还要防止一种倾向：新闻报道一味迎合某些受众需要，而不能很好地完成党和政府赋予的宣传功能，从而导致社会主义新闻事业偏离正确的方向。

总之，要坚持党性和人民性的统一，既积极向下宣传党的路线、方针、政策，又热情向上传达群众的呼声、愿望和要求；既善于把党的政策变为群众的行为，又善于用群众的实践检验党的政策；既要使传播效果让领导认可，更要让群众对新闻传播感到满意，把体现党的主张和反映人民的心声有机地结合起来。

3. 实现党性和创造性的统一

中国共产党领导下的新闻事业强调组织性和纪律性，新闻工作者要自觉遵守党的组织原则和宣传纪律，在政治上同党中央保持一致，服从党的领导。任何无组织、无纪律的行为都被视为对党性原则的破坏。

强调党的新闻事业的组织性、纪律性和服从性，并不等同于党委可以包办新闻单位的工作，并不意味着我们的新闻事业在任何时候、任何情况下都只能是同一张面孔、用同一种腔调发言。各级党委在把握好宣传方针、指导思想等政治方向的同时，应充分尊重新闻单位和新闻工作者的主动和创新精神，给予他们相当自由的空间进行分内工作。新闻工作者也应当从实际情况出发，本着对党和人民高度负责的精神，发挥自主能动性，勇于创新。

坚持新闻工作的党性和创造性的统一，符合马克思主义思想路线和政治原则，是尊重新闻工作规律的表现。新闻工作要发挥创造性，首先，各新闻媒介之间应当互相协调，加强分工与合作，努力办出各自报纸、频道、频率和网站的特色，形成自己的风格，避免雷同。其次，每一个新闻工作者都应当依靠自身的智慧和经验，从不同角度、不同侧面采集和制作新闻，追求新闻报道内容的丰富性和多样性。再次，讲究新闻报道形式的个性，形成记者个人独特的风格，反对用同一个腔调进行新闻宣传，以满足群众多方面的需要。正如毛泽东同志所说："学风和文风也都是党的作风，都是党风。"宣传中的八股味也反映了党风的不正、党性的不纯。

在实际工作中，有些地方和部门的党政领导常常要求媒体按照自己的意志去组织新闻宣传，并且将此作为一种纪律，凡听话的，就认为有"党性"。于是一些媒体迫于这种压力，不得不照办、跟风走，而不去考虑如何发挥自己的创造性。邓小平同志曾针对此种现象作过深刻的剖析："随风倒，本身就是一个违反共产党员党性的大错误。"① 实践也证明，真正有党性的人，应当是能够独立思考、敢于坚持真理、坚持原则、勇于创新和负责的人。

总之，我国社会主义新闻事业要坚持党性原则，需要保持同党中央在政治上、思想上、组织上步调一致、口径一致，又要注意充分发挥自己的创造力，把新闻宣传搞得有声有色、丰富多彩。

4. 实现党性和监督性的统一

坚持正面宣传为主，弘扬社会的主旋律，是我国社会主义新闻事业的重要工作方针，也是党性原则的重要体现。但这并不意味着在新闻报道中应该回避负面批评报道，实行"报喜不报忧"的简单工作方式，削弱社会主义新闻事业对党和政府的监督功能，而应该将宣传和监督两者有机地结合起来。

开展批评和自我批评，实行民主监督历来是共产党人的传统作风。我国无产阶级和社会主义新闻事业始终坚持把开展新闻舆论监督作为自己的重要责任和工作传统，在理论和实践上不断提高认识和水平，努力做好新闻舆论监督。

坚持新闻工作的党性原则，要求新闻工作者准确、全面、深入地宣传党的路线、方针、政策，同时考察其正确性。刘少奇在同华北记者团的谈话中就提出："你们不仅要宣传党的政策，还要根据群众的实际去考察政策是不是正确的，有没有缺点。"他说："党的政策到底对不对，允许你们去考察，允许你们提出问题，你们有这个权利。不仅如此，如果你们看到党的政策大体上是对的，但是还有缺点，也允许提出来。"②

新中国成立后，我国新闻事业坚持把"是否充分地开展了批评"和"批

① 新华社新闻研究所. 邓小平论新闻宣传. 北京：新华出版社，1998.24

② 中国社会科学院新闻研究所. 中国共产党新闻工作文件汇编（下册）. 北京：新华出版社，1980.256~262

评是否正确",作为衡量报纸党性强弱的"尺度"。① 2005年中共中央办公厅专门印发了《关于进一步加强和改进舆论监督工作的意见》的通知,要求各级党委和政府、社会团体及其工作人员要重视舆论监督工作,支持新闻媒介的采访活动,为采访报道提供方便。同时要求基层单位不得封锁消息、隐瞒事实、干预舆论监督,不得以行贿、说情等手段对舆论监督进行干预等许多具体意见和要求。

从历史和实践中可以看出,我国新闻事业在坚持新闻舆论监督方面形成了传统和积累了经验,这为进一步搞好新闻舆论监督工作提供了动力和依据。

实现党性原则和舆论监督的统一,要坚持在党的领导下进行舆论监督,一些重大的批评报道,事先要主动请示,争取党委的支持和帮助;新闻工作者一定要出于公众利益的考虑,要有对党和人民高度负责的精神,牢牢把握舆论监督的正确方向,真正以大局为重,做到"帮忙不添乱";深入调查,全面听取意见,保证批评材料的准确无误,确保舆论监督的客观公正;以法律为准绳,以事实为依据,维护公民和组织的正当权益;自觉接受群众监督,一旦批评报道出现偏差和失误,应主动更正,及时修正错误。

总之,社会主义新闻事业的党性原则与实行舆论监督并不矛盾,两者本质上是统一的。新闻工作者要发挥舆论监督功能,对党领导的社会主义事业以及党的领导方式进行时刻监督,并采取适当的方式予以报道,以促进事物的良好发展。

5. 坚持党性原则要与时俱进

在坚持新闻事业党性原则的问题上,存在两种错误倾向:一种认为我国经济体制已经转变,新闻媒介已经不同程度地走进了市场,坚持党性原则已经不那么重要了,可以不必强调、不用坚持了;另一种认为党性原则的内容从过去到现在都是一成不变的,今天和今后也仍然应该像过去那样坚持新闻事业的党性原则。

实际情况并非如此简单。首先,目前改革开放正逐步深入,在更深层次上触及了人们的切身利益,国内社会矛盾和国际矛盾呈现出更为复杂的趋势,新闻工作必须坚持党性,才能保持清醒的政治头脑,坚持正确的前进方向,"淡化"党性的论调是不可取的。其次,目前新闻媒介面临的外部环境与以往不可同日而语,新闻媒介和新闻工作者在媒介市场上所面临的问题,没有现成的答案和经验可供参照或借鉴。在这种情况下需要认真研究新情况,努力解决新问题,应该与时俱进地坚持新闻事业的党性原则。

---

① 郑保卫. 新闻理论新编. 北京:中国人民大学出版社,2007. 331

任何事物都是发展变化的，中国共产党的党性，也必然随着社会状况的变化而变化。"马克思主义不是僵死的教条，它随着时代的发展不断充实、深化，自然也有扬弃、创新。党从实际出发，在各个不同历史时期所制定的总路线、总政策也是各不相同的。由此，党性的内涵同样是在变化发展的。对曾经是正确的理论、政策，因为情况的变化已不再成为促进而转为阻碍社会生产力发展的因素，如果对此仍然固守不变，照样宣传，这就不是坚持党性。"① 坚持新闻事业的党性原则，应该随着时代的进步，在具体要求上有所不同，这是马克思主义科学的世界观和方法论的具体运用，是坚持党性原则的题中应有之义。

在过去计划经济时代，党的新闻工作更多地强调"政治性"、"指导性"、"统一性"和"工具性"，新闻事业完全以党和政府的政策、指令为工作方针和依据；随着市场经济体制的确立，人们越来越认识到新闻事业的产业性质和新闻传播的市场因素，提出了"信息观"、"服务观"、"多元性"、"产业性"等，新闻事业除了依然要坚决按照党和政府的决策、指令工作外，还要充分考虑受众需求和市场效果。

在当前市场经济条件下，新闻工作要坚持党性原则，首先要牢记新闻传媒作为公益性事业的基本性质，遵循党和政府的路线、方针、政策，严格按照党的政治纲领、思想路线和组织原则办事，保证新闻宣传和舆论导向能够始终坚持社会主义的正确方向。同时不忘新闻媒介作为信息与文化产业的性质，充分考虑受众和市场的信息需求，增强服务观念、效益观念、竞争观念和市场观念，为受众提供优质的新闻与信息服务。要善于运用现代管理方式和经营理念搞好媒介的管理与经营，在确保社会效益的前提下，最大限度地实现社会效益和经济效益双丰收。如《广州日报》就树立了新闻媒体在新时期坚持党性原则的典型，其一方面坚持正确的舆论导向，发挥党、政府和人民的喉舌作用；另一方面又创造了良好的经济效益，到2010年，其广告收入已连续16年位居国内平面媒体第一位。

在市场经济条件下，坚持新闻事业的党性原则，需要有更开放的视野，以宽广的胸怀对待和审视国外新闻传媒理念、管理方式、节目制作手段，而不是简单地加以排斥和否定，也不能不加区分地"拿来"，应该区分精华和糟粕，在坚持正确的舆论导向的基础上，扬长避短。同时还要有参与国际传播竞争的意识，争取在激烈的国际媒介市场上占有一席之地。当前我国媒介正朝着这方面不断发展，在国际市场上也经常能看到中国记者的身影，听到中国记者的声

① 姚福申. 新时期中国新闻传播评述. 上海：复旦大学出版社，2002. 160

音，这也正是坚持党性原则的新要求和新体现。

在市场经济条件下坚持新闻事业的党性原则，不仅是一个重大的实践课题，也是一个重大的理论课题。新闻界应当从实际出发，认真、深入、卓有成效地进行研究，以确保新闻媒介和新闻工作者在实践中正确、科学地坚持新闻事业的党性原则。

【思考与练习】

1. 阐述党性与阶级性的关系。

2. 中国新闻工作党性原则有哪些基本要求？

3. 结合实际，谈谈你对党性原则的认识。

【推荐阅读】

1. 中国社会科学院新闻研究所. 马克思恩格斯论新闻. 北京：新华出版社，1985

2. 杨春华，星华. 列宁论报刊与新闻写作. 北京：新华出版社，1983

3. 李清芳. 斯大林论报刊. 北京：新华出版社，1985

4. 中央文献研究室. 毛泽东新闻工作文选. 北京：新华出版社，1983

5. 新华社新闻研究所. 邓小平论新闻宣传. 北京：新华出版社，1998

6. 中国社会科学院新闻研究所. 中国共产党新闻工作文件汇编. 北京：新华出版社，1980

7. 童兵. 马克思主义新闻思想史稿. 北京：中国人民大学出版社，1989

第八章

新闻媒介

　　新闻媒介是新闻传播的载体和工具。报纸、广播、电视、互联网等四大新闻媒介在新闻传播方面各有优势，但也存在各自的不足之处。这些优势和不足影响着人们对媒介的选择。四大新闻媒介出现的时间各不相同，但在当今社会，它们同生共长、互为补充，彼此竞争又相互合作。"媒介即讯息"，媒介本身构成了独特的文化景观。本章我们将厘清新闻媒介及与之相关的概念，阐述新闻媒介的演进，介绍四大新闻媒介的特性及其文化意涵，并展望新闻媒介的发展趋势。

第一节　媒介、大众媒介、新闻媒介

一、媒介的概念

任何传播活动都需要借助媒介才能完成。美国著名传播学者施拉姆在他所著的《传播学概论》中认为，媒介是"插入传播过程之中，用以扩大并延伸信息传送的工具"[1]。

美国学者约翰·费斯克认为，媒介是将讯息转化成可以通过渠道传递的信号的技术或物理手段。他将媒介分成三类：一类是展示性媒介（the presentational media），它们使用口语、表情、手势等"自然语言"来传播，如声音、面容、身体等。它们要求传播者在场，因为他或她就是媒介。展示性媒介受限于当地和当下，它们产生传播的活动。二是再现性媒介（the representational media），如书籍、绘画、摄影、著作、建筑、室内装潢、园艺等。有大量的媒介使用文化和美学惯例来创造某种"文本"。它们是再现性的、创造性的。它们制造的文本可以复制上一类媒介并独立于传播者。它们产生传播的作品。三是机械性媒介（the mechanical media），如电话、广播、电视、电报等。它们是以上一、二类媒介的传递者。二、三类媒介之间的主要差别在于：第三类媒介所使用的渠道是工业制造，因此受到更多技术限制，比第二类媒介更易受到技术方面的干扰。[2]

简单来说，所谓媒介，就是传播过程当中传受双方的中介物，是信息符号的物质载体。媒介的含义有广义和狭义之分，我们经常接触到的大众传播媒介是狭义的媒介，广义的媒介包括大众传播媒介和人际传播中使用的符号，如语言、体语、视觉符号等。[3]

二、大众媒介与新闻媒介

我们通常所说的大众媒介、新闻媒介应归入费斯克所讲的第三类媒介。

---

① ［美］威尔伯·施拉姆，威廉·波特. 传播学概论. 陈亮等译. 北京：新华出版社，1984. 144

② ［美］约翰·费斯克. 传播研究导论：过程与符号. 许静译. 北京：北京大学出版社，2008. 18

③ 王宇. 大众媒介导论. 北京：中国国际广播出版社，2003. 2

大众传播媒介简称大众媒介。施拉姆认为，大众媒介"通常指的是中间插进了用以重复或传播信息符号的机器和有编辑人员的诸如报纸或电台之类的传播组织的传播渠道"。① 大众媒介是在信息传播过程中处于职业传播者和大众之间的媒介体。报纸、杂志、图书、广播、电视、唱片、电影、互联网等都属于大众媒介。新闻媒介被称为现代社会最重要的信息纽带和"生命链"，是指以新闻传播为主要职能的大众媒介，如报纸、新闻期刊、广播、电视、互联网等。也有学者认为通讯社和新闻电影也可归入新闻媒介。② 但考虑到通讯社与受众之间的关系是间接的而非直接的，即通讯社是将新闻供应给报纸、广播、电视、互联网等媒介而不是直接供应给受众，而新闻电影这种形态在整个新闻传播中所占比重十分有限，故这两种媒介不在本书的讨论范围之列。

第二节　新闻媒介的演进

随着社会生产力水平的不断提高和科学技术的发展，人类的传播媒介经历了一个从简单到复杂，从单一到多元，从落后到先进的发展过程。人类在社会生产实践中萌生了对更广泛、更快速、更多样的传播媒介的需求，而科技的发展又促使传播媒介在传播范围、传播速度、传播效率、传播符号等方面不断进步。社会的发展使新的传播媒介不断产生，而传播媒介的进步又增强了人类的传播能力，使社会信息流通更为迅捷，为社会发展注入了新鲜的活力。正如童兵教授所说："传播媒介的发展，既是人类科学技术和社会文化事业不断发展的结果，又是人类思维不断符号化的进程。可以说，一部人类文明史，就是人类不断发明和掌握传播媒介的发展史。"③

罗杰·菲德勒认为，"传播媒介的形态变化，通常是由于可感知的需要、竞争和政治压力，以及社会和技术革新的复杂相互作用引起的"，"通过研究作为一个整体的传播系统，我们将看到新媒介并不是自发地和独立地产生的——它们从旧媒介的形态变化中逐渐产生。当比较新的传媒形式出现时，比

---

① ［美］威尔伯·施拉姆，威廉·波特. 传播学概论. 陈亮等译. 北京：新华出版社，1984. 122
② 童兵. 理论新闻传播学导论. 北京：中国人民大学出版社，2000. 98
③ 童兵. 理论新闻传播学导论. 北京：中国人民大学出版社，2000. 93

较旧的形式通常不会死亡——它们会继续演进和适应"。①

任何一种新媒介的诞生,都伴随着一种或几种新技术的采用。传播技术的发展更新,是媒介形态演变的巨大推动力。任何一种传播媒介,都依赖某种特定的技术手段,每一种新的传播技术的产生,都使其获得了比以往媒介更强大的符号负载力量。但我们也应看到,它既具有其他媒介所不具有的独特作用,同时也存在着自身的局限性。

罗杰·菲德勒说,"传播的历史是'越来越多'的历史"②,这里的"越来越多",是指媒介形态累积得越来越多,从口头语言产生之前的亲身传播时代,到后来的口语传播、文字传播、印刷传播、电子传播,媒介随着社会的发展和科技的进步,不断进行着演化和革新。麦克卢汉认为,"媒介即讯息",人类传播的变革主要表现在传播媒介的发展上。

口头语言的产生是人类信息传播的巨大飞跃。罗杰·菲德勒认为语言在媒介形态演变过程中非常重要,"谈到传播技术,有两种变革的催化剂最显突出——口头语言和书面语言。两者都巨大地延伸了人类的传播系统,并在文明的进化和传播中起到中心作用。现在,一种新的并且相当不同的语言种类——数字语言正作为另一种变革的催化剂出现了"③。

口头传播在传播范围和传播效率方面有较大的局限性。它要求传受双方处于同一空间,而且"转瞬即逝",不易保存。文字的产生使传播内容能够被记录和保存下来,扩大了传播的范围,使人类知识和文化的传承有了更具长久性的载体。印刷术的发明克服了手工书写难以大规模复制信息的局限性,使信息的复制变得非常方便和迅速,同时也使知识不再被少数人垄断,先进的思想和观念可以为全社会所共享。随着印刷技术的发展,报纸等新闻出版物也很快得以普及。

14—16世纪出现于欧洲的"手抄新闻"(Gazette)、"新闻信"(Newsletter)和单页印刷报纸(Flug Blatt)等,被称为是人类近代新闻媒介的萌芽。这些出版物起初是为欧洲地中海沿岸和尼德兰地区(现荷兰、比利时一带)的海上贸易提供商情、船期、外国情况等。④

---

① [美]罗杰·菲德勒. 媒介形态变化:认识新媒介. 明安香译. 北京:华夏出版社,2000. 19

② [美]罗杰·菲德勒. 媒介形态变化:认识新媒介. 明安香译. 北京:华夏出版社,2000. 22

③ [美]罗杰·菲德勒. 媒介形态变化:认识新媒介. 明安香译. 北京:华夏出版社,2000. 45

④ 冯隽. 新闻媒介的功能及其演变. 浙江工商大学学报,2010(1)

从政党报纸、严肃报纸到大众化报纸，商业化导致了新形态报纸的出现。这种报纸更轻松，更为娱乐化，强调人情、趣味，因注重犯罪、暴力、丑闻与娱乐而变得更加煽情，读者大多属于低收入、低教育程度的人群。19 世纪 30 年代，"大众化"报纸在美国诞生，它售价低廉，以普通民众为读者对象，"维护大众读者对某类新闻的兴趣，这些兴趣往往被'更传统的''高尚'报纸所忽视"①。19 世纪末 20 世纪初，资产阶级报业发展进入黄金时期，"大众化"报纸真正具有了大众化的内涵。

20 世纪二三十年代，广播、电视相继问世。1920 年 11 月 2 日，由美国匹兹堡西屋电气公司开办的 KDKA 开播，这是世界上第一座有正式营业执照的广播电台。1936 年 11 月 2 日，世界上第一座电视台——英国广播公司（BBC）电视台正式开播。1958 年 5 月 1 日，中国第一座电视台——北京电视台（即后来的中央电视台）试播，标志着中国电视事业的诞生。广播和电视彻底突破了时间和空间上的限制，能把信息即时传到四面八方，可以做到"同步传播"，其速度之快、覆盖面之广是之前的媒介无法比拟的。与印刷媒介相比，以声音为符号的广播媒介和以声画为符号的电视媒介具有较强的亲和力和现场感。

网络技术给新闻传播事业带来了革命性的变化。1998 年 5 月，在联合国新闻委员会年会上，网络被正式作为"第四媒介"提出。时任联合国秘书长安南在会议上指出，在加强传统文字和声像传播手段的同时，应利用最先进的第四媒介——互联网，以加强新闻传播工作。② 网络技术最初应用于军事、科研、教育等领域，后逐渐应用于广泛的社会领域和人们的日常生活中，变为大众化的媒介。1987 年，美国加利福尼亚《圣何塞信使新闻报》开创了传统媒体上网的先河，把纸质报纸的内容传上了还处于发展初级阶段的互联网。进入20 世纪 90 年代以后，随着网络技术的不断成熟，尤其是万维网和浏览器的广泛应用，网络的使用变得便捷而有趣，上网用户迅速增加，用 Web 页面的方式来传播新闻的优点逐渐显现，激发了报刊建立网站的积极性。在美国，到1995 年年底，互联网上的电子报纸迅速增长到 1 000 多家。此后，美国报纸差不多以每年 60% 的增长率上网。从《纽约时报》、《华盛顿邮报》、《华尔街日报》、《洛杉矶时报》、《芝加哥论坛报》、《时代周刊》、《新闻周刊》等著名报

① ［英］斯图亚特·艾伦. 新闻文化. 方洁，陈亦南，牟玉涵，吴娱译. 北京：北京大学出版社，2008.8

② 杜骏飞. 网络传播概论. 福州：福建人民出版社，2003.249

刊到地方小报，掀起了一波又一波的上网浪潮。①

从新闻传播的角度来看，以街谈巷议、歌谣、故事等形式出现的口传新闻，虽然在人际传播的可感性和互动性上有一定的优势，但在传播过程中极有可能出现传播失实、变异和解码错误。文字新闻提高了新闻传受的准确性，印刷术使新闻在更大的时空范围内传播成为可能，并促进了规范、专业的新闻报道的产生。广播、电视等电子媒介使新闻的覆盖面能够到达全球，新闻具有了现场感和感染力，并拥有了最为广泛的受众群。网络等新媒介技术更是铺就了新闻传播的"快车道"，全时性代替了即时性，互动性代替了单向性，深刻地改变了新闻传播的格局和面貌。

纵观新闻媒介的演进过程，每一种新媒介的产生都弥补了旧媒介在某些方面的不足，优化了某些传播功能，媒介使用的传播符号趋向于复合化，对人的感官刺激也越来越综合化，媒介与人的关系趋向于高度互动。借助于不断发展的新闻媒介，客观世界以更迅捷的速度、更生动的形式被反映在人们眼前。

媒介的发展过程伴随着媒介之间的竞争。新闻传播媒介在竞争中发展，竞争促进了媒介功能的完善和优化。通过竞争，媒介得以找到自己的最佳位置。

媒介的发展不仅是技术的创新和革命，而且具有辐射性的影响。在社会的各个领域，我们都可以看到媒介所带来的新变化和新气象，它改变了人们的信息接收方式，改变了社会信息流动的速度，改变了人们的生活方式和生活观念，甚至蕴藏着推动社会政治和文化变革的巨大力量。施拉姆在《传播学概论》中说："媒介一经出现，就参与了一切意义重大的社会变革——智力革命、政治革命、工业革命，以及兴趣爱好、愿望抱负和道德观念的革命。这些革命教会我们一条基本格言：由于传播是根本的社会过程，由于人类首先是处理信息的动物，因此，信息状况的重大变化，传播的重大牵连，总是伴随着任何一次重大社会变革的。"②

---

① 杜骏飞. 网络传播概论. 福州：福建人民出版社，2003. 252
② ［美］威尔伯·施拉姆，威廉·波特. 传播学概论. 陈亮等译. 北京：新华出版社，1984. 18

第三节　新闻媒介的特性及其对新闻报道的影响

一、新闻媒介的特性

1. 报纸和新闻期刊

报纸是以刊载新闻和新闻评论为主，面向广大或特定的受众连续发行的印刷媒介。报纸一般以散页分叠形式公开发行，少数报纸采用装订成册的形式。例如，《广州日报》每天出版 A、B、C、D 等叠。其中，A 叠以时政和社会新闻为主，包括国内新闻、珠三角新闻、本地新闻等；B 叠主要是娱乐新闻、体育新闻和文化副刊；C 叠以经济新闻及行业周刊为主；D 叠则以生活消费资讯为主。分叠是报纸媒介国际通行的做法，如《纽约时报》的版面同样是按内容分为五叠到八叠不等。每天固定刊出五叠：A 叠"要闻"，B 叠"大都会新闻"（The Metrosection），C 叠"经济生活"（Business Day），D 叠"体育"（Sports），E 叠"艺术"（The Arts）。其余是有固定受众群的专刊，轮流刊出。

报纸的尺寸一般有对开、四开、八开等。报纸按内容分，可分为综合性报纸和专业性报纸；按发行范围分，可分为全国性报纸和地方性报纸；按出版时间分，可分为日报、晚报、早（晨）报、周报等；按从属关系分，可分为党报、非党报以及机关报、非机关报等；按办报方针分，可分为政治性报纸、商业性报纸以及政企合一型报纸等。

新闻期刊以刊载时事性内容为主，有固定名称，装订成册，按顺序编号出版，各期版式基本相同。新闻期刊按其内容可以分为综合性新闻期刊和专业性新闻期刊，前者如《中国新闻周刊》，后者如《财经》；按出版周期可以分为双月刊、月刊、半月刊、周刊等。

一般来说，报纸的出版周期较短，多为每日出版，追求的是新闻的时效性和多样化，在新闻采编上分秒必争，消息、动态新闻较多。而新闻期刊的出版周期较长，追求的是新闻的深度，时间上较为从容，解释性新闻、分析性新闻、调查性新闻较多。对于同一事件，报纸倾向于作跟踪式的报道，快速反映事件进展，而新闻期刊则较多作阶段性报道或总结式报道，即在新闻事件告一段落时从深层次分析事件的前因后果及社会影响。从编辑形式上来看，新闻期刊通常有较为固定的版式，而报纸的版面变化相对来说要更多一些。因为是每日出版，报纸在重要的节日、纪念日通常会推出策划报道；而新闻期刊除非恰逢其出版日期，否则较难做到同步。

我们还可以看到一个趋势，报纸的封面朝着期刊化的方向发展，即使用大字标题和大幅照片，强调视觉冲击力和"第一眼效应"。越来越多的报纸采用了导读的设计，类似于期刊的目录。另外，综合性报纸在固定时间推出的"周刊"与期刊的风格也非常相似。而不少期刊也设置了"刊中报"。出版周期短的新闻期刊除了注重深度报道，也越来越重视新闻的时效性。由此看来，报纸与期刊并非泾渭分明的两种媒介，两者在某些方面有交叉，也有融合，即报纸期刊化、期刊报纸化。上海的《申江服务导报》虽冠名为"报"，但实际上其内容和形式与期刊更为接近。

有观点认为，报纸与期刊的不同，最主要的还是各自承担的任务、发挥的职能不一样，也就是说，主要的区别在于各自刊载的内容不同。报纸以刊载新闻和评论为主，期刊则以刊载时事性文章和评论为主。① 报纸承担的任务是对客观世界的变动作快速报道，反映全局的情况，告诉人们发生了什么；新闻期刊承担的任务是聚焦某些重要议题，展现事件的纹理和规律，告诉人们为什么会发生以及发生了之后会怎么样。报纸和新闻期刊虽然都在发挥舆论引导和舆论监督的职能，但报纸侧重于即时效应，而新闻期刊则侧重于长期效应。通俗来讲，一个"快热"、一个"慢热"；一个"风风火火"、一个"从容不迫"。如果从受众角度来分析，我们会发现，人们选择报纸和新闻期刊的动机不同，一个是为了快速获知重要新闻，一个是满足获知深度信息的需要。阅读行为也有区别，人们阅读报纸很多时候是扫描式的，有时甚至只读标题；而阅读新闻期刊则是"细嚼慢咽"，反复回味。

总的来说，报刊媒介具有以下特性：①报刊是视觉媒介，是阅读媒介，通过文字、图片、颜色、线条等符号传递信息；②因出版周期、截稿时间、出版流程的限制，报刊的时效性较差，很难做到同步报道；③报刊便于保存和反复阅读；④内容以版面的形式展开，读者拥有较大的选择权；⑤报刊适合用来传播深度信息，是深度报道的良好载体。

2. 广播

广播是通过无线电波或导线传送声音的新闻媒介。广播媒介的优势体现在以下六个方面：

（1）广播能突破地域的限制，实现广泛的传播。

与报刊这类纸质印刷品有一定的发行范围不同，广播是一种"空中媒介"，地域界限在电波中消弭。广播是唯一不附加其他条件就可以实现超远距离接收的媒介，特别是短波频段。广播在对外宣传中起着很重要的作用。很多

---

① 童兵. 理论新闻传播学导论. 北京：中国人民大学出版社，2000. 100

国际广播，其覆盖面相当大，如美国之音。有学者指出，相对于卫星电视和网络广播，短波是唯一不受网路封锁和有源中继转发约束的传播手段，而调频和地面电视的发送方式则需要东道国政府的配合，传播内容要经过审查……此外，一旦对象国发生战争或灾害等突发事件或发生重大的全球性危机时，现代化的国际性大众传播工具有可能被封锁、破坏、屏蔽、切断，或因过载而瘫痪。这时，短波国际广播便成了万无一失的传播工具，可以将信息传达给外国听众和海外侨民。[①]

（2）广播信息传播迅速，时效性强，可以实现对新闻事件的即时发布、即时解读。

特别是遇到重大突发事件时，广播可以采用插播新闻的方式，第一时间反映事件真相，引导社会舆论，掌握传播的主动权。例如，1981 年 3 月 30 日美国总统里根遇刺受伤，第一个将消息报道出去的是美国广播公司的广播电台，事发后仅 5 分钟，即在收到现场记者萨姆·唐纳森的电话的同时便报道了出去。因其技术简单，广播媒介很容易实现现场直播，而且成本不高。

（3）广播媒介的受众广泛，影响面广。

与报刊媒介不同，收听广播不需要具备相当的文化水平，只要听力健全，都能成为广播的听众，广播是没有"门槛"的媒介。有资料称，我国以社会拥有 5 亿台收音机，广播人口覆盖率超过 90% 的惊人数字位居世界广播大国的行列。[②] 受众广泛使得广播传播的"到达率"较高，有利于舆论引导效果的提升。

（4）广播发挥的是声音的魅力，具有较强的感染力。

很多经典的声音都给听众留下了深刻的印象。广播虽然没有视觉画面，但诉诸听觉的"唯一性"却给听众以想象的空间，这使得听众在收听时会对各种人物形象和事件场景进行"建构"。例如，听到现场爆炸声或现场嘈杂的议论声，人们会去想象现场发生了什么。这种想象如果再配之以准确的信息传递，便有利于实现受众对传播内容的积极参与。广播媒介的声音传播具有亲和力，能带给人面对面交流之感，很多听众都会去想象播音员、主持人或浑厚、或深沉、或亲切的声音后面是一副什么样的面孔，这种想象有悬念、有期待且很有趣味。声音的魅力能使听众在收听广播时获得独特的审美感受。

（5）广播具有伴随性特质，是受众的贴身媒介，收听方便。

---

① 赵明. 短波国际广播具有不可替代性. 中国广播电视学刊，2008（4）
② 振兴广播评论 和谐舆论环境——2006 年南京广播评论发展论坛倡议书. 视听界，2007（1）

由于广播传播的声音信号在接收中只占用人的听觉，所以人们在听广播的时候还可以从事其他活动，如做家务、走路、开车、进行体力劳动等。城市的交通台和音乐台深受驾车人的喜欢，因为广播使得旅途不再单调，即使堵车也不会觉得难以忍受。很多老人在早晨锻炼的时候也经常带着收音机。广播的伴随性特质提高了时间利用率，为生活增添了乐趣。另外，这种特质能起到一种"润物细无声"的效果，在不知不觉当中，我们接受了某些信息和观点。

（6）广播的传播过程可进行较为灵活的互动。

听众在收听节目时，可以通过热线电话、短信平台、网络平台等方式参与到节目中，与主持人交流对话，就某个问题发表自己的看法和意见，实现了传播的双向性和互动性。

广播媒介的劣势主要有：广播节目是顺时播出、线性传播的，传播内容转瞬即逝，保存性和选择性都较差，即广播要按时、按顺序收听；广播单纯的听觉信息传播有其固有的缺憾，即对一些现场感、画面感强的场景和事件，广播的传播显得不够生动。

随着受众构成的多元化和复杂化，一方面，广播媒介朝着细分化、专业化、类型化的方向发展，即面向特定的受众群进行有针对性的传播，舆论引导更为有效。另一方面，广播媒介之间的合作也日益增强，这也提升了广播新闻的社会影响力。2008年1月22日，全国140多家广播电台在北京共同成立"全国奥运广播联盟"，建立全国奥运广播联盟报道中心，开发中国广播新闻共享平台，最大限度地实现了报道资源共享、相关直播信号共享、节目共享和沟通资源共享，全面、及时、充分地报道奥运盛况。此外，中国广播联盟也于2009年6月18日成立，130家广播电台加盟，通过节目交流平台、《直播中国》栏目、《中国广播报》、《中国广播》杂志和联盟官方网站五大共享平台，实现节目资源共享、信息交流、理论指导和品牌推广。[①]

3. 电视

电视是运用电子技术传送声音、图像的一种新闻媒介。

1936年11月2日，英国广播公司开始播出电视节目，这一天被普遍认为是世界电视事业诞生的日子。遍览世界电视业的发展，大致可以分为黑白电视阶段、彩色电视阶段、卫星传播阶段、卫星直播电视、有线电视、数字电视六个阶段。[②] 美国的三大广播公司——全国广播公司（NBC）、哥伦比亚广播公司（CBS）、美国广播公司（ABC）以及两大有线新闻网——家庭影院

---

① 陈燕，肖建昌. 传媒多样化下如何提升广播的舆论引导力. 新闻知识，2010（6）

② 欧阳明. 外国新闻传播业史稿. 武汉：武汉大学出版社，2006. 164～167

（HBO）、有线新闻电视网（CNN）在全世界享有较高的知名度。1958 年 5 月
1 日，中国第一家电视台——北京电视台开始首播。1973 年 5 月 1 日，北京电
视台面向首都观众的彩色电视正式试播。1978 年 5 月 1 日，北京电视台更名
为中央电视台（CCTV），全国各省开始建立省级电视台。2000 年以后，数字
电视作为一种新兴的电视技术在几个主要的城市试播。

　　早期的电视台通常只有一个频道，随着电视技术的发展，电视台采用多频
道播出细分的内容。从传播内容上看，电视频道分为综合频道和专业频道。专
业频道中的新闻频道在新闻传播中扮演着重要的角色。1980 年 6 月 1 日，泰
德·特纳在亚特兰大开创了一个全天 24 小时播报新闻的有线电视网——CNN
（Cable News Network）。这是美国第一家通过卫星向电缆电视网和卫星电视用
户专门提供全天候新闻节目的电视公司，也是世界上首次开办的 24 小时全新
闻频道。其后，由新闻大亨默多克操作的 FoxNews（福克斯新闻）推出定位新
闻，获得了出乎意料的成功。由微软于 1996 年投资 2.2 亿美元，与美国全国
广播公司结合后成立的 MSNBC（微软全国广播有线电视公司），全天 24 小时
在电视上播报新闻，也获得了巨大成功。继美国之后，英国 BBC 于 1997 年 11
月开办了 24 小时新闻频道 BBCNews24，全天滚动播出世界各地新闻，通过卫
星站发来的同步现场报道将新闻触角伸向全球每一个角落。[①] 2003 年 5 月 1
日，央视新闻频道开播，标志着中国电视新闻迈上了一个新的台阶。全天 24
档整点新闻突出了时效性和大信息量，大量采用现场直播和连线报道方式。
2009 年 7 月，央视新闻频道开始改版，信息量更大，强化"24 小时发稿"理
念，确保最新消息随时播发，并加大了评论力度，节目包装也更为新颖。

　　电视媒介具有以下五个特点：

　　（1）视听结合，声画兼备。

　　与广播媒介不同，电视不仅诉诸听觉，还诉诸视觉。这使得电视媒介传播
的信息更为具体可感。电视媒介的这种特点使其特别适合报道现场感强、有视
觉冲击力的新闻。当人们在电视上看到美国"9·11"事件、伊拉克战争等重
大新闻时，电视画面给他们的视觉冲击力是报刊、广播媒介所无法比拟的。

　　（2）传播迅速。

　　电视以电波为载体来传输视频信号和音频信号，传播速度很快。电视媒介
可通过电视转播车来实现现场直播，同步反映新闻事件。每逢有重大事件、突
发事件时，电视直播已成常规。从香港回归、澳门回归到 2008 年的汶川地震、

① 孟建. 中国新闻传播的历史性跨越——中央电视台新闻频道开播刍议. 新闻记者，
2003（6）

北京奥运会等重大事件的播报中可以看出，中国电视媒介的现场直播能力得到了大幅的提高，有效地发挥了电视新闻的主体作用。

（3）易于接近，受众广泛。

电视媒介具有广泛的群众基础。无论在城市还是农村，电视都是人们家庭生活中的重要伙伴。若干年前，当一部热门电视剧播出时，会造成"万人空巷"的场景，虽然在媒介多元化的今天，这种情况很难再出现，但电视媒介的影响力仍不可小看。每晚七点钟，无数的中国家庭都会打开电视机收看《新闻联播》，而在每年的除夕夜，收看央视的春节联欢晚会也是很多家庭的共同选择。不同年龄、不同文化程度、不同职业的人都可以从电视媒介中找到自己喜欢看的节目，即使对于不识字的人，电视媒介也是最易接近的媒介。

（4）选择性保留性差。

在一些传播学著作中，报纸、杂志等印刷媒介被称为"选择性媒介"，广播、电视等电子媒介被称为"闯入型媒介"。电视和广播一样，都是线性传播媒介，即按顺序播出，受众需要遵循电视节目的播出顺序来收看。另外，电视播出的内容转瞬即逝，很难做到反复观看、按需观看（当然，数字电视的出现改变了这种状况）。

（5）较强的娱乐性。

在网络媒介出现之前，电视是最具娱乐性的媒介。电视是人们度过休闲时光、消遣娱乐的主要工具。在家庭当中，全家人围坐在电视机前，看电视、聊电视是一件惬意的事情，电视节目也经常成为人们日常交流的话题。电视媒介中声、光、影多种符号以及形象感和动态感，都有助于凸显其娱乐性。

4. 网络

美国学者约翰·奈斯比特将人类社会的发展分为农业社会、工业社会和信息社会，他认为信息社会最重要的战略资源是信息而不是资本，电子计算机技术的发展使人们的工作方式和生活方式发生了很大的变化。互联网作为信息社会发展最为迅速的媒介，在新闻传播中表现出日益显著的影响力。从最初局限于专业领域的使用到如今的大范围普及，网络成为人们获取信息、传播信息的重要工具，并在社会传播中趋于主流化。

据 CNNIC 发布的《第 26 次中国互联网络发展状况统计报告》数据显示，截至 2010 年 6 月 30 日，我国网民规模达 4.2 亿，互联网普及率持续上升，增至 31.8%。从 2005 年 12 月的 1.1 亿到 4.2 亿，只花了短短的近 5 年时间。而对比 CNNIC 于 1997 年 10 月公布的首次中国互联网络发展统计报告，当时的上网用户数只有 62 万，可见网络发展速度的迅猛。随着网民上网时间的不断增长，互联网的黏性不断增强。近几年，一系列社会公共事件背后，都能看到网民的参与及网络舆论所产生的巨大威力，如华南虎事件、躲猫猫事件、邓玉娇事件、上海"钓鱼执法"事件等。网络媒介的快速发展，使报纸、杂志、广播、电视等传统媒介面临挑战。

网络媒介实现了各种传播方式的融合，即集大众传播、人际传播、群体传播等传播方式于一体。传统媒介是"点对面"的传播，而网络媒介可以实现"点对点"的传播。概括起来，网络媒介具有以下七个特点：

（1）传播快捷。

网络媒介时效性强。网络信息制作简单，没有截稿时间的限制，可以随时上网，随时更新。网络媒介通常采用"滚动新闻"的方式报道最新发生的新闻事件，新闻标题后面的发布时间精确到秒。如果说传统媒介追求的是新闻传播的"及时性"，那么网络媒介则能实现新闻传播的"全时性"，即"全天候、全历史、全过程"。对于突发事件，网络媒介有其独特的传播优势。

（2）海量信息。

网络媒介的信息都经过了数字化的处理，以"比特"为介质进行传播，是一种数字化传播。与报刊、广播、电视媒介相比，网络媒介的信息存储量极大。即使报纸媒介一再扩版、加厚，即使广播电视全天 24 小时不间断播出，其信息容量仍然是有限的。而网络媒介几乎可以不限量地贮存信息，互联网上的任何一条信息从技术的角度来说都有可能永远地存在。各种文本资料、信息数据库都可以在网络媒介中长期保存，方便网民查阅。如人民网的"资料中心"可以查看到"党和国家领导人活动"、"中国政府白皮书"、"人民日报重要言论库"、"外交部发言人讲话"、"历届人大政协资料汇编"等信息，非常全面。网络媒介可以通过链接、专题等形式把相关报道和评论集纳在一起，构建一个事件的全景图，形成报道的纵深，或是将有相同关键词或相似主题的新闻报道以链接方式进行关联，提供一种全面的解读视角，拓展了信息的广度和深度。互联网中，所有的网民都是传播者，每个人都可以为网络贡献内容，这也极大地丰富了网络的信息量。

（3）全球性和跨文化性。

网络是"全球化"媒介。目前几乎所有的国家和地区都与互联网连接，网络媒介可以彻底突破地域限制，实现真正的全球性和跨文化性。中国网民可以通过互联网方便地读到《纽约时报》、《华盛顿邮报》、《泰晤士报》等世界知名报纸。中国报纸也可以搭上互联网的"列车"，到达更多的受众，提升国际影响力，而且这样做的成本还很低。网络媒介使世界变成了真正的"地球村"，物理上的空间概念被打破了，国家与国家之间的距离被拉近了，不同的文化和价值观有了更多的交流机会。网络媒介使跨文化传播有了更加便捷的渠道,提高了跨文化传播的效率。新闻报道一旦出现在互联网上,面对的就是全球的网民,所以应注意尊重国家主权及民族传统,维护文化多样性。网络媒介提供了展示中国形象的良好平台,能够让世界更好地了解中国。

(4)交互性强。

传统媒介的传播方式通常是单向的,难以做到便捷的双向沟通。网络则可以实现很强的交互性,使网民与媒介之间、网民与网民之间形成灵活高效的互动。网民可以用 E-mail 的方式与媒体编辑或记者进行沟通,新闻媒介也可以通过网络征集新闻线索和受众意见。网络新闻的留言板功能使网民能够对所阅读的新闻进行即时评论,发表自己的看法。BBS、聊天室、博客等为网民沟通、互动提供了多样的渠道。网络便捷的搜索功能也是交互性的体现,网民可以通过设置关键词迅速找到自己感兴趣的新闻,使用定制功能按需定制新闻。在一些热点新闻事件中,我们看到网民在各大网络论坛中各抒己见、热烈讨论,进而迅速形成网络舆论,反映民意,影响社会进程。例如,在每年的全国"两会"期间,网络媒介在沟通和反映民意方面起到了重要的作用。2009 年"两会"期间,人民网、新华网等网站开设了多种多样的互动性栏目。网民可以通过"我有问题问总理"等栏目提出自己最关心的问题和期望。温家宝总理通过中国政府网、新华网等权威媒介与网民进行沟通交流,回答网友的提问。网民可以对代表委员们提出的提案发表自己的看法,人民网还开通了"网络议事厅"、"网民大会堂"等互动栏目,极大地调动了人民参政议政的积极性。

(5)信息表现形式的多媒体性。

网络媒介打破了传统媒介的界限,可借助文字、图片、声音、视频、动画等任何一种或几种组合来进行传播活动。这种多媒体性可以更加真实地反映新闻事件,给受众带来更加直观、深刻的印象。随着宽带技术和流媒体技术的发展,多媒体的新闻报道越来越多。对于某一新闻事件,我们不仅可以看到文字报道,还可以看到相关的图片新闻和视频新闻。

(6)网民成为传播者。

互联网的高自由度和开放性让人们的信息发布不再困难。只要有条件上网,就能发布信息,并通过互联网得到广泛传播。例如,2005 年 11 月 26 日,江西九江发生地震,网民第一时间在网上发布了这则消息。又如,网民"老虎庙"在他的博客上发布了 2004 年 11 月 7 日在北京王府井发生的杀人事件,其发布消息的时间比传统媒介要早。网民集信息接受者和信息传播者的双重角色于一身,丰富了新闻报道的内容,改变了传统新闻的写作模式,深化了"公民新闻"的内涵。近两年,随着微博的流行,网民作为传播者的角色得以进一步地彰显。由于微博可以实现手机媒介与网络媒介的联动发布，所以任何一个带着手机的人，都可能成为即时报道的"记者"。微博时代，每个人都有一个"麦克风"，这种信息发布没有门槛，不受人为的限制，并能通过"滚雪球"的方式形成巨大的传播声势。在一些社会事件中，微博成为越来越令人瞩目的"自媒体"，很多网友通过微博获得最新消息，同时发表自己的看法，形成强大的舆论效应，直接影响了传统媒介，并对事件的解决产生重要的作用。例如，2010年9月10日，江西省抚州市宜黄县凤冈镇发生一起因拆迁引发的自焚事件，三人被烧成重伤。9月16日，自焚者家属钟如九姐妹欲赴京接受媒体采访，在机场被原宜黄县县委书记邱建国等工作人员劝堵，最后躲进厕所。有媒体记者根据钟如九打来的电话和拍摄的手机图片，以"女厕攻防战"为题进行了持续40分钟的微博直播，受到了数百万网民的关注。之后，钟如九用微博播发亲人伤情，以及抢尸、被软禁、手机被没收等内容。在舆论的密集关注下，9月18日，原宜黄县县委书记、县长被立案调查，10月10日，两人被宣布免职。微博引来了无数人对弱者的同情、对强权的抗议，干预了事态的发展。这一事件让我们看到微博所具有的维权力量。然而，从本质上来说，微博所具有的这种力量其实是其开放性使然。当一些传统渠道被封堵或不畅的时候，当普通人、弱势群体无法有效表达话语的时候，微博的革命性意义就清晰地显现出来了。

（7）传播的个性化。

报刊、广播、电视等传统媒介是"一对多"的传播，而网络媒介既可做到"一对多"，也可实现"一对一"的传播。网民可以通过RSS及其他信息定制的方式选择自己感兴趣的新闻，这使得大众传播"窄播化"、个性化，满足了人们多元的信息需求，使信息的获取方式变得更加灵活，解决了"众口难调"的问题，也进一步凸显了受众的主体性。

5. 手机媒介

随着现代通信技术的日新月异，尤其是移动通信技术的飞速发展，手机日益普及，手机也变得越来越智能化，正逐渐由一个通信终端变为一个便携的、互动的娱乐终端和信息终端，并表现出在新闻传播方面的优势和潜力。有学者认为，手机是继报刊、广播、电视、网络之后的第五媒介。

工信部"2010年11月通信业运行状况"显示，截至2010年11月，我国移动电话用户已经超过8.4亿，移动通信收入比上年同期增长近12%。① 手机

---

① 参见工信部网站：http://www.miit.gov.cn/n11293472/n11293832/n11294132/n12858447/13542227.html

最初只是移动通信终端，功能仅限于拨打和接听电话。短信功能出现后，手机可以收发文字信息，彩信又使手机可以同时收发文字、图片、音频、视频等信息。如今，具备 WAP 功能的手机可以实现与互联网的接通，使互联网"一手掌握"。手机报、手机电视等新媒介已经为越来越多的人所使用。2003 年 7 月 30 日，日本朝日新闻社推出手机时尚杂志——*skew*！，创刊号共发行 10 万册，深得"手机一族"的喜爱，标志着手机杂志的诞生。2004 年 7 月 18 日，中国第一家手机报——"中国妇女报彩信版"开通；2005 年 1 月 10 日，杭州报业集团和杭州移动宣布合作推出一张彩信手机报纸。2005 年 1 月 1 日，上海移动与文广传媒联手启动手机电视业务。①

有观点认为，手机媒介"比报纸更灵活，比电视更便捷，比互联网更普及"。具体而言，手机媒介具有以下四个特性：

（1）时效性强。

手机媒介传播新闻非常迅速，受众接收新闻不再受时间和空间的约束。2003 年 2 月 1 日 22 时 32 分，美国哥伦比亚号航天飞机失事 16 分钟后，新浪网就把这则新闻以手机短信的方式发送给订阅手机新闻的用户，开创了国内手机传播新闻的先例。到了当天的 23 时 50 分，央视一套才在节目中插播了哥伦比亚号失事的新闻，比短信晚了一个多小时，而纸质媒介在第二天才刊登出此则新闻。② 突发事件发生时，手机媒介的传播活动往往十分活跃，各种动态消息在人与人之间进行传播，当然其中也包括不少小道消息和不实消息甚至谣言。也正因为其时效性强、影响范围广，所以对于突发事件，政府应通过权威媒介及时公布事件的真实情况，以免引起不必要的猜测和社会恐慌。

（2）便携性好，灵活高效。

手机是一种"带着体温的媒介"，其特点是小巧轻便，与受众的关联性十分密切，黏性极高。无论是在坐着公交车或地铁去上班的途中，还是在车站等车的间隙，人们都可以拿出手机浏览新闻。手机媒介使受众能够充分利用零散的时间来接收信息。手机的便携性使受众能够随时随地获知重要新闻，实现受众与信息的同步。从技术上来说，广播、电视、网络都能对即时发生的新闻进行同步报道，但由于传播方式、渠道和接收终端的限制，受众难以做到随时到场。

（3）传播的个性化。

手机媒介传播新闻可以做到"按需传播"，即按用户需要提供分类的新闻

---

① 郝雨. 新闻学引论. 上海：上海交通大学出版社，2008. 84
② 韩春秒. 手机报新闻传播误区浅析. 中国新闻出版报，2006 – 10 – 20

信息，这就使新闻信息的传播更加个性化。

（4）互动性强。

手机媒介提高了新闻信息与受众之间的互动性。例如，很多手机报都设置了用户参与的内容，用户可以对新闻事件进行评论或参与竞猜。手机媒介实现了大众传播与人际传播、群体传播的结合，用户在看到有价值的新闻之后，可以通过转发、群发等方式发送给更多的人，这提升了新闻的影响力。

2009 年 1 月 7 日，工业和信息化部向中国移动、中国电信和中国联通发放第三代移动通信（3G）牌照，我国的通信科技正式进入 3G 时代。

3G 即英文 3rd Generation 的缩写，代表着第三代移动通信技术。手机自问世至今，经历了第一代模拟制式手机（1G）和第二代 GSM、CDMA 等数字手机（2G）和 3G 三个阶段。3G 是将无线通信与国际互联网等多媒体通信结合起来的新一代移动通信系统，其特点是高速、多媒体、互动。借助于第三代移动通信技术，手机网络数据传输的速度和质量大幅提升，这使得手机在传播多媒体新闻方面有更大作为。

目前我国手机报有彩信版和 WAP 网站两种主流类型，其中，彩信版手机报容量有限，新闻大多以摘要和缩编形式出现，动态视频信息较少。未来的3G 手机报，其信息容量将远远多于彩信模式，其传播速度也将远远高于 WAP网站。用户打开手机就如同看到一份动态报纸，可以自由预览、选择和收藏感兴趣的信息。利用 3G 技术，手机报可以通过视频、动画、音频等多元化的形式，为用户带来丰富多彩的信息体验。

3G 时代的来临使手机媒介具有了网络媒介的许多特征，成为人们随身携带的交互式大众媒介。

二、新闻媒介对新闻报道的影响

媒介是新闻的承载者、展示者和传递者。由于媒介特性不同，出现在各种媒介上的新闻报道也呈现出不同的特点和风格。媒介特性从多个方面影响着新闻报道，主要表现在以下六点：

1. 媒介特性决定着新闻报道的特征

主要以文字为传播符号的报刊媒介虽然在时效性方面没有什么优势，但是擅长于深度报道。文字的力量有时甚至超过了图片和影像。文字具有的思辨性和深刻性使报纸新闻耐人回味，在纵横捭阖的事物当中，人们能够体会历史的风云变幻，感受时代的滚滚大潮。报刊媒介具有形式上的稳定性，能够反复阅读，受众在阅读过程中可以从容地思考，所以在复杂事件的报道上较有优势。而广播和电视媒介因其声音、画面的即逝性，在反映深度内容上有一定的局限性。广播新闻的口语化、通俗化以及对声音符号的灵活运用，让人们在随意的状态之下完成对新闻事件的接收。电视新闻则以其声画兼备的现场感和视觉冲击力带给观众逼真与生动的体验，这种特征使电视新闻形象可感，拥有更广泛的受众群，也更具有话题性，即人们在日常生活中常以电视新闻为谈话的素材。集多种符号于一体的网络新闻充分调动了人们的感官体验，超文本的链接形式既突出了事件的瞬时状态，又展现了事件的历时状态。网络新闻强大的集纳和专题功能形成了点面结合的报道矩阵，不断地扩充人们对新闻事件的认识和解读。

对于同一事件，不同媒介在建构新闻报道时侧重点不完全相同。例如，对于"9·11"事件，电视媒介突出灾难发生的现场景象，各种有视觉冲击力的画面是其报道中使用的主要素材，给受众留下的是震撼、可怕、不可思议的感觉。报纸媒介除了对事件现场进行描述、跟踪事件动态之外，侧重于解释和分析事件的前因后果，从全局的视角分析其社会影响。网络媒介则搜罗大量与恐怖袭击相关的资料和新闻事件，重拳出击，立体化、全方位地反映事件的过程和影响，形成"影像与文字齐飞，新闻共评论一色"的综合报道效果。

2. 媒介的发展提升了新闻报道的速度

从印刷媒介到电子媒介，新闻报道的速度大大提升，时效性不断增强。电子媒介可以实现报道与新闻的同步，即新闻报道的"零时差"，更好地保障了人们的知情权。特别是在网络媒介出现之后，大量的新闻首先发布在互联网上，新闻成了名副其实的"易碎品"。

3. 媒介特性决定了新闻互动的方式

随着受众主体性的增强，新闻媒介的互动性成为人们经常提及的一个问题。互动性强，受众就能体会到较强的参与感，新闻传播活动就会变得更加生动有趣。互动性也将大量的民间观点和意见融入到新闻报道中，丰富了新闻报道的素材和视角，也使得民生新闻有了更可依存的土壤。不同的新闻媒介为受众提供的互动方式有一些是相同的，例如，通过报料热线、电子邮件等方式提供新闻线索等。还有一些互动方式则不尽相同。例如，报纸读者参与到对新闻事件的评论中，优秀的读者评论会出现在报纸版面上。报纸上设立的一些特定栏目，类似"便民热线"、"你问我答"之类，帮助老百姓解决日常生活中碰到的难题；建立上下沟通的桥梁和纽带。广播听众可以打电话到演播室，直接与主持人进行互动，发表自己的看法，或是通过短信平台参与节目互动。电视观众可以亲临某些新闻谈话节目的现场，或是通过网络论坛或短信平台进行互动。网络媒介的互动性最强，网民可以通过发帖、发图的方式进行自主新闻传播，即网民充当新闻传播者，把自己的所见所闻与新闻媒介或其他网民分享。

网民可以通过新闻留言、论坛讨论的方式发表对新闻事件的看法和观点。网民的观点通过新闻编辑的发现、筛选、编辑,出现在特定的频道和栏目中,为解读新闻事件提供了多元化的视角。

4. 媒介特性决定了记者的思维方式

报纸媒介的记者在面对新闻事件时,考虑的主要问题是如何用文字把事件呈现出来,如果事件本身较为复杂、头绪较多,记者则应有非常清晰的逻辑思路。广播媒介的记者更善于捕捉新闻事件现场的各种声音,并注意听众的接收习惯,使听众能准确把握事件的要素。电视媒介的记者会更多地利用形象思维,考虑声画的配合,突出视觉语言。与报纸媒介的记者相比,电视媒介的记者更倾向于关注事件性的新闻,特别是现场感强、富有戏剧冲突的事件。网络媒介的记者(编辑)会熟练使用发散和统合、分析与综合相统一的思维,对某一事件的不同要素进行分解,对同类事件或相似主题的事件进行整合,实现信息的关联和聚合。

5. 媒介特性影响着新闻编辑(排)的方式

报刊等平面媒介在编辑中要突出"强势",即新闻报道安排在什么版面、什么位置,用什么样的线条边框,是否配图片、评论等。版面重点是否突出、稿件的搭配是否合理、排版是否有美感,是评价报刊新闻编辑的主要依据。广播、电视等线性电子媒介的新闻编排是以时间为轴线的,即确定在特定的时间段里应安排什么样的新闻以及不同的新闻报道出现的先后次序。在广播、电视媒介中会考虑适当冗余,以克服声音、画面转瞬即逝的弱点。网络媒介以"超链接"为新闻编辑的主要手段,注重内容的集纳和多媒体信息的综合表现。在报刊新闻编辑中,考虑的是篇幅版面的限制;而广播、电视新闻的编辑则主要考虑时间的限制。与传统媒介相比,网络媒介不受容量的限制,故在新闻编辑方面既能突出重点,又能顾及整体。

6. 媒介的特性产生了不同的新闻报道样式

传统的新闻体裁分类主要有消息、通讯、特写等。这些新闻报道样式主要是针对报刊媒介提出的。诉诸听觉的广播媒介中有一种重要的报道样式——"音响报道",其又可细分为录音报道、现场报道、实况报道和主持人报道等四种类型①。视听兼备的电视媒介的主要新闻样式有字幕新闻、口播新闻、图片新闻、视频新闻、现场报道、连线报道等。网络媒介的"全时性"特征,使"滚动新闻"在互联网中较为常见。另外,网络媒介的超文本特征使网络报道更多采用"层次化写作",网络新闻报道单元、网络新闻专题、多媒体新

---

① 周小普. 广播新闻与音响报道. 北京:中国人民大学出版社,2001.85

闻等形式使用较多。

第四节　新闻媒介的文化意涵

新闻媒介不仅是新闻传播的工具和载体，而且构成了人类的传播文化。新闻媒介在人的社会化过程中扮演着重要的角色，它影响着人们对世界的感知方式，也在潜移默化中影响着人们的价值观和世界观。新闻媒介是"社会现实的定义者与形象构成的主要来源，以及社会认同的主要表征"，"是人们暇余生活中最大的聚合场所，它为绝大多数人们提供共享的文化'环境'"。[①] 人们在与新闻媒介的长期接触和互动中，形成了两者之间的特殊关系。这些都构成了新闻媒介的文化意涵。

一、报纸：传统的、仪式化的、有深度的新闻媒介

报纸是最早出现的大众新闻媒介，历史最为悠久。阅读报纸最初被认为是社会上层人士和贵族才有权享受的活动。随着大众化报纸的出现，报纸成为普通老百姓获取新闻信息的主要工具。报纸主要用文字符号传递信息，文字本身所具有的冷静、理性赋予了报纸媒介相应的气质。

与电子媒介相比，我们暂且称报纸媒介是一种"慢媒介"。报纸媒介可以慢慢阅读、反复阅读、边阅读边思考。而在广播、电视媒介的新闻传播中，因为线性传播的局限，以及声音、画面的多重刺激，我们几乎来不及思考，在匆忙的节奏中就完成了对信息的快速接收。因版面的限制，报纸有着严格的稿件筛选标准。报纸报道的新闻事件从数量上来讲可能不如广播、电视媒介，更加比不上网络媒介，但经过层层把关保留下来的新闻保证了受众能够及时获知那些最重要的新闻。特别是在信息泛滥的今天，这种精选精编或许有着更为积极的作用。一些报纸媒介中的深度报道所产生的社会影响力并不亚于其他媒介，甚至能给人留下更为深刻的印象。多数报刊都有其明确的定位，如《广州日报》提出的"追求最出色的新闻"，《东方早报》提出的"影响力至上"，《新京报》的"负责报道一切"，《新民周刊》的"我们影响主流"，《南方都市报》的"办中国最好的报纸"，《南方日报》的"高度决定影响力"等，这些定位都侧重于强调报纸的"影响力"。

---

① ［英］丹尼斯·麦奎尔. 麦奎尔大众传播理论. 崔保国，李琨译. 北京：清华大学出版社，2006.4

印刷媒介中的世界是理性、严肃而又明确的。尼尔·波兹曼将印刷机统治思想的时期称为阐释年代:"阐释是一种思想的模式,一种学习的方法,一种表达的途径。所有成熟话语所拥有的特征,都被偏爱阐释的印刷术发扬光大:富有逻辑的复杂思维、高度的理性和秩序,对于自我矛盾的憎恶,超常的冷静和客观以及等待受众反应的耐心。"[①]

人们与报纸媒介建立起来的长期互动关系以及报纸对人们生活的渗透,使阅读报纸具有了仪式化的特点。伯纳德·贝雷尔森曾在 1945 年纽约城发生报纸工人罢工时,研究了报纸与受众的关系。他和他的同事发现,当人们不能通过报纸跟踪国内和国际要闻时,就会感到若有所失。报纸是廉价和触手可及的,人们也从报纸上获得在社会交往中令人尊敬的谈资。贝雷尔森发现,人们喜欢报纸,仅仅是因为阅读的愉悦。没有报纸时,他们基本没有转向阅读其他新闻来源,如放在家里的旧杂志。这个可替代的选择可给予人们某些满足,但不能替代许多读者与报纸的关系。贝雷尔森暗示,读者共享着一种对于报纸的"仪式性的和近乎强迫的"依附感。他们每天在特定的时间读报,这成为了饮食及出行一样的日常活动。[②] 虽然贝雷尔森的研究有其特定的时代背景,与今天有着多种灵活选择的信息时代不可同日而语,但报纸在人们生活中的特殊地位仍然不能忽视,它是一种可以信赖的、在每天早晨或傍晚时分陪伴在人们身边的、带着油墨香的、有品位的媒介。

媒介学者西奥多·格拉瑟观察到:当读者失去报纸时,在情报方面,他们是有准备的,但在情感方面,他们却没有准备。他们没有丧失天气、股票市场的信息与建议或来自华盛顿的新闻,但是失去了读报的仪式带来的恬静。[③]

二、广播:通俗的、有亲和力的新闻媒介

广播以声音为符号进行传播,人们看不到文字,也看不到画面,所以广播语言的要求是通俗易懂。广播媒介的伴随性很强,音乐广播、交通广播的快速发展与广播媒介的"兼听"特性有着密切的关系。广播长于传递情感,播音员的语调、语气都能传递出特定的情感,拨动听众的心弦。广播的互动性也较强,热线电话、短信平台是广播媒介与听众互动的主要方式。以上这些特征都

---

① [美]尼尔·波兹曼. 娱乐至死. 章艳译. 桂林:广西师范大学出版社, 2004. 83~84

② [美]迈克尔·舒德森. 新闻社会学. 徐桂权译. 北京:华夏出版社, 2010. 202~203

③ [美]迈克尔·舒德森. 新闻社会学. 徐桂权译. 北京:华夏出版社, 2010. 204

赋予了广播媒介极具亲和力的文化气质。

收听广播节目的费用低廉，只需一台收音机即可。收音机可以随身携带、随时收听。广播媒介在某些特殊群体中有较大的影响力，如老年人群体、学生群体、农民工群体等。很多老年人在锻炼或散步时习惯带着收音机。中学生、大学生因没有太多机会接触其他媒介（近几年网络的大范围普及逐渐改变了这种状况），广播媒介成了不错的选择。收音机是帮助农民工打发无聊时间的伙伴。另外，开车的人通常会收听交通广播，及时了解路况信息及其他一些服务类信息。

广播的亲和力从社区广播的发展中也可见一斑。社区广播是指使用 FM 电波，服务区域半径限制在数百米到数千米之内，听众使用普通 FM 接收机就可以收听的小型电台。① 社区广播密切关注本社区的一切新闻，为本社区的成员提供生活服务信息。社区广播可以成为社区的信息中心，成为社区成员的联系纽带。社区广播在美国、日本等国家已经有了很大发展，美国广播电台中，社区广播电台占大部分。在我国，社区广播还很少。中央人民广播电台天津记者站与天津市塘沽区广电局联手打造的《滨海之声》是我国社区广播的先行者。《滨海之声》是我国第一家跨媒体、跨地域合作经营的都市社区调频广播电台，由于其节目定位独特、运作模式新颖而深得百姓信赖。②

三、电视：形象的、娱乐的、可使人摆脱孤独感的新闻媒介

电视是最为形象化的媒介，一些震撼的新闻画面能给人留下久久挥之不去的深刻印象。电视视听结合的优势相当明显，但其也总被人们评价为是"没有深度的媒介"。电视所反映的大千世界是光怪陆离的，它对光鲜外表的追求、对社会万象的放大、对画面感的强调，使受众不知不觉沉醉其中，甚至被"麻醉"，失去批判的能力。费斯克认为，"它们（电视媒介）来源于生活而高于生活，它们把从社会中提取的原始材料进行深加工，但是也渗透了某种偏爱的世界观的现实意义"③。"这种神话和图像的充满的程度已明显地让我们和传统脱离，我们每个人坐在沙发里面怀抱薯片，可以看上几个小时甚至一天的电视。我们每个人接触到的图像和神话有可能比非工业社会里的人穷尽一生所见的图像还要多……电视讯息会重建社会中心的迷思，忽略、抹平与排除与社会

---

① 李亚红. 广播发展新空间在哪里. 中国记者, 2004（10）

② 常振梁. 广播发展趋势四题. 新闻爱好者, 2004（12）

③ ［美］约翰·费斯克. 解读电视. 郑明椿译. 台北：远流出版事业股份公司, 2001. 16～17

中心迷思不兼容的面相。""电视所用的材料是成人世界的材料，可观众的心理世界却是孩稚的。这样的毫无抵抗性，使得电视的立即、简便与功利，让观众更长远地停留在童稚的心理状态。"①

不可否认，电视媒介给人们的生活带来了极大的乐趣。无数的家庭在吃完晚饭后围坐在电视机前收看电视节目，度过晚间的休闲时光。全家一起看电视的行为增强了家庭成员之间的交流，维系了家庭成员之间的情感。尼尔·波兹曼在《娱乐至死》中认为，电视给那些老弱病残以及在汽车旅馆中饱尝孤独寂寞的人带来了无尽的安慰和快乐，虽然电视削弱了人们的理性话语，但它的情感力量不容忽视。②

而电视媒介中娱乐内容大行其道，不追求深度意义，只满足感官刺激的趋向又让人们心生忧虑。尼尔·波兹曼指出，电视正以一种微妙的方式向严肃话语领域渗透并达到决定性地、不可逆转地改变符号环境的地步，这种转变是"人性中根深蒂固的贪婪和欲望的产物"。其结果是"一切公众话语日渐以娱乐的方式出现，并成为一种文化精神。我们的政治、宗教、新闻、体育、教育和商业都心甘情愿地成为娱乐的附庸，毫无怨言，甚至无声无息，其结果是我们成了一个娱乐至死的物种"③。

四、网络：无中心的、后现代的、全民狂欢的新闻媒介

梅罗维茨认为，印刷媒介有利于形成社会场景之间的隔离，从而促成知识的垄断。数字媒介则倾向于打破隔离、融合社会场景，最终使权威消解。

与传统媒介不同，网络媒介表现出"去中心化"的特点。互联网上的每一个"节点"都是信息发布的主体，特别是 Web2.0 时代的到来使原来的中心意义被大大削弱或完全转向，由高度集中控制向分布集中控制转变，变得更加个体化和多元化。Web2.0 时代广泛使用的 Tag（标签）技术，改变了传统的信息分类方式，每个人都可以为信息自主定义个性化的 Tag，并通过 Tag 快速找到自己所需要的信息。Tag 技术能实现信息智能化的聚合，产生丰富的应用价值。博客、播客、微博、掘客、维客等网络应用打破了传统媒介中由专业媒体垄断新闻传播的局面，新闻的发布、编辑、评论主体都可以由普通网民充当。

① ［美］约翰·费斯克. 解读电视. 郑明椿译. 台北：远流出版事业股份公司，2001. 65~78
② ［美］尼尔·波兹曼. 娱乐至死. 章艳译. 桂林：广西师范大学出版社，2004. 26
③ ［美］尼尔·波兹曼. 娱乐至死. 章艳译. 桂林：广西师范大学出版社，2004. 6

Web2.0 时代，网民不在意发言的是谁，只关注传递出的信息。文化的发展不再只是受少数精英阶层把持的、定向的、有限的过程，分散的网民通过 Web2.0 提供的技术支持，联成一体，主导着文化的发展方向。Web2.0 使得媒介的重心从组织层面转向个人以及个人媒介层面。权威式的文化中心主体意志被淡化，平等自由的主体间的交往成为主流。[①] 网络文化是崇尚个性和表达自由的，新兴的 SNS 网站中大量信息的分享和交流都是建立在平等互动的基础上。

近几年，在一系列社会公共事件中，网民的主体性表现得十分鲜明和突出。对于新闻事件，网民并不是被动地接受，而是通过自主解读赋予事件特定的含义，甚至创造出对单一传媒话语起制衡作用的"网民话语"。例如，"打酱油"、"躲猫猫"、"俯卧撑"、"被就业"等网络流行语的出现，说明网络媒介的开放性和互动性赋予了网民争夺"话语权"的力量。这有利于社会信息传播朝着更加透明化、公正化的方向发展，在一定程度上对社会权力的运行进行了监督。

网络媒介消除了现实社会中身份的差别和地位等级的悬殊，满足了草根阶层自由表达观点和意见的需求。网络交流中的"身体缺场"效应使得传播主体的身份、社会地位显得不再重要，每一个网民都享有平等的权利参与传播。网络媒介中的信息互动表现出"反中心"、"反权威"、"反精英"、"反传统"的颠覆性的特点，这也是后现代文化的主要特征。

网络媒介构建了一种类似"狂欢"的文化。巴赫金的狂欢理论认为，狂欢代表着文化的离心力量，与中心话语的向心力量互相抗衡。狂欢代表的是多元、非中心和众声喧哗，而不是要建立新的一元中心和神话。巴赫金强调，狂欢节的生活打破了等级森严的社会结构以及与之相关的恐惧、敬畏、虔诚和礼节。人们不再是袖手旁观，而是生活在其中，而且是所有的人生活在其中。[②] 2010 年的"犀利哥"事件可以看做是网络狂欢文化的注脚。一个街头流浪的乞丐被网民拍下照片发到天涯论坛，引来无数网友评论，并对其进行"人肉搜索"。传统媒介也因为网络热议而加入了报道的行列。一时间，"犀利哥"被热炒。网络舆论对"犀利哥"（程国荣）最终与家人团聚起到了一定的积极作用，但是，网民以"狂欢"的心态围观甚至"消费"弱者的特点也从此事件中一览无遗。

---

① 高宪春. "去中心化"对网络文化的影响. 网络传播，2010（2）

② ［苏联］巴赫金. 巴赫金全集（第六卷）. 李兆林，夏忠宪译. 石家庄：河北教育出版社，1998.8

第五节 新闻媒介发展的趋势——媒介融合

随着互联网等数字新媒介的迅速发展，传统媒介一统天下的局面正在发生变化，传统媒介受到前所未有的冲击。各种新兴媒介形式，如网络报纸、网络杂志、网络广播、网络电视、手机报、手机电视等层出不穷。数字技术、网络技术、多媒体技术的广泛应用，使得媒介之间的界限正在变得模糊，并且呈现融合的趋势。

从媒介发展史来看，一种新媒介的出现虽然使旧有的媒介受到了影响，但并没有使旧有媒介完全消亡。正如广播的出现并没有消灭报纸，电视的出现也没有使广播和报纸消失于人们的面前。网络媒介的出现曾让很多人对传统媒介尤其是报纸媒介的生存十分担忧。"报业寒冬论"、"报纸消亡论"等观点纷纷出现。在新旧媒介的竞争中，融合成了媒介发展的必然趋势。传统媒介也从媒介融合中找到了持续发展的思路。

一、媒介融合的含义

最早提出媒介融合概念的是马萨诸塞州理工大学的浦尔教授，他认为"媒介融合"是指各种媒介呈现出多功能一体化的趋势，最初人们关于媒介融合的想象更多地集中在将电视、报刊等传统媒介融合在一起。但事实上，随着信息技术的发展，特别是 Web2.0 技术的不断成熟，以博客为代表的新的媒介形态的出现，使得当下的媒介融合正日益超出人们的想象，呈现出诸多的全新特质，并逐渐成为推动媒介化社会形成的核心动力。[1] 美国新闻学会媒介研究中心主任 Andrew Nachison 将"媒介融合"定义为："印刷的、音频的、视频的、互动性数字媒体组织之间的战略的、操作的、文化的联盟。"[2]

其实，媒介融合早在传统媒介中就有所体现。例如，电视媒介吸收报纸媒介的内容，产生了"电视读报节目"；报纸媒介与电视媒介合作，转载电视访谈（谈话）节目的文本内容，等等。这些尝试都体现了媒介融合的理念。而网络媒介本身就是媒介融合的结果，它将传统媒介的各种符号形式融为一体，文字、图片、音频、视频等多媒体内容在同一平台上予以充分展现。互联网的

---

[1] 孟建，赵元珂. 媒介融合：粘聚并造就新型的媒介化社会. 国际新闻界，2006（7）.

[2] 蔡雯. 新闻传播的变化融合了什么？——从美国新闻传播的变化谈起. 中国记者，2005（6）

出现，把媒介融合推向了一个更高的境界。报纸与网络的融合产生了网络报纸，广播与网络的融合产生了网络广播，电视与网络的融合产生了网络电视，手机媒介与报纸、电视的融合产生了手机报、手机电视。媒介融合不是多种媒介内容和形式的简单叠加，正如仅仅将报纸纸质版的内容登载在互联网上，并不是真正的网络报纸。媒介融合产生的是"1＋1＞2"的效果，即媒介融合的出发点应是充分发挥各种媒介形式的优势，扬长避短，体现整合优势。

"媒介融合"就其表现形式而言，主要有两种：其一是在传媒业界跨领域的整合与并购，并藉此组建大型的跨媒介传媒集团，打造核心竞争力，应对激烈的市场竞争；其二则是媒介技术的融合，将新的媒介技术与旧的媒介技术联合起来形成新的传播手段，甚至是全新的媒介形态。①

二、媒介融合出现的必然性

媒介融合是传统媒介应对新媒介挑战的必然选择。传统媒介有一定的局限性，例如，报纸由于其采编方式、发行方式的限制，使报纸的时效性较差，报纸媒介用来传递信息的符号显得单一，不够生动。广播媒介的单一信道传播使信息的表现力不足。电视媒介虽然有较好的受众基础，但其线性传播、转瞬即逝、选择性差的特点又使其无法完全满足观众的要求。这三大传统媒介存在的共同问题是互动性差，这个问题在人们日益重视话语权、渴望自由表达的今天显得尤为突出。新媒介的出现克服了传统媒介的某些不足。传统媒介当然不能故步自封、孤芳自赏，为了更好地满足受众的需要，传统媒介必须积极应对新媒介的挑战，吸取新媒介的传播优势，介入、整合新媒介是必然的选择。传统媒介与新媒介在竞争中形成融合，媒介融合解决了单一媒介传播局限性的问题，有利于实现优势互补，优化新闻传播的效果。

技术的发展为媒介融合提供了物质基础。媒介的演进过程始终伴随着科学技术的革新。数字技术把文字、图片、音频、视频等信息编码成"0"和"1"进行传播，形成了一种可供灵活交换、传输、处理的"共同语言"，不仅提高了信息传播的速度，而且借助互联网之翼，使信息的传播无远弗届。数字技术和网络技术的发展带来了传播方式和媒介形态的革命，使传统的媒介边界变得模糊甚至消解，为媒介的融合提供了可能。

受众日益多样化、个性化的信息需求以及对媒介越来越高的要求也是促进媒介融合的现实原因。随着受众主体意识的不断增强，传统媒介"点对面"、

---

① 孟建，赵元珂. 媒介融合：粘聚并造就新型的媒介化社会. 国际新闻界，2006（7）

"一对多"的新闻传播方式无法适应受众的个性化需要。人们希望新闻具有便携性、可感性、立体化，也希望可以自主订制新闻。人们不仅对发生了什么感兴趣，而且愿意对事件进行一番评论，并与他人交换自己的想法。报纸媒介的读者希望在读到文字报道的同时，也能看到关于新闻事件的视频片段；广播电视的受众希望能够自主控制节目的播出和回放；网民希望能随时随地接收新闻与参与互动。受众的这些需要促进了媒介的融合。

三、媒介融合的具体实践

媒介融合的方式有以下五类：

（1）媒介在形式或内容上借鉴其他媒介。

网络媒介的迅速发展夺走了一部分传统媒介的受众，也在某种程度上改变了人们的阅读习惯。于是，一些传统媒介开始在形式或内容上借用互联网中的某些元素。例如，《南方都市报》在第二版设立"主页"版，虽然与原来的"导读"功能相似，但"主页"这一名字显然源自互联网。《南方都市报》另有一个版面叫做"网眼"，登载的是网络上热议的事件。有的报纸媒介专门开辟一定的版面，刊登网络博客中的精彩内容，如《新京报》的评论版上有一个栏目叫"微博大义"，其内容就是选自网络微博。

（2）传统媒介利用新媒介平台传播内容。

如今，大多数的报纸、广播电台、电视台都在互联网上安了"家"。传统媒介的网站不仅扩大了传统媒介原有内容的传播范围，而且可以充分发挥网络即时性、海量性、互动性、多媒体性的优势，超越旧有媒介，传播更加丰富的内容，并形成与受众的良好互动。同时，通过网站平台，可以改进新闻采编流程，增强受众反馈。例如，通过网络征集新闻线索；将相关策划选题放到网站上供网民讨论，进一步确定报道方向和重点；邀请网民对特定报道、节目内容进行评价，提出意见和建议；开展网络调查，掌握受众的信息需求，等等。另外，手机报、手机电视等传播媒介的出现也属于这一类型。

（3）跨媒介资源整合。

2001年8月，上海文广新闻传媒集团（SMG）成立，由上海人民广播电台、上海东方广播电台、上海电视台、上海东方电视台、东方网股份有限公司、每周广播电视报社六家媒体机构和东上海国际影视文化有限公司、上海广电影视制作有限公司、东方明珠股份有限公司、上海国际会议中心有限公司四家由媒体主要投资或控股的公司机构整合而成。上海文广新闻传媒集团以致力于内容产品开发、生产、播出、发行以及多种娱乐产业运营作为集团的定位，覆盖模拟制式的电视频道、模拟广播频率、报纸、杂志、数字电视等媒介形式。跨媒介资源整合把传统的媒介体系中相互独立的各种媒介有机地组合在一个统一的经营体系中，将传媒所拥有的从事信息传播活动所需要的新闻信息资源、受众资源、品牌资源等进行多次利用和效益互动，有利于形成以规模化生产为基础的现代媒介经营格局，实现资源共享和优势互补，优化资源配置，降低传播成本，充分发挥不同媒介之间的杂交互惠优势和协同效应。①

（4）新的复合式媒介的出现。

数字技术和网络技术的发展使得媒介之间的界限渐渐模糊，那些能够发挥各媒介优势，将各种媒介功能集于一身的新兴媒介，我们很难将其归入四大媒介中的任何一种，暂且称之为"复合式媒介"。它们是媒介融合的产物。例如IPTV（即交互式网络电视）是一种利用宽带有线电视网，集互联网、多媒体、通信等多种技术于一体，向家庭用户提供包括数字电视在内的多种交互式服务的崭新技术，也可以说是一种崭新媒介。用户在家中可以通过计算机或电视机（带网络机顶盒）两种方式享受 IPTV 服务。IPTV 可以实现视频点播、视频广播、网上冲浪等功能。通过 IPTV，用户可以得到高质量（接近 DVD 水平）的数字媒体服务，可以随心所欲地选择视频节目，并实现媒体提供者和媒体消费者的实质性互动。IPTV 采用的播放平台将是新一代家庭数字媒体终端的典型代表，它能根据用户的选择配置多种多媒体服务功能，包括数字电视节目、可视 IP 电话、DVD/VCD 播放、互联网浏览、电子邮件，以及多种在线信息咨询、娱乐、教育及商务功能。

（5）媒介组织结构的融合。

在媒介融合的浪潮中，一些新闻媒体、新闻集团不再将脚步停留在简单的传统媒介上网、报网互动上，而是从媒体内部入手，重组媒介组织结构，优化媒介工作流程，丰富媒介产品，即构建"全媒体"平台。同时，将记者推到"全媒体"报道的工作情境中，用"全媒体思维"指导新闻报道，提供不同的媒介产品供受众选择。这时的媒介组织结构指向"大融合"的目标。例如，美国佛罗里达州坦帕市"媒体综合集团"将旗下的报纸（《坦帕论坛报》Tampa Tribune）、电视台（WFLA－TV）和互联网站（坦帕湾网站 Tampa Bay Online）全部集中在同一个建筑物的专为多媒体作业设计的新闻室中。各种媒介的采访人员互相配合、协调，合作采访新闻，共享新闻，甚至由同一名记者同时采访报纸和电视新闻，以及电子版的实时新闻。美国论坛公司除了拥有著名的《芝加哥论坛报》外，还拥有多家电台、电视台和新闻网站，论坛公司打破了各种不同媒介的界限，组建了多媒体新闻编辑部门，把不同媒介的内容

---

① 殷俊，代静. 跨媒介经营. 成都：四川大学出版社，2006. 19～20

产品的生产拿到一个技术平台上策划、组织和生产，然后再由下属不同的媒介传播。①

【思考与练习】

1. 总结新闻媒介演进的规律。

2. 比较四大新闻媒介的优势和劣势。

3. 选择具体案例，简述新闻媒介对新闻报道的影响。

4. 选择某一重大新闻事件，比较不同新闻媒介对其的报道有何异同。

5. 寻找一个媒介融合的具体案例，对其进行分析，并与你的同学进行讨论。

6. 你认为手机作为新闻传播媒介其前景如何？

【推荐阅读】

1. ［美］罗杰·菲德勒. 媒介形态变化：认识新媒介. 明安香译. 北京：华夏出版社，2000

2. ［加］马歇尔·麦克卢汉. 理解媒介：人的延伸. 何道宽译. 北京：商务印书馆，2000

3. ［美］Bob Edwards. 爱德华·R. 默罗和美国广播电视新闻业的诞生. 周培勤译. 上海：复旦大学出版社，2005

4. 匡文波. 手机媒体——新媒体中的新革命. 北京：华夏出版社，2010

5. 李怀亮. 新媒体：竞合与共赢. 北京：中国传媒大学出版社，2009

6. 王菲. 媒介大融合——数字新媒体时代下的媒介融合论. 广州：南方日报出版社，2007

---

① 王澍蔚. 媒介融合：传媒业发展的必然趋势. 当代传播，2009（2）

第九章

新闻媒介的受众

　　受众是指新闻媒介的传播对象。当你作为受众的一员时，是否想过自己的角色？你是被动的接受者吗？显然不是。那么你在选择媒介信息时，会考虑什么样的因素呢？你为何要使用某一媒介，而暂时舍弃其他媒介？你会按照传播者的意图来解读新闻信息吗？你希望参与到新闻传播过程中去吗？愿意通过哪些途径呢？作为新闻传播的两端，传播者与受众之间应形成怎样的互动关系？通过本章的学习，你将会对这些问题有进一步的认识和理解。

第一节 受众的概念

一、受众的定义

新闻媒介的受众，即新闻媒介的信息接受者或传播对象，也叫阅听人。具体而言，就是报纸的读者、广播的听众、电视的观众，以及使用互联网的网民。对于新闻媒介的所有者及新闻信息的制作者和传播者来说，谁在阅读、收听、收看新闻信息，是他们最为关心的问题，这个"谁"就是受众。受众是新闻媒介信息传递过程的指向和目标。受众从新闻媒介获取信息，并对信息进行评价，继而向新闻信息传播者作出某种形式的反馈。信息到达受众之后，可能会引起受众在认知、态度和行为等层面的变化。新闻媒介传播活动的效果如何，主要是通过受众的反馈来衡量。

"受众"一词来自传播学。人们在讲"受众"时，总会联系到另一个名词，即"大众"。什么是大众？大众是社会学中的一个概念，它是指分布于社会各个阶层和领域的，数量巨大、未组织化的，具有异质性、匿名性、流动性的社会群体。大众传播学理论认为，现代社会随着大规模工业化的进程，社会成员间的联系依靠大众传播工具为纽带，逐渐成为松散、流动的横向结构形式。德弗勒等人认为，"现代社会由大众组成，其意义是'出现了大量隔绝孤立的个人，他们以各种各样的专业方式相互依赖，但缺少中心统一的价值观和目的'。传统联系的削弱、理性的增长以及分工创造了由松散综合起来的个人组成的社会。在这个意义上，'大众'一词的含义更接近于一个聚合体，而不是一个组织严密的社会团体"。[①]"大众被视为现代工业化城镇社会这一新环境的产物，尤其是就其规模大、匿名和无根性等特点而言。大众是一种典型的由分散、匿名的个体所组成的非常庞大的集合体，对那些超出其直接经验范围或直接控制之外的事物感兴趣，并对之关注有加。大众没有任何组织性，也没有稳定的结构、规则和领导者。"[②]法国社会学家古斯塔夫·勒庞曾提出"乌合之众"说，他认为，大众在行为上具有"趋同"倾向，在群体的感染下，个

---

① ［美］梅尔文·德弗勒，桑德拉·鲍尔·洛基奇. 大众传播学诸论. 北京：新华出版社，1990. 178~179

② ［英］丹尼斯·麦奎尔. 受众分析. 刘燕南，李颖，杨振荣译. 北京：中国人民大学出版社，2006. 8~9

体的自主性降低，表现出无个性的特点。从以上观点可以看出，大众常被认为是易受大众媒介影响的群体，在大众媒介面前，他们软弱无力。大众有着大体一致的信息需求和审美趣味，在大众媒介面前，大众的欣赏口味相近，所以极易形成大众流行文化。

与"大众"相比，"受众"是一个中性的概念。按麦奎尔的说法，受众是社会环境和特定媒介供应方式的产物。大众这一概念似乎抓住了受众的某些特征，如人数众多、分布广泛、彼此陌生、具有分散性、处于变动之中，等等。新闻媒介虽然主要面向社会大众，但受众并不等于大众，大众的概念不注重更细致的分类，强调被动性而忽略了主动性，大众概念不足以描述作为媒介信息接受者的受众的特征。受众的媒介使用行为和媒介体验千差万别，受众在面对媒介信息时表现出主体性和主动性，而受众细分是媒介定位的主要依据之一。

二、受众的特点

1. 数量众多

对于新闻媒介来说，受众显然是一个庞大的群体。这一群体数量多少难以准确统计。全国性的、综合性的新闻媒介的受众之多自不待言，地方性的、专业性的新闻媒介的受众同样不计其数。从新闻媒介的发展史来看，传播技术的进步和发展总是让越来越多的人有机会接触媒介并参与其中。印刷术的发明使报纸新闻的传播范围大大扩展，更多的人能够阅读到新闻；报纸的大众化改变了政党报纸受众面狭窄的状况，使新闻成为被大多数人所共享的社会文化产品；而广播、电视、互联网等电子媒介更是超越了地域的界限，除开一些人为的封锁和控制，单纯从技术的角度来说，其受众可以是全球性的。

2. 分散性

受众的分散性体现在两个方面：一是受众所处的地域具有分散性，特别是对于全国性和综合性新闻媒介来说，其面对的是分布在不同地区的受众。不同地区的受众因其生活环境、地方文化、风俗习惯的不同，信息需求和接受习惯会有一定的差异，这将导致传播效果体现出地区性差异。二是新闻媒介的受众广泛分布于各个社会阶层当中。社会转型加速了社会结构的分化，继而导致社会分层的出现并不断地变化。分化带来了社会异质性增加，即阶层、群体、组织的类别增加。社会学者认为，关于现阶段中国社会阶层的划分标准，较为科学的做法是，以职业分类为基础，以组织资源、经济资源和文化资源的占有状况为标准。学者陆学艺将社会分为十大阶层和五大等级。十大社会阶层包括国家与社会管理阶层、经理人员阶层、私营企业主阶层、专业技术人员阶层、办事人员阶层、个体工商户阶层、商业服务业员工阶层、产业工人阶层、农业劳动者阶层和城乡无业、失业、半失业者阶层；五大社会等级包括社会上层（高层领导干部、大企业经理人员、高级专业人员及大私营企业主）、中上层（中低层领导干部、大企业中层管理人员、中小企业经理人员、中级专业技术人员及中等企业主）、中中层（初级专业技术人员、小企业主、办事人员及个体工商户）、中下层（个体劳动者、一般商业服务人员、工人、农民）和底层（生活处于贫困状态并缺乏就业保障的工人、农民和无业、失业、半失业者）。不同社会阶层的受众在现实利益、社会态度、价值观念方面存在巨大的差异，这必然会影响到他们的信息需求及对特定信息内容的反应。新闻媒介作为一种宝贵的资源，各个社会阶层都试图借助新闻媒介来实现他们的利益诉求。面对不同阶层的受众，媒介可以进行市场细分，瞄准目标受众群体，满足特定受众群的信息需求。但从宏观上来看，新闻媒介是一种社会整合工具，应尽力保证每一个阶层都能平等地使用媒介，兼顾不同阶层的利益，而不能"嫌贫爱富"、漠视弱势群体，人为加深阶层之间的利益鸿沟。

3. 匿名性

传播者只能大致勾勒出目标受众的形象，而难以准确获知受众成员的具体身份和个人情况。传播者在实施传播行为时，实际上是对"头脑中"的受众进行传播。正因为受众的匿名性，受众大部分时候处于"隐藏"状态，传播者无法与受众建立起明确的对应关系，难以准确了解受众的需求，这使传播的效果难以预测。

4. 易变性

从新闻接受的角度来看，一方面，受众对某些信息有着某些恒久的兴趣，如对战争、冲突、矛盾、社会变动等。但随着社会文化多元化及价值观的嬗变，受众的兴趣也会经常发生变化。例如，社会生活节奏的加快，使受众对快捷、简短、实用的资讯的需求有所增加；巨大的工作压力使受众希望能看到更多轻松的软新闻；社会经济领域的一系列变动，使不少人开始关注金融投资的新闻；随着"人本主义"社会思潮的逐渐确立，民生新闻成为人们较为青睐的一类新闻。另一方面，面对越来越丰富的媒介形式和媒介内容，受众极易"喜新厌旧"。同一类型或相似的媒介内容的反复出现，会令受众产生厌烦心理，他们倾向于寻找新颖的媒介体验。央视春节联欢晚会所面临的观众流失的困境，就可以说明这个问题。

三、受众的分类

"受众"一词虽然已是约定俗成的概念，但笼统地谈"受众"似乎意义不大。随着媒介类型的不断增多和媒介格局的不断变化，我们有必要对受众进行较为细致的分类。

（1）按照受众规模来分，可以分为大众受众和小众受众。

大众受众数量庞大且分布广泛，成员与成员之间是异质性的，他们有着一般化的信息需求，如对时政、经济、文化、社会新闻的需求。一般电视台的综合频道都是面向大众受众的。小众受众是一些特定的群体，他们有着特殊的信息需求，他们对媒介的期待与自身的身份、职业、文化层次、兴趣爱好密切相关，如一些专业化的电视频道，面向的就是小众受众。还有一些专业的报纸和期刊，其面向的也是从事某种职业或是有着某种兴趣爱好的受众。对于单一的信息接受者来说，他既可以是大众受众中的一员，也可以是小众受众中的一员。也就是说，他既有着与大多数人一致的信息需求和媒介使用行为，也有着个性化的信息需求和媒介使用行为。

（2）按照受众所在区域来分，可以分为本地受众和外地受众，城市受众和农村受众。

本地受众是指地区性新闻媒介所在地的受众，而外地受众则是指除本地受众以外的其他受众。地区性新闻媒介面对的传播对象主要是本地受众，所以在新闻传播中会偏重于本地新闻，并考虑本地受众的接受习惯。城市受众与农村受众在媒介接触方式上存在较大差别，这与两类受众不同的生活环境和信息需求相关。

（3）按照人口统计学的属性来划分，可以从性别、年龄、职业等方面来对受众进行分类。

如男性受众、女性受众，中老年受众、青年受众、少儿受众，农民受众、工人受众、白领受众、大学生受众等。

（4）按照受众接触媒介的频率来分，可以分为稳定受众和不稳定受众。

稳定受众是经常性和习惯性接触某一新闻媒介或某一类媒介内容的受众。他们对媒介或媒介内容有一种依赖感，认知度很高，还会对媒介或内容进行主动评价。不稳定受众是偶尔接触或在偶然的条件下接触某一新闻媒介或某一类内容的受众。例如，在火车站等车的乘客通过车站的电视看到某一频道的节目。稳定受众对于媒介来说显然有重要的意义。清楚地知道稳定受众是什么样的人群，他们有怎样的媒介期待，是媒介经营者制定传播策略的前提。不稳定受众同样有着不可小视的作用。因为偶然的媒介接触行为也会形成受众对媒介的特定认知。某一次偶然的"邂逅"，受众可能会"一见钟情"，也可能会"相见恨晚"，这都会影响受众日后对该媒介的态度，即不稳定受众也可能转化为稳定受众。

（5）按照受众的参与程度来分，可以分为有意受众和无意受众。

有意受众怀着某种期待而选择媒介，他们有意识地参与到传播过程中去，表现为主动地寻找、积极地解读、自主地评价。无意受众参与传播的程度较低，他们对媒介内容抱有一种"无所谓"的态度，接收过程可能也是断断续续、漫不经心的。

第二节　受众的角色

一、媒介产品的消费者

受众面对的是具体的媒介产品，如一份报纸、一本新闻期刊、一档电视（广播）节目。在一般情况下，他们通过支付一定的费用获得媒介产品，他们在阅读、收听、收看媒介内容时，其实是在"消费"媒介产品。把受众看做媒介产品的消费者，主要是从市场角度考察受众选择某种媒介产品的动机和决策的过程。

影响受众对媒介产品的消费行为的因素是多样的，既有受众内在的强烈的需求，也有外界环境作用的社会因素。受众选择消费某一媒介产品，可能是出于对新闻信息的快速、准确、深度的需求，也可能是出于娱乐消遣、放松情绪的需求。从社会因素来看，受众选择消费某一媒介产品，首先是一种社会交往和自我确认的行为，通过接触某一新闻媒介来融入社会交往圈子，实现某种价值强化。其次，受众是否选择某一媒介产品，与该媒介自身的宣传以及媒介包装有关。从大的方面来讲，媒介的社会形象，即媒介的知名度和美誉度，以及媒介的品牌定位会影响受众的选择；从小的方面来讲，媒介对自身特定产品的介绍和推荐会引导受众作出一定的选择。如媒介是否有独家的新闻内容，媒介将会推出什么样的系列报道。如果一份报纸的头版设计得十分吸引人，有可能赢得较多的读者。再次，受众消费媒介产品的行为与某一特定时期的社会舆论也有一定的关系。如大的灾难发生的时候，人们会较多地关注新闻媒介；而当社会结构发生某种变化时，新闻媒介也是人们寻求信息的主要渠道。

把受众的角色定位为"消费者"，可以促使媒介经营者积极地参与媒介的激烈竞争，产生危机意识，并能从受众的需求出发，制作和传播满足受众需求的媒介产品。但是，如果媒介经营者仅仅追求市场占有率，一味地迎合受众的某些低级趣味，则可能使媒介的品质下降，误导社会舆论，容易导致媒介忽略公共服务的使命而拼命追求利润。所以，对于受众的媒介消费行为，我们应该以理性的态度去对待，而不能简单地用市场的指标去评价媒介的表现。

二、新闻传播的参与者

受众虽然是作为新闻传播的对象存在的，但这个群体并不是完全被动地接受媒介的信息，他们也是新闻传播活动的积极参与者。随着受众主体意识的不断增强以及媒介传播理念的不断创新，受众可以通过多种形式参与到新闻传播中去。归纳起来有以下五个方面：一是在接受媒介内容之后通过传统信件、电话、E-mail 等方式来反馈看法、意见和建议；二是为新闻媒介提供新闻线索和素材，即作为消息来源参与；三是提供意见性信息（新闻评论）给新闻媒介，丰富新闻媒介作为"公共领域"的内涵；四是直接参与到媒介的传播活动中去，如参加一些在演播室录制的电视新闻谈话节目；五是作为媒介受众调查的参加者，为媒介制定传播策略提供现实依据。新闻媒介的发展离不开受众的参与，所以对于媒介经营者来说，应充分重视受众的反馈，为受众提供多种反馈途径，并将"受众参与"的意识渗透到整个传播过程中。

三、媒介信息的解读者

从信息的传播过程来看，信息由传播者一端向受众流动，信息的载体是符号，传播者是编码者，而受众是解码者，受众会对接收到的符号进行解读。受众不仅能解读出符号的明示性意义，而且能解读出符号的暗示性意义，有时还会对符号赋予新的意义。受众的解读行为表现出极大的自主性。解读的结果可能与传播者的意图一致，也可能与传播者的意图截然相反。英国著名学者斯图亚特·霍尔曾提出三种解码假设："支配—霸权立场"、"协商立场"、"对抗立场"。他认为，意义不是传送者"传递"的，而是接受者"生产"的。"支配—霸权立场"假设受众的解码立场与传播者的编码立场完全一致，即受众会按照传播者的意图来解读信息，传播者的传播目的能顺利实现。"协商立场"包括相容与对抗两种因素，即受众在解读过程中，既对传播者"赋予"的意义表示一定程度的认可，同时又会自主引申出原编码之外的意义。"对抗立场"是解码者根据自己的认知与经验对信息进行重新诠释，使解读出来的意义与编码者想要传递的意义完全相背。受众的解读行为与特定的情境和语境有关，背后隐含着复杂的个体心理和社会文化因素。如个人的知识、阅历、生活经验，特定社会的文化风俗习惯，一定社会条件下的价值观诉求，特定阶层的社会情绪等。对于同一媒介内容，不同受众在特定的解读过程中会产生不同的意义。例如，一则关于矿难的新闻，有的受众会认为这又是一起灾难，并对遇难矿工感到同情；有的受众可能会进一步看到矿难背后存在的制度缺失和监督缺位。很显然，这两种解读层次是不同的。前者是表层的，而后者是深层的、触及事件本质的。对于传播者来说，应尽可能提供多角度、多层面、多来源的信息，以便于受众进行全面的解读，增强传播效果。另外，受众对媒介信息的解读与日常的媒介接触经验的积累也有着密切的关系。例如，经常阅读深度报道的读者，在解读新闻信息时通常会有较为全面的视角，也倾向于得出相对客观的结论。

第三节　受众的心理

心理是人脑对客观物质世界的主观反映。人的心理包括心理过程和个性心理特征。受众在接触和使用新闻媒介时，会表现出较为复杂的心理过程和心理特征。分析和研究受众的心理，有助于理解受众的行为。

一、受众心理过程

受众接触到媒介信息后，在头脑中对其进行理解、思考，并伴随着一定的情感体验，这一过程即心理过程。按性质来分，心理过程可以分为三个方面：认识过程、情感过程和意志过程。

1. 认识过程

人们对外界事物的认识总要通过感觉、知觉、记忆、思维、想象等心理过程才能完成，这一过程即为认识过程。受众对媒介新闻信息首先形成感性认识，即了解新闻事件的基本要素，对新闻事件的概貌有一定的认知。接着会在头脑中完成对新闻信息的分析、综合、推理、判断，即去粗取精、去伪存真、由此及彼、由表及里的思维过程。受众对信息的接收具有累积性，即过往接触过的信息会储存在受众的记忆中，当他们接触到同类信息或是与过往信息相关或相矛盾的新信息时，就会从记忆库中提取相关信息，与当前信息进行比照，得出某种结论或形成某种认识。例如，当受众看到关于"三聚氰胺"奶粉的报道，可能会联想到"大头娃娃"的报道，同样是劣质奶粉，同样伤害了婴幼儿身体健康，这一类的报道会使不少受众产生对奶粉的不信任感，进而认为当前的食品安全存在极大的漏洞。

2. 情感过程

人们在认识客观事物的过程中，不会漠然视之、无动于衷，总会表现出一定的态度和主观体验，如高兴、舒畅、愉悦、满意或是气愤、厌恶、同情、不满等情绪，这就是情感过程。不同的新闻内容总是带给人们不同的情感体验。

看到贪官落网，受众会觉得解气；看到强权欺人，受众会感到愤怒；看到弱势群体的遭遇，受众会产生同情之感；看到取得成就报道，受众会觉得振奋。例如，2010年11月15日，上海静安区胶州路一幢高层住宅楼发生大火，42人遇难。关于这一事件的报道让受众体会到各种复杂的情感。那些被大火吞噬的生命令人哀伤，火灾当中的真情故事令人感动，相关责任人的失职、渎职行为令人愤怒，而城市高层建筑的安全隐患则引人深思。受众与新闻的"互动"过程伴随着丰富的情感体验，正是在这一过程中，新闻报道产生了一定的传播效果，也使新闻传播具有了审美价值。

3. 意志过程

意志过程是指人们按照自己的意愿，自觉确定目标和制订计划，支配和调节自己的行为，克服困难，力图创新，以达到预期目的的心理活动。意志过程是人们主观能动性的体现。受众怀着某种动机和目的去寻找和选择新闻信息，在众多信息中求取真相，试图向传播者反馈自己的看法和意见，这都属于意志过程。例如，有的受众有着非常明确的媒介接触计划，他们早晨会浏览当天的报纸，白天会通过互联网获取最新的资讯，同时寻找自己需要的信息，而晚间的时候则会主动选择自己感兴趣的电视节目，他们有自己的"媒介清单"，有意识地持续关注某一媒介或某一类媒介内容。"华南虎事件"可以为受众的意志过程提供例证。2007年10月12日，陕西省林业厅宣布陕西发现华南虎，并公布据称为陕西安康市镇坪县城关镇文采村村民周正龙于2007年10月3日拍摄到的华南虎照片。但这一轰动性的消息随即引来广大网友的质疑，他们在网上发帖热烈讨论虎照的真伪，有的从摄影技术的角度，有的从动物习性的角度，他们用理性、严谨、科学求证的态度寻求事实真相，通过多方查证，最终戳穿了谎言。

二、受众心理表现

1. 求真心理

受众接触新闻的首要出发点是获得真相。新闻媒介是环境的监测者，它通过敏锐的触角为公众提供第一手的关于环境变动的信息。在纷繁复杂的社会现实中，受众希望借助新闻媒介了解现实真相，为自己的决策提供参考。求真不仅包括知道究竟发生了什么事情及事情的经过和结果，而且包括了解为什么会发生这些事情。真相的公布满足了受众的知情权，能消除受众的疑惑，避免不必要的猜测。近几年，灾难和危机事件频发。这类事件在发生之初，因其原因不明、影响未知，多方猜测较多，各种小道消息盛行，难辨真伪，再加上一些利益集团的刻意隐瞒，使真相难以轻易获得。在这种情况之下，公众亟须获知真实、准确的信息。2008年3月上旬，安徽阜阳出现了手足口病疫情，数例患儿死亡。但是，当地政府以"怕引起恐慌"为由，刻意隐瞒疫情事实，导致谣言通过手机和网络在百姓中大肆蔓延，"小儿非典"、人感染"禽流感"、"口蹄疫"、"手足口病"等多种版本在民众间流传。死亡人数也从几人变为几十人，越传越多。直至4月中旬，阜阳当地媒体才向社会公布疫情，但公开的信息却称，该病为呼吸道感染疾病，而非传染病。这种"公布"让公众进一步远离了真相。人们很快发现，现实与政府的宣传并不相同。阜阳当地政府对真相的封锁实际上产生了一种"禁果效应"，即当外界压力迫使人们无法自由获得信息时，人们往往会对被遮蔽的信息产生更强烈的知晓欲望。也正是因为人们的求真心理未得到满足，民间出现了众多对阜阳政府的批评意见。

2. 求新心理

"新"有"新鲜"、"新奇"之意。新闻讲求时效性，人们对没有时效性的"旧闻"兴趣不大。一件不同寻常的事件更具有新奇性和新鲜感。正如一句老话所说："狗咬人不是新闻，人咬狗才是新闻。"人们看新闻，总是希望知道更多以往不了解或不清楚的信息，能以最快的速度获知最新的信息。这就要求新闻传播者要深入社会生活，善于挖掘新题材，对于老生常谈的内容也应报道出新意。

3. 求趣心理

随着后工业化社会的到来，人们不仅有获得实用信息的需求，也希望能从新闻信息中找到乐趣。再加上现代人生活节奏快、工作压力大，在休闲时间，人们希望能放松心情、舒缓压力。在这种情况下，硬新闻难免显得单调而枯燥，有趣的、轻松的、有人情味的、故事性强的软新闻能给受众带来一种轻松的体验，使压抑的情绪得到某种程度的宣泄。

4. 参与心理

随着受众主体意识的提高，受众不再满足于作为旁观者游离于新闻传播之外，他们希望能参与到新闻传播中去。受众拥有"传媒接近权"，即指"一般社会成员利用传播媒介阐述主张、发表言论以及开展各种社会和文化活动的权利，同时，这项权利也赋予了传媒应该向受众开放的义务和责任"。[①] 受众希望借助媒介来表达自己的心声，希望通过媒介来分享自己对特定事件的评论，也希望单个的言论能够成为社会舆论的一部分。特别是当新闻报道引起了受众的共鸣时，受众更是迫切希望就新闻事件发表自己的看法，并通过媒介来交流这些看法。以互联网为代表的新媒体技术的发展，扩展了受众对新闻传播的参

---

① 郭庆光. 传播学教程. 北京：中国人民大学出版社，1999. 179

与途径，使受众的参与心理能够得到较好的满足。美国学者 J. A. 巴伦在《对报刊的参与权利》一文中提出"社会参与论"的思想，其主要观点是：①大众传播媒介应是公众的讲坛，而不是少数人的传声筒；②公民及其团体既是信息的接受者，又是信息的传播者；③时代在发展，受众在变化，许多人已不满足于消极地当一名接受者，一种试图积极参与报刊的编写、广播电视节目的制作和演播的自我表现欲望正在增长；④让受众参与传播，正是为了让他们积极接受传播，因为人们对于他们亲身积极参与形成的观点，要比他们被动地从别人那里得到的观点容易接受得多，且不易改变；⑤参与传播也是受众表达权、反论权的具体体现。这种"社会参与"观点为维护受众的表现自由，保障他们参与和使用传播媒介的权利提供了比较系统而合理的支持，因而，它也被称为"民主参与"。①

5. 逆反心理

逆反心理是客观环境与主体需要不相符合时产生的一种心理活动，具有强烈的情绪色彩，即带有强烈的抵触情绪。新闻受众的逆反心理是受众面对媒介内容时，采取与传播者愿望相反的态度或行为的一种倾向。当新闻受众出现这种心理活动时，会对传播者及传播内容表现出不信任、反感甚至厌恶。具体而言，受众的逆反心理体现在如下三个方面：

（1）评价逆反。即受众对传播的事实判断或价值判断，与传播者所持的判断呈相反性趋向。传播者持正面态度的，受众对其持负面态度；传播者极力倡导的内容，受众却持反对态度；传播者大力正面宣传的，受众却不以为然；传播者批评的内容，受众却持赞同态度；传播者作为真实的新闻所进行的传播，受众却当做虚假的新闻加以否定或排斥等。

（2）情感逆反。传播者在传播中所蕴含和表现的情绪或情感，不仅未被受众所接受，反而激起受众的反感。如传播者喜欢的，受众却厌恶；传播者褒扬的，受众却贬斥等。

（3）行为逆反。受众采取的行为与传播者的意图相反。传播者希望受众采取某种行为，受众置之不理；传播者希望受众不要采取的行为，受众反而照做不误。

受众逆反心理带有强烈的感情色彩，即对传播内容和传播者的不满、怀疑、抵触、抗拒、反感、厌恶等。逆反心理使传播者的意图无法实现，削弱了新闻传播的效果。逆反心理还有可能促成思维定势的形成。新闻媒体如果多次导致受众产生逆反心理，就容易使受众产生思维定势，认为该媒体不可信任或

---

① 邵培仁. 传播学（修订版）. 北京：高等教育出版社，2007. 288

不值得关注，影响该媒体以后的新闻传播活动，即受众在不知道媒介内容的情况下就已经出现了排斥情绪。逆反心理产生的原因主要有以下六个方面：

（1）传播信息含糊其词、表意不清。因记者采访态度不认真，或是违背新闻道德而有意隐瞒事实，有的新闻报道未能把新闻事件的基本要素和来龙去脉交代清楚，使受众产生诸多疑问。这种情况下，受众会觉得新闻报道是无效的。

（2）传播信息以偏概全、片面极端。在新闻信息中如果出现了对社会现象或社会群体的武断的简单概括，会令受众觉得媒体不可信任，有失专业性。还有的记者本身持有"刻板成见"，在进行新闻报道时先入为主、主观想象，对某些社会群体的报道不够全面、充分，容易使受众产生逆反心理。如关于农民工群体的报道，曾有一段时间，媒体的报道把农民工塑造成了破坏城市形象、素质低下的一个群体，这种以偏概全、片面极端的做法自然引起了受众的反感。

（3）传播信息虚假失实、混淆视听。有的新闻报道为了哗众取宠、吸引眼球，不惜捏造事实、信口雌黄，有的甚至存在明显的常识漏洞，一看便让人怀疑其真实性，这样的新闻报道严重失真。例如，2001年，有一些国内媒体报道了关于美国医生怀特赴乌克兰操刀换人头的消息，受众接收新闻以后，有人认为新闻事实失实或是不准确，也有人认为新闻观点错误或是不准确，很快就产生与新闻对立的心理活动，出现不能接受的心态。

（4）传播内容呆板、僵硬。有一些媒体在处理常规新闻报道时，不注重鲜活事实的挖掘，报道角度单一，只作程式化的报道，如有些会议报道、成就报道等，"年年会议年年报，年年报道都相似"，使受众"不忍卒读"，难免产生逆反心理。

（5）传播形式陈旧、缺少创新。新闻传播固然要"内容为王"，但传播的形式也会影响受众心理。如果新闻报道的形式总是一成不变，容易使受众产生"审美疲劳"，进而产生逆反心理，排斥媒介内容，再精彩的内容受众也会视而不见。

（6）传播者的传播行为表现与受众期待有较大差距。受众总是对新闻媒介抱有某种期待，一旦这种期待得不到满足，他们对媒介的评价就会大打折扣，媒介在受众心目中的地位也会产生动摇，这会影响到后续的传受互动。媒介的某次表现不佳甚至会使受众产生刻板印象，使受众疏远该媒介。

在新闻活动中，为了消除受众逆反心理带来的负面作用，新闻传播者应恪守新闻真实性的原则，坚持用事实说话，做到不偏不倚，准确地反映事物的规律，并不断提高新闻报道技巧，全面反映社会生活。

第四节　受众观的演变

受众在新闻传播中处于怎样的地位？这个问题的答案决定了新闻传播者如何制定他们的传播策略以及传受双方的互动情况。受众观不是一成不变的，而是随着人们对传播规律认识的不断深化以及社会环境的变迁而发生变化。

一、从"被动的受众"到"主动的受众"

从世界范围来看，受众观经历了如下三个阶段的变化：

1. 被动的受众

19世纪末20世纪初，大众媒介迅猛发展，对社会生活产生了巨大的冲击，成为人们获取外界信息的主要渠道。大众媒介带给人们的是惊喜和震撼，它使人们足不出户就能知晓世界大事，把世界"拉"至眼前。另外，国家、政党、团体、社会活动家、企业广告宣传人员，都在利用媒介说服受众，媒介的无孔不入和无处不在让人们感觉到传播的"力量"。而在第一次世界大战期间，交战各国动员一切力量全面开展的宣传战和心理战，也让人们看到了宣传的威力。在这种背景之下，出现了"子弹论"、"魔弹论"、"皮下注射论"等观点。在早期传播学者看来，受众没有判断力和辨别力，他们是被动的、无知的、无自我意识的、缺乏抵御力的。只要接收到媒介传播的信息，受众就像中弹的"靶子"一样应声而倒。在大众媒介巨大的威力面前，传播者可以把各种各样的思想、知识、情感灌输到受众的头脑中，受众只能"唯命是从"、"照单全收"。这种受众观过分夸大了传播媒介的作用，认为媒介可以毫不费力地影响受众。"这是一种不健全、不完善状况下的传播形态及传播程序所产生的结果，甚至可以说是一种畸形、扭曲状况下的传播形态和传播程序所产生的结果。因为，在这种传播形态下，或者说采用这种传播程序进行新闻传播，接受者完全处在封闭、消极、盲从的被动状态，其要求和意愿不被重视和尊重，传播过程完全由传播者控制和实施。"①

2. 顽固的受众

20世纪40年代，被动受众观和"子弹论"开始遭到质疑。人们通过一系列实证研究证明，受众不是被动、无知的"靶子"。受众在接收到的大量信息

---

① 郑保卫. 新闻理论新编. 北京：中国人民大学出版社，2007.349

中，总是选择他感兴趣、同他的立场一致、与他的信仰吻合、支持他的价值观的信息。结果是，他会有选择性地去认知信息，对与他观念相反的信息、他不需要的信息会加以抵制。拉扎斯菲尔德等人就 1940 年美国总统选举中大众传播的竞争宣传对选举结果的影响进行了实证调查，结果表明，受众的群体背景或社会背景是决定他们对事物的态度和行动的重要因素，这种影响有时甚至超过大众传播的影响。[①]雷蒙德·鲍尔（Lymond Bauer）在 1964 年发表的《顽固的受众》一文中写道："信息不是枪弹，它们也没有射向受众，而是放置在受众爱怎么处理就怎么处理的地方。受众能抵抗宣传，或另作解释，或用于自己的目的。受众是顽固的。"

3. 主动的受众

20 世纪 60 年代，受众在传播过程中的作用进一步得到强调和重视。学者们不仅从传播者的角度研究媒介的效果，而且开始注意到受众对媒介的影响力和控制力。他们认为，受众并不是消极地接受信息，而是积极地寻求信息为自己所用。受众根据自己的需求和喜好接触和使用媒介，对媒介内容的理解也会各有不同，媒介传递的信息并非必然产生预期的效果。传播学者 E. 卡兹等人在 1974 年发表的《个人对大众传播的使用》一文中，提出了"使用与满足"过程的基本模式，这一理论影响很大。1977 年，日本学者竹内郁郎对这一模式进行了补充。"使用与满足"理论把受众看做传播活动中积极主动的参与者。这一理论认为，人们之所以接触媒介，是为了满足他们特定的需求。而这些需求显然千差万别，而且具有复杂性，与一定的社会和个人心理有关。实际的接触行为是否发生，取决于两个条件：其一是媒介接触的可能性，即身边必须要有媒介的存在，而且媒介是易得的，如果不具备这种条件，人们就会转向其他代替性的满足手段；其二是媒介印象，即人们对媒介的评价，认为媒介能否满足自己的需要，这是在以往媒介接触经验的基础上形成的。根据媒介印象，人们选择特定的媒介或内容开始具体的接触行为。接触行为的结果有两种，即需求得到满足或没有得到满足。无论满足与否，这一结果将影响到以后的媒介接触行为，人们会根据满足的结果来修正既有的媒介印象，在不同程度上改变对媒介的期待。

二、从"传者中心论"到"受众本位论"

在我国，同样可以看到媒介受众观的变迁。

---

① 郭庆光. 传播学教程. 北京：中国人民大学出版社，1999. 174

中国的新闻媒介在相当长一段时间里是奉行"传者中心论"的,新闻传播者是绝对的权威和中心,是"发号施令"的人,媒介内容主要是"宣传品",而受众则是宣传、告知的对象。由于过分强调新闻媒介对受众的宣传、教化功能,受众的真正需求被忽略了,即媒介生产什么,就要求受众接受什么。在"传者中心论"的指导下,新闻内容偏重于领导人活动、会议报道、成就报道、典型宣传等,媒体和记者"高高在上",以"俯视"的视角面对受众。在新闻选择方面更看重"宣传价值",而"新闻价值"则被摆到次要的位置,新闻传播变成了政治宣传。这也直接导致了新闻报道的模式化,新闻语言的"公文化"、"抽象化",让老百姓觉得难以接近,与自己的日常生活关系不大。"对受众的真正重视和尊重,那是在党的十四大召开以后,当新闻媒介真正走向市场、参与市场竞争以后,新闻媒介的从业人员才懂得,受众是新闻媒介的'衣食父母',是新闻媒介真正的'上帝'。中国的新闻媒介从这时候开始了从以传者为中心逐步向以受者为中心的过渡。"① 20世纪90年代以后,新闻媒介从业人员越来越意识到,受众不是被动的接受者,也不仅仅是服务对象,他们是接受主体,是决定传播活动是否有效的关键环节。

当新闻媒介被推向市场后,他们不得不重视受众的需求和喜好,依据对受众心理的研究来选择传播的内容和方式,"受众本位论"成为新闻媒介的传播理念。在这一背景下,中国新闻实践发生了一系列的变化。如以"市民生活"为定位的都市报悄然崛起,以"秉持平民视角,关注百姓生活"践行着"受众本位"的传播理念迅速占领了市场,并力争主流媒体的角色。电视新闻节目也开始把视角对准普通人,如央视《东方时空》曾推出的"生活空间"栏目,坚持"讲述老百姓自己的故事",反映普通人的喜怒哀乐,与老百姓进行心灵上的、平等真诚的沟通。民生新闻以"平民视角"、"民生内容"、"民本取向"掀起了一股电视热潮,改变了过往一味的宏大叙事,走进了普通百姓的生活。电视新闻播报方式也一改往日的生硬、刻板的面孔,一种极具亲和力、平等轻松的播报形态——"说新闻"席卷电视荧屏,拉近了电视与观众的距离。

中国学者陈崇山在其专著《受众本位论》中指出:受众本位"是把受众视为新闻传播活动中的主体,一切新闻传播活动应以受众的意志为转移。传媒则应以最大限度地维护受众的根本利益为出发点,以满足受众获取多方面信息的需要为己任,以提高受众的思想素质、政治素质、道德素质和科学文化素质

---

① 李良荣. 新闻学概论(第二版). 上海:复旦大学出版社,2006.210

为目标，全心全意地为受众服务。在这里，传媒不过是为受众服务的忠实仆役"。①

从"传者中心"转变为"受众本位"，是尊重新闻传播规律的体现，是新闻媒介走向市场、积极应对市场竞争的必然选择。离开了受众，传播者的传播行为就没有意义。贴近受众需要，深入受众生活，倾听受众心声，帮助受众排忧解难，不仅使新闻报道内容变得丰富生动，而且促使传播者与受众之间能够形成良好的互动。受众会对媒介表现出更大的信任和依赖，更好地促进新闻传播者新闻业务的提高。同时，以受众为本位，保证受众的知晓权，最大限度地反映民意，为受众提供表达利益诉求的便捷渠道，这也是新闻媒介的功能和职责所在。

三、从"大众"受众到"分众"受众

随着社会的转型，社会阶层出现分化的趋势，不同社会阶层、不同社会群体有着不同的社会地位和利益要求。而时代的发展和变迁也使"多元化"成为社会文化的主要表征。受众媒介素养的不断提高以及受众主体意识的增强，使他们对媒介有着越来越高的期待。过去，在媒介和信息资源匮乏的情况下，人们的信息需求似乎很容易得到满足，一份报纸、一个电视频道，就能"包打天下"，吸引大量的读者或观众。而在媒介选择日益丰富和受众需求逐渐分化的今天，"大众"传播的理念显然有些过时了。不可否认，不同类别、不同群体的受众有着某些共同的信息需求，但是，我们更应看到他们的需求差异，只有将传播同质信息转变为传播异质信息，才能更好地体现"受众本位"。

1990年，托夫勒在其论著《权利的转移》中预测，新闻传播的发展趋势是："面向社会公众的信息传播渠道数量倍增，而新闻传播媒介的服务对象逐步从广泛的整体大众，分化为各具特殊兴趣和利益的群体。"② 托夫勒的预测已经被现实所证明。新闻媒介的传播对象不再是"大众"的受众，而是"分众"的受众。尊重受众的不同兴趣和需求，找准市场定位，制定有针对性的传播策略，是分众传播的基本思路。中国学者熊澄宇认为，"分众传播的概念是指不同的传播主体对不同的对象用不同的方法传递不同的信息。从接受者的角度，是各得其所，各取所需。不同的媒介形态，不同的受众需求，不同的环境和场合决定了分众传播具有最佳的传播效果。从大众传播到分众传播是社会

---

① 陈崇山. 受众本位论. 北京：社会科学文献出版社，2008.114
② 徐耀魁. 西方新闻理论评析. 北京：新华出版社，1998.79

的进步，也是媒体功能发展的必然趋势"①。

在分众传播中，受众的地位得到了前所未有的提升。如果说"大众"受众是模糊的，那么"分众"受众就是清晰的；"大众"受众是"沉默的大多数"，那么"分众"受众就是"活跃的小群体"甚至是"独一无二的个体"。分众传播的指向性、专业性很强，个性化特征明显。在分众传播中，受众已经站到与传播主体对等的位置上，更多地参与到信息的制作和传播过程中。新闻传播者们更加重视受众研究，观察受众的信息接收习惯，分析受众行为。

"分众"的受众观通过一系列的新闻媒介实践表现出来。例如，电视频道的细分化，我国的国家、省、市一级电视台基本上都是多频道播出，每一个频道播放专业化的内容，如新闻频道、体育频道、影视频道、经济频道、少儿频道等，满足受众对特定内容的需求。国外一些电视频道的分工更加细致，专业化程度也较高，如探索频道、国家地理频道、高尔夫频道、足球频道、机场频道等。从报纸媒介来看，既有面向普通大众的市民报，也有面向高端人群的时事类、财经类报纸。网络媒介和手机媒介因其个性化传播的优势，将分众传播演绎得更加透彻。例如，网络新闻能够实现网民的自主订制，从大量的信息类别中选择自己感兴趣的进行接收。网络媒介的传播者还可以根据网民提供的年龄、性别、职业、生活方式、兴趣爱好等信息进行分析，帮助网民制定出个性化的信息单，网民当然也可以根据自己的实际情况，对信息单进行更改，并确定信息传播的方式，如选择哪些新闻或资讯、在什么时间接收、以什么样的途径接收，等等。在传受两方的互动中，大众媒介变成"我的媒介"，个性化新闻"出炉"，这无疑最大限度地满足了网民的需求。

分众传播既适应了受众的多样化需求，又使得受众接触媒介的盲目性减少，受众对媒介信息内容的选择更加精细和专注，也使得受众反馈更加有效、传受互动更为默契。

第五节 主动的受众

新闻受众在新闻传播过程中不是被动的接受者，他们会根据自己的需要决定接触什么样的新闻媒介和内容，对新闻进行自主解读，根据自己的判断确定接收到的新闻信息是否有效或是否有用。新闻受众会用自己的方式鉴别新闻的真伪，评价报道的好坏，并通过各种渠道将自己的意见反馈给新闻传播者。

---

① 熊澄宇. 从大众传播到分众传播. 瞭望新闻周刊, 2004 (2)

不同的受众会对同一信息内容表现出不同的看法和反应，这是因为新闻传播的过程相当复杂，会受到诸多因素的影响，不管是社会结构，还是社会文化，都会在受众身上有所体现，影响受众对信息的注意和理解。德弗勒等人曾经分析了三种受众研究的视角，可以解释受众为何会体现出主动性。

（1）个人差异论。

由于每个人的性格特征、心理素质、知识背景、价值观念都不相同，他们在对待传播内容时的反应也会千差万别，对信息有着不同的接受和理解，进而有不同的态度和行为。

（2）社会分化论。

受众在接触媒介和选择内容时不仅受个人差异的影响，而且还受到他们在社会结构中所处地位的影响。这种社会结构是由性别、年龄、文化程度和经济收入等差异而形成的社会阶层组成的。相同社会阶层中的人会有相近的价值观和认识水平，面对同样信息时一般会有相似的反应。

（3）社会关系论。

大众传播的受众不是孤立的个体，他们不仅属于不同的社会阶层，而且有自己的生活圈子，各种社会关系左右着他们对信息的选择。个人对大众媒介的注意形式和反应方式，反映了他的社会关系网络。人际关系影响着受众对新闻的选择和理解，大众传播的内容在到达受众个人之前经过社会关系网的过滤，影响已经大大地改变了。受众个人受到周围与他有亲密接触的人的影响不亚于大众媒介。

舒德森在他的著作《新闻社会学》中的一段描述为上述观点提供了注脚："报纸的读者可能迅速浏览标题，扫视气象图，查看棒球比赛得分，阅读一位优秀专栏作家的少数段落……他们逐字阅读刚看过的电影的评论以获得心得比较的乐趣；或者他们第一次让人代看孩子一个月，并计划利用空闲看一场演出，因此才去阅读影评。他们可能迅速看完饮食版，找到一个食谱，或剪下一张减价优惠券。他们会在地方新闻版或商业版看到一篇报道或专栏言论与他们的工作或学习有关。许多电视新闻的用途和观众的品位也发生类似的变化。也许有人喜欢看 C－SPAN（有线卫星公共事务网），部分原因可能是朋友和熟人经常在上面出现，但是他或她的配偶却觉得这个节目很无聊，那么，当他或她发现配偶进屋时，他或她就可能把电视关掉。也许有人会一边观看晚间'电视新闻杂志'，一边抱怨它们的浅薄。"①

---

① ［美］迈克尔·舒德森. 新闻社会学. 徐桂权译. 北京：华夏出版社，2010. 199～200

新闻受众的主动性主要体现在以下五个方面：

1. 对新闻的选择性关注

施拉姆有一个关于"自助餐厅"的比喻：受众参与传播，犹如在自助餐厅就餐，每个人都根据自己的口味及食欲来挑选饭菜，而媒介所传播的林林总总的信息就好比是自助餐厅里五花八门的饭菜。受众对到达他们的媒介信息并不是照单全收，而是表现出选择性的特征。美国传播学者约瑟夫·克拉帕在《大众传播的效果》一书中曾对受众的选择心理进行研究。他指出，受众由于受原有的态度倾向、观点和兴趣的影响，对媒介内容表现出选择性注意、选择性理解、选择性记忆的心理和行为特征。选择性注意是指当大众媒介所传达的信息符合受众的认知范围，且能够满足受众的部分需求时，才能引起受众对它的兴趣而加以注意。选择性理解是指具有不同心理特征、文化倾向和社会关系的人们，会以不同的方式解释同一项媒介内容。选择性记忆是指受众往往只记忆那些对自己有利、符合自己兴趣或与自己意见一致的传播内容。受众对新闻信息的选择性关注使得某些信息被重视，而某些信息被忽略。

有人曾对英国读者看报的情形作过如下描述："治理这个国家的人阅读《泰晤士报》；自以为自己正在治理这个国家的人阅读《镜报》；认为这个国家应该由别的国家来治理的人阅读《晨星报》；治理这个国家的那些人的夫人阅读《每日邮报》；拥有这个国家的人阅读《金融时报》；认为这个国家应该和从前一样治理的人阅读《每日快报》；认为这个国家应维持现状的人阅读《每日电讯报》；当国家有困难时，对谁来治理国家都不关心的人阅读《太阳报》。"

麦奎尔在《受众分析》中介绍了受众选择的"实用主义"模型，这一模型提出，影响受众选择的因素既有受众方面的因素，也有媒介方面的因素。

受众方面的因素包括：

（1）社会背景和社会环境。尤其反映在社会阶层、教育程度、宗教信仰、文化、政治、家庭环境、居住地区或地点等方面。

（2）个人特征。有关年龄、性别、在家庭中的地位、学习和工作情况、收入水平以及与生活方式相关的一些信息。

（3）与媒介相关的需求。如对有益于个人的诸如陪伴、娱乐消遣、获取信息等的需求，这些需求是广泛多样的。

（4）个人品位和偏好。即对特定内容类别、类型和特定内容的品位和偏好。

（5）闲暇时间媒介使用的一般习惯，以及在某一时间成为受众的可能性。

（6）意识。有选择的意识，了解所拥有的信息量和信息种类，也会影响受众的形成。

（7）使用的具体环境，因媒介不同而各异，但通常是指使用媒介时的群己状况和场合。例如，使用者是单独一人还是有人陪伴，使用媒介的场合（家里、工作室、旅行中、影院里等）既会影响受众进行选择的过程，也会影响受众经验的特征。

（8）时机，时常影响受众的媒介接触。

媒介方面的因素包括：

（1）媒介系统。受众的偏好和选择受媒介系统构成（媒介数量、到达率、可得的媒介种类）的影响，也受不同媒介渠道特点的影响。

（2）媒介供给结构。它是指某一社会中媒介供应的总体模式，对受众期望会产生长远的影响。

（3）可得的内容选择。在某一时间和地点，向潜在受众提供的各种内容类型和种类。

（4）媒介宣传。包括广告，媒介出于自身利益进行的形象宣传，以及对某些媒介产品的大力营销。

（5）时间安排和呈现方式。特定的时间策略、排期、内容的设置或设计，以及根据争取受众的竞争性策略而安排的媒介讯息。这些都可能影响受众的媒介选择与媒介使用。①

从麦奎尔的分析中可以看出，影响受众对新闻的选择性关注的因素十分复杂，任何一种媒介选择的行为背后，都有着特定的因素在起作用。

2. 对新闻的主动解读

受众并不像"魔弹论"所描述的那样，在收到传播者发送的新闻信息后会"应声而倒"，完全按传播者的意图来接受新闻；而是因文化水平、理解能力、价值取向、个性等的差异，不同的受众对同一则新闻会有不同的解读。受众在解读新闻的同时，也在生产意义。费斯克曾经说过，新闻的意义表现在文本和受众对文本的解读中。"解读者的文化知识和社会经验先在于任何文本，这就决定了任何一种解读都会将主体的预存立场和阅读期待带入其中；不同的主体在不同的社会情境下，对于文本所表述的世界和意义，他们有着自己的想象空间和创造性理解。"②

前面说到受众在面对媒介文本时的三种解码方式，即支配性解码、协商性

① ［英］丹尼斯·麦奎尔. 受众分析. 刘燕南，李颖，杨振荣译. 北京：中国人民大学出版社，2006. 95~98

② 贺建平. 新闻文本的建构与解读——费斯克的新闻观. 郑州大学学报，2004（4）

解码、对抗性解码。英国学者戴维·莫利曾作过一项研究，他把从英国社会各阶层中选出的人分成 29 个组，成员范围包括从商业经理到工团主义者和学徒工。他要求这些人观看某一集英国电视新闻杂志节目《全国各地》（Nationwide）。这集的内容为三个家庭评估了政府年度预算将对他们造成的经济影响。看完后，这些人开始讨论节目，并提出各自对节目的理解。莫利发现，属于上层阶级的商业经理虽然仅仅把节目看做是娱乐，但并不抱怨节目提出的观点，这可以归入"支配性解码"。在另一极端，商店服务员们喜欢这个节目的形式，却反对节目传递的讯息。他们觉得节目对中层管理者寄予了太多同情，却没有解决根本的经济问题。这可以归入"对抗性解码"。归为"协商性解码"的那一类人主要是实习教师和文科学生。①

受众是在一定的语境下接受新闻和理解新闻的。不同的受众或受众群体会根据他们对现实的亲身体验以及已有认知来重新定义"真实"，对新闻进行重新塑造，当然，受众所处的舆论环境也会影响他对新闻的看法。"理解新闻的框架如何，很大程度上取决于接受者的社会地位和世界观，接受者不仅能够而且强烈地倾向于将媒介报道的'事实'，纳入当地的或个人的解释和关系框架中来处理。新闻的受众总是热衷于在与自己对世界的认识一致的前提下，来建构和发展自己对于'真实'事件的认知和评价。"② 由此看来，新闻影响力并不是存在于传播者的想象当中，也不仅由新闻本身的素质决定，受众也是制约新闻影响力的重要组成部分。在评价新闻传播活动时，不能想当然地认为传播者的传播意图一定会被受众所接受，夸大传播者对受众所施加的影响。

3. 对传播内容进行鉴别

随着受众媒介素养的提高，他们在面对媒介信息时表现出了较大的自觉性。对于从媒介中接收到的信息，受众并不会无条件地按传播者的意图得出某种结论，而是会通过分析、判断、比较，并结合一定的背景资料，慎重地得出结论。当然，受众的这种自觉性的表现有较大的个体差异，即有的接受者表现出更强的分析能力和判断能力，对事件真实性及本来面目的探寻表现出更主动的姿态。有的接受者则较为被动。但是，从受众整体来看，有一种趋势不容忽视，那就是受众对信息主动介入的热情越来越高，对信息的鉴别能力也越来越强。2008 年发生的"3·14 事件"就是一个很好的例子。在拉萨"打砸抢烧"

---

① ［美］斯坦利·巴兰，丹尼斯·戴维斯. 大众传播理论：基础、争鸣与未来（第三版）. 曹书乐译. 北京：清华大学出版社，2004. 268～269

② ［英］丹尼斯·麦奎尔. 受众分析. 刘燕南，李颖，杨振荣译. 北京：中国人民大学出版社，2006. 126

事件发生之后，一些西方媒体在报道此事时，不顾事实真相，断章取义、蓄意捏造，挑动事端，发表了许多虚假失实的报道。这些失实报道最早是由网民发现的。《惊！西方媒体竟然这样做西藏事件的新闻！》是较早的一篇对西方媒体报道进行批评的文章，该文章还配有 11 张图片，详细地指明了这些媒体的错误所在，随后这些照片被各媒体广泛转载，网民群情激奋，纷纷谴责这些不负责任的媒体，最终激起中国网民的集体对抗。网民通过对图片的鉴别和判断，发现了问题所在，并主动揭示真相，网民的这种力量令传统媒体显得逊色。一个叫饶谨的年轻人创办了 anti–CNN.com（CNN 为美国有线电视新闻网的英文缩写，anti 为"反对"、"抗议"）网站，网站标题则是"西藏真相：西方媒体污蔑中国报道全记录"，专门搜集西方媒体中对西藏事件作歪曲报道的事实，包括美国的 CNN、福克斯电视台、《华盛顿邮报》，英国的《经济学人》、BBC、《泰晤士报》，德国的 N–TV、RTL 电视台等西方主流媒体。而在 2008 年的"华南虎事件"中，网民对虎照的鉴别和讨论也体现出受众的这种自觉性。

4. 提供反馈意见

受众在接收到信息内容之后，把自己的看法和意见反馈给传播者，也是受众主动性的体现。在反馈环节，受众由"接受者"变成了"传播者"，即由"信宿"变成了"信源"，将对信息的反应（包括对信息内容、形式、价值、传播者行为等的看法）回传给传播者，实现与传播者的对话，并影响后续传播。来自受众的反馈对于传播者意义重大。从受众反馈中，传播者可以获知传播活动的效果，了解受众的需求，进一步调整后续传播，纠正传播者自我评价的偏差，制定更为合理的传播策略和传播方案。受众的反馈对传播者还构成了一种巨大的精神力量，当受众对传播者的传播活动表示肯定或赞赏时，传播者会获得满足感，提高传播热情。当受众指出传播者的不足甚至对其进行批评时，传播者会获得另一种激励，进而改进传播方式，提高传播水平。受众可以通过多种方式向传播者进行意见反馈，传统方式包括信件、电话、座谈会、个别谈话等，现代方式则包括电子邮件、手机短信、网络论坛、即时通信工具等。反馈是受众行使媒介接近权和媒介监督权的主要方式。在分众传播的趋势之下，传播者对受众需求的把握应十分精准，这才能使受众反馈的作用更加凸显。

5. 受众参与新闻的生产、制作和传播

"9·11事件"发生后不到十分钟，网络上就出现了目击者的叙述，人们迫不及待地想通过文字、照片与他人分享自己的所见所闻、对事件的解释和分析，甚至顾不上考虑语句是否通顺。人们成了临时记者、摄影记者或专栏评论家。紧接着，美国主要新闻网站，如 CNN.com、MSNBC.com、ABCNews.com、

CBSNew. com 和 FoxNews. com，其各自的记者也快速地从混乱的信息来源中收集信息，然后手忙脚乱地将它们放到网站上。①

2010 年 8 月 8 日凌晨 3 时 23 分，一个名叫"Kayne"的网友，在新浪微博上发出了一条信息："水灾，停电，几乎一幢楼的人们都围在这烛火旁"，并附有一张照片，照片中十分黑暗，仅有一盏蜡烛的微光。这条来自舟曲的信息一经发出，立即在关注甘肃舟曲泥石流灾难的网友中迅速传播、扩散开来。Kayne 的真名叫王凯，19 岁，泥石流发生时他就在舟曲。之后，Kayne 不断更新微博，告诉外界舟曲的受灾、救援等最新情况。Kayne 的微博成了网友甚至媒体了解灾情的重要信息源。在舟曲的所见、所闻、所思、所感，都是 Kayne 的微博素材：被泥石流冲毁的房屋、舟曲人自救、救援队……他的微博关注度很高，其中一条微博更是获得了 5 404 次转发，1 144 条评论。② 在这个案例中，Kayne 是以传播者、新闻生产者的角色出现的。由于舟曲县较为偏僻，第一时间外界能获得的一手消息较少，甚至网络上也很少能找到，Kayne 即时发布的这些消息显得非常珍贵。在网络媒介中，网民参与新闻生产的情况较为普遍，这当然与网络媒介的易用性、开放性有关，但更为重要的是网民主动参与意识的张扬。网民的力量巨大，即使有些网民并没有直接参与新闻的生产，但他们却用转发、转载、跟帖等方式传播着新闻，扩大了新闻的影响力。

在传统媒体中，受众通过新闻报料等方式为媒体提供新闻线索，媒体根据受众提供的情况进行调查采访，了解真相，完成新闻报道。新闻报道刊（播）出之后，受众对该事件发表看法，媒体挑选、集纳受众的意见进行后续报道。这两种情况下，受众同样参与了新闻的生产。而在电视媒体中，一些受众参与式节目也体现了受众的主动性。央视 1996 年开播的《实话实说》（现已停播）就是一档受众参与式节目。"受众"可以直接参与到与主持人、嘉宾的对话中，亲身介入到对社会政治、经济、文化以及公共事业的讨论中。在节目中，受众的发言占很大比重，是节目的重要组成部分，而一些受众的独到见解、个性化言论更是使节目增色、出彩。也正是因为这一原因，《实话实说》成为当时电视新闻访谈节目的佼佼者。凤凰卫视的知名栏目《一虎一席谈》，采用现场辩论的方式，围绕某一热点话题展开讨论，现场观众可以畅所欲言，表达自己的看法。开放式的论坛风格、观众主体性的彰显也使该节目赢得了较好的口碑。央视经济频道的《今日观察》节目是一档具有鲜明经济特色和独特风格

---

① ［英］斯图亚特·艾伦. 新闻文化. 方洁，陈亦南，牟玉涵，吴娱译. 北京：北京大学出版社，2008. 213 ~ 214

② 发 200 多条微博"90 后"直播舟曲泥石流. 天府早报，2010 - 08 - 10

的高端评论节目。节目中不仅有特约评论员的精彩分析和评论，而且还与网络进行互动，即将网民中一些有代表性的观点在节目中播出。受众对节目内容作出了贡献，参与了节目的传播，体现了其主动性。

第六节　受众与传者的互动关系

新闻传播归根到底是围绕受众而展开的。新闻传播者应始终把受众放在心中，了解受众需求，与受众交流互动，认真对待受众反馈的意见，调整自己的传播行为，使新闻传播为受众所接受、认可，产生积极、正面的社会效应。

1. 互动意识应贯穿新闻传播的始终

在新闻传播中，传播者和受众既相互依存，又相互制约。从新闻媒介的定位，到选题策划、线索征集，再到具体的新闻报道，都应以受众为本位，为受众提供参与的机会。新闻媒介的定位离不开对受众的全面分析，充分了解受众需求，才能实现准确的媒介内容定位和风格定位。在具体的选题策划过程中，也应以受众的需求为出发点，在特定时期受众最关注什么问题、哪些信息是受众迫切希望获知的，这些都是选题的重点。随着受众社会参与意识、自主意识、民主意识的不断增强，他们迫切希望参与到新闻媒介的传播活动当中，表达他们的观点和思想。对于受众反映的新闻线索，媒体应本着负责的态度，认真核实情况，判断其新闻价值。新闻在传播之后，受众的反馈意见如何，有什么样的看法和观点，都值得传播者以开放的心态予以关注。大众传媒应努力为受众建构"公共领域"，为社会各阶层的人提供发表意见的机会和空间，保障人们的话语权。从微观层面上看，互动是拉近传播者与受众距离的良好方式，互动能促进新闻传播的良性循环，使传播效果不断趋向最优化；从宏观层面上看，互动实现了不同利益群体之间的交流和对话，提供了社会民意表达的渠道和社会情绪的"解压阀"，有利于促进社会整合和社会和谐。在网络时代，传者与受众的互动变得更加灵活便捷，传受双方均应充分运用各种工具和途径，使互动成为常态。

以央视经济频道的《第一时间》为例，这一节目体现出较强的互动意识。作为早间的新闻节目，《第一时间》考虑到受众的信息接受习惯，将节目的风格定位为"轻松、温暖、明快、向上"，新闻的选择方面注意实用性、服务性，报道那些与人们生活息息相关或是人们普遍关注的事情。主持人的播报特点也表现出很强的亲和力，如同与受众进行面对面的交流，带给人愉悦和享受。《第一时间》还设置了短信互动话题，选择生活中的一些平凡事，让受众畅所欲言，部分受众的短信内容会由主持人在节目中播出，受众会觉得节目是在说自己身边的事，是为自己服务的。整档节目个性鲜明，富有人情味。

2. 广泛听取受众意见，注重受众调查

受众调查是对受众的媒介接受心理、行为及效果反映等内容的调查。随着媒介市场竞争日益激烈，受众调查和研究也显得格外重要。受众调查的核心在于分析和研究受众心理，把握受众使用媒介的动机、要求，以及接收新闻后的反应和效果。受众调查可分为传播实施前的受众调查和传播实施后的受众调查。前者主要是了解受众在想什么、需要什么、关心什么、喜欢什么，后者则是了解受众对新闻传播的内容和形式是否满意，希望以后作怎样的调整和改进。受众调查可以由媒体自己来完成，也可交由专业的调查机构来实施。传统的受众调查包括个别访谈、开座谈会、电话调查、统一发出受众调查表等。网络媒介的出现为受众调查提供了较为便捷的方式，不少媒体将调查问卷放在网站上，收集受众的意见。

3. 接受受众批评和监督

受众是新闻传播活动的最终检验者。受众的意见为传播者提供了一面"镜子"，可以"照"出传播者有哪些优点和不足。除了政府之外，受众是监督媒介的重要力量，受众享有对新闻媒介的活动进行监督控制的正当权利。新闻媒介应虚心接受受众的批评和监督，不断提高新闻业务水平。很多报纸媒体专门开辟了更正栏目，刊登读者为报纸"挑错"的内容。如《南方周末》的《有错即改》栏目、《南方都市报》的《实事求是》栏目、杭州《都市快报》"读者论坛"版面上《挑刺捉虫》栏目等。《新京报》第二版的《更正与说明》栏目，分事实纠错、文字更正和解释说明三类，每天刊登。报纸更正制度不仅体现了报社实事求是、有错必改的工作态度，而且与受众形成了良好的互动，受众成为媒介的"监督员"，促使采编人员增强责任心，减少或克服差错。美国《纽约时报》在1972年推出《更正》栏目时，"犯错"的记者感到十分难堪。该报老记者理查德·F. 谢泼德在一篇回忆录中说："这种更正方式无疑方便了读者并引起他们的兴趣，但对记者来说却是既羞且恼。我和其他记者一样，不仅恨自己出错，更恨这些错误被张扬在醒目的位置。"虽然记者恨"更正"栏目，但是《纽约时报》不改初衷，坚持每天将报纸前一天的差错收集归拢，在第二版的中间位置开辟宽达4栏的专栏，集中刊出"更正"，每天多达10多条。采编人员只好在工作中"认真，认真，再认真"。"更正"栏目成为《纽约时报》减少差错的手段之一。[①]

---

① 雷彦平. 国内都市报纸更正理念及模式刍议. 青年记者，2008（5）

4. 将满足受众需要和正确引导舆论结合起来

新闻传播应将受众放在主体地位和中心地位，以服务受众为目标和归宿。但有一种错误倾向应该注意，那就是把"满足受众需要"异化成"迎合受众需要"，把"以受众中心"变成"以受众一切兴趣为中心"。在激烈的媒介竞争中，一些媒体为了追逐受众，吸引眼球，提高发行量和收视率，一味迎合受众，认为受众的一切需要都应给予满足，哪怕是低级、庸俗、不健康的趣味。这给新闻媒介的发展带来了负面的影响。作为社会公器，新闻媒介担负着一定的社会责任，必须为受众提供真实的、负责任的信息，正确引导社会舆论，传播先进文化。新闻媒介应是受众的良师益友，要善于用高尚的精神和优秀的作品引导受众，提升受众的品位。如果新闻媒介执迷于经济利益和市场效应，传播恶俗内容，表现媚俗倾向，用"腥、星、性"来取悦受众，而忽视了所应承担的社会功能，那将严重损害媒体的公信力，降低社会的文化品位。所以，媒介应坚持正确的价值取向，远离庸俗炒作，为受众提供积极、健康、有益和全方位的新闻信息。

【思考与练习】

1. 谈谈你对"受众"与"大众"这两个概念的理解。

2. 结合实例，分析受众的角色。

3. 在重大突发事件中，受众的心理有何特点？

4. 观摩央视《新闻调查》的某一期节目，分小组进行讨论，听听大家对该节目的看法，并互相交流。

5. 阐述受众反馈对新闻传播的意义。

6. 你认为媒介与受众之间应建立怎样的关系？

【推荐阅读】

1. ［英］丹尼斯·麦奎尔. 受众分析. 刘燕南，李颖，杨振荣译. 北京：中国人民大学出版社，2006

2. ［美］理查德·布茨. 美国受众成长记. 王瀚东译. 北京：华夏出版社，2007

3. ［英］迪金森等. 受众研究读本. 单波译. 北京：华夏出版社，2006

4. ［英］K. 罗斯等. 媒介与受众：新观点. 北京：北京大学出版社，2006

5. 金惠敏. 积极受众论. 北京：中国社会出版社，2010

第十章
新闻自由与新闻控制

　　所谓新闻自由，是指媒体和公民在新闻传播活动领域所享有的自由权利。新闻自由属于一种民主权利，它是新闻传播活动得以实现的必要保证。享有权利的同时，新闻传播者也受到多方面的社会控制，这其中既包括必须承担的责任和义务，也有一些不正当的干涉力量。新闻界就是在自由和控制这两股力量的博弈中生存，并呈现出不同的发展形态。

　　本章将围绕新闻自由和新闻控制这两个概念展开论述，揭示新闻自由的具体内涵和重要意义，同时分析新闻媒体受到的社会控制。

第一节　新闻自由

一、新闻自由的提出与发展

"新闻自由"这个口号是由资产阶级在反对封建专制的斗争中最先提出来的。正如列宁所说："'新闻自由'这一口号，从中世纪末到 19 世纪，在全世界成了伟大的口号。为什么？因为它反映了资产阶级的进步性，即反映了资产阶级反对僧侣、国王、封建主和地主的斗争。"[1]

关于新闻自由在资本主义世界的发展历程，美国传播学家弗雷德·西伯特作了这样的概述："16 世纪提供了直接的现实基础，17 世纪见到了哲学原理的发展，18 世纪将这些理论付诸实践。"[2]

下文将从历史的纵向角度来分析新闻自由思想产生的历史背景，理论产生与付诸实践的发展过程，这其中包括了资产阶级的新闻自由和马克思主义的无产阶级新闻自由。

1. 新闻自由思想的现实背景——反封建专制

1450 年前后，德国人古登堡发明了金属活字印刷术，印刷出版随之发展起来。当时正值文艺复兴和宗教改革运动遍及欧洲，很多反封建的思想通过印刷出版而大范围地传播开来。"由于印刷机的出现，因而产生了'危险思想'的传播远远超过这种思想创始人的直接影响这一前景，于是问题尖锐了。"[3]技术的进步直接威胁到封建王朝的统治，本能的恐惧使各国封建统治者先后颁布种种法令，将小册子、书籍和新闻书的出版权控制在国王和教皇手里，并建立起严厉的书报审查制度。

1538 年，英王亨利八世正式建立起"皇家出版特许制度"，规定所有出版物均须经过允许才能出版。1586 年英国"星法院"颁布著名的《星法院法令》，以法律形式严厉管制未经皇家批准的印刷品，它成为欧洲各国王朝上百年出版管制条例的范本。该法令的主要内容有：全体印刷商的印刷机必须在"皇家特许出版公司"登记；伦敦市外，除牛津、剑桥大学外，一律禁止印

---

① 列宁全集（第三十二卷）. 北京：人民出版社，1990. 492
② 李良荣. 西方新闻学概论. 上海：复旦大学出版社，2007. 106
③ 联合国教科文组织国际交流委员会. 多种声音，一个世界. 北京：中国对外翻译出版公司，1981. 9

刷；除非教会同意，不再允许新的出版商登记；皇家特许出版公司有权搜查和没收非法的印刷品与秘密印刷机；印刷商的学徒不得超过3人；牛津大学和剑桥大学的印刷商各限有1名学徒。

"几乎同一时期罗马教皇出于禁止反对梵蒂冈的印刷品出版的目的，命令各国大主教对印刷品原稿实行检查，只有经过宗教审查的出版物才能发行。"①

在16、17世纪，法、德、俄等欧洲各国封建王朝都先后实施过类似英国"星法院"颁布的法令。这些严厉的压制措施对刚刚处于萌芽时期的报刊无疑是极大的摧残，使得报刊的发展极其缓慢。在《星法院法令》颁布以后的近百年时间里，传播新闻仍以不定期出版的新闻书为主，宣传宗教改革、传播启蒙思想则以政论小册子为主，秘密印刷，暗中流传。

在整个16世纪，资产阶级为争取出版自由所进行的斗争此起彼伏、慷慨悲壮。这些斗争虽取得了一些具体的成果，迫使封建王朝不得不作些让步，但由于没有系统的理论作指导，不可能从根本上动摇封建专制的新闻制度。资产阶级报刊的先驱者为争取报刊自由呼唤着新闻自由理论。

2. 新闻自由口号的提出——形成系统理论

"在17世纪的欧洲，在为资产阶级革命进行舆论准备的过程中，欧洲早期的思想家们所提出的关于人的理性、人的权利、国家性质和作用等一系列学说，不仅构成了整个西方资产阶级社会政治理论的核心，而且成为资产阶级新闻自由理论的主要思想和基础。"②随着资产阶级的崛起，新闻自由理论也逐渐形成系统。其中，英国政治思想家约翰·弥尔顿以及美国政治思想家约翰·洛克，为传统资产阶级新闻自由理论作出了直接的贡献。

英国诗人、思想家、政治家约翰·弥尔顿（John Milton，1608—1674年）是世界上第一个明确提出"新闻自由"口号的人。他在1644年出版的《论出版自由》（*Areopagitica—A Speech for the Liberty of Unlicensed Printing*）一书中猛烈抨击了出版检查制度，并指出言论出版自由"是一切伟大智慧的乳母"，"是一切自由中最重要的自由"。③这是第一本论述新闻自由的文献，在社会上产生了深远的影响。因此，1644年也常被认为是新闻自由理念开始推广的年份。

弥尔顿主张每个人都有将自己的思想诉诸社会的自由权利。他主张让一切思想、主张都公开地表达出来，真理必定会在思想的自由市场上击败谬误。他

---

① 李瞻. 新闻学. 台北：台湾三民书局，1985. 33

② 李良荣. 西方新闻事业概论. 上海：复旦大学出版社，2007. 106~107

③ ［英］约翰·弥尔顿. 论出版自由. 北京：商务印书馆，1958. 44~45

呼吁："让她（真理）和虚伪交手吧，谁又看见过真理在放胆交手时吃过败仗呢？"因为人是理性的，人的本性决定了人必定会选择真理，自我修正谬误。弥尔顿的思想引发了传统资产阶级新闻自由理论的两大基本原则："意见的自由市场"和"自我修正"。

约翰·洛克（John Locke，1632—1704 年）从自然权利说出发，第一次从理论上论证了资产阶级"天赋人权"的原则，即生命、自由、财产是人人与生俱来的不可剥夺的权利，而天赋人权应该受到法律的保障。为了保障天赋人权，洛克提出了分权学说，即立法与执法分开。他认为，不分权就没有自由。洛克的政治思想学说奠定了西方的社会政治制度，其中包括报刊制度的理论基础。

3. 新闻自由的发展——从理论到实践

从 18 世纪开始，随着资产阶级政权的先后建立以及新闻业的不断发展，西方新闻自由从理论探索转向制度化的实践探索。1694 年，英国议会废除了象征封建专制的特许制；1789 年，法国制定了《人权与公民权利宣言》（简称"人权宣言"）；1776 年，美国制定了《独立宣言》，1791 年通过宪法第一修正案。这一阶段的代表人物有约翰·斯图亚特·密尔和托马斯·杰弗逊。

"在这一历史过程中，西方各主要资本主义国家经历了尖锐的矛盾冲突。这一矛盾冲突不再是资产阶级对封建专制的斗争，而主要是发生在资产阶级内部不同派别、不同利益集团的冲突。其原因就在于，新闻自由原则对任何权威所构成的挑战性、批判性以及某些破坏性，会对刚建立的资产阶级政权构成现实的威胁，资产阶级政权对新闻自由原则有一个重新认识、重新建构的艰难过程。"[①]

（1）西方各主要资本主义国家新闻自由的发展历程。

英国是资产阶级革命的发源地，也是最早提出新闻自由口号的国家。1688 年"光荣革命"后，英国议会完全控制权力，实行议会君主制。1689 年通过《权利法案》，宣布"国王不得干涉人民的言论自由"。1694 年，英国议会废除了象征封建专制的特许制，宣布新闻自由。但 1712 年国会又颁布《印花条例》（对肥皂、丝织品等特定商品征税的法律，其中也包括报纸。报纸用纸的大小多寡决定一定数量的印花税票），对报刊课以重税，使其难以生存。印花税制实行不到半年，英国一半的报刊就被迫停刊。不久，英国政府又开始对广告课以广告税。印花税和广告税给报纸的价格带来很大影响，成为报纸发行的重大障碍。同时，当局还采取一系列规定来限制报纸对议会政治问题的新闻采

---

① 李良荣. 西方新闻事业概论. 上海：复旦大学出版社，2007. 107～108

访和公开报道。按当时英国议会的惯例，除正式会议记录外，不得公开披露议会辩论；不得批评政府，对那些敢于揭露政府弊端的报人以诽谤罪、叛国罪进行制裁。

正如恩格斯所言："诽谤罪、叛国罪和渎神罪，都沉重地压在出版事业上……英国的出版自由一百年来苟延残喘，完全靠当局的恩典。"[1]

由新兴资产阶级支持的报刊强烈要求废除印花税和广告税，允许公开报道议会讨论的事项。1855年，最主要的知识税——印花税被废除，1861年废除了最后一项限制新闻自由的法律——纸张税，英国新闻自由得以实现。

法国被称为资产阶级革命最彻底的国家。其于1789年通过了人权宣言，将新闻自由载入宪法性文件，取消了一切限制新闻自由的封建王朝法规和任何形式的出版许可制，获得了充分的新闻自由。《人权宣言》第十一条规定："自由传达思想和意见乃是人类最宝贵的权利。因此，每个公民都可以自由地从事言论、著述和出版，但在法律规定之下应对滥用此项自由承担责任。"[2]

但那之后的一个世纪里，新闻自由并没有在法国变成现实。不久之后，热月党人专政，对反政府的报纸大开杀戒。拿破仑称帝后，对新闻事业的压制甚至比君主专制还严厉。1800年1月17日颁布的一道法令规定，在巴黎只有13家报刊准许出版，并威胁如果刊登诋毁当局的文章，立即予以取缔。1830年，波旁王朝的查理十世甚至颁布取消一切新闻自由的法令，终于引发人民起义，推翻了波旁王朝。新建立的政府宣布取消一切新闻检查，法国新闻界从此获得相对的独立。1881年7月29日，法国议会通过《新闻自由法》，新闻自由获得了专门法律的保障。

美国新闻自由理念的确立同样在资产阶级内部引发了一场激烈的斗争。独立战争胜利以后，以汉米尔顿为代表的联邦党人与以杰弗逊为代表的民主党人就国家的体制问题展开了一场论战，新闻自由是这场论战的一个要点。最后，美国国会终于在1791年通过了宪法十条修正案（又称"人权法案"），其中第一条（又称"宪法第一修正案"）明确宣布："国会不得制定下列法律：确立宗教或禁止宗教信仰自由；剥夺人民言论或出版自由；剥夺人民和平集会及向政府请愿申冤之权利。"至此，报刊自由得到了美国法律的确认和保护。

（2）新闻自由理论的代表人物及其理论。

在西方各资本主义国家确立新闻自由体制的历史进程中，贡献最大、影响最大的代表人物当推杰弗逊。托马斯·杰弗逊（Thomas Jefferson，1743—1826

[1]　马克思恩格斯全集（第一卷）. 北京：人民出版社，1956. 695
[2]　陈力丹. 新闻理论十讲. 上海：复旦大学出版社，2010. 174～175

年）是美国独立宣言的起草人，曾任第三、四届美国总统（1801—1809年）。他是 17 世纪欧洲思想家们所创立的一般自由主义理论的忠实信奉者和伟大实践者。他不但力争美国宪法第一修正案在国会的通过，而且以总统的权力来确保新闻自由体制的确立。他曾说："如果要我来决定究竟是有政府而没有报纸，还是有报纸而没有政府，我会毫不迟疑选择后者。"[1]他认为，人们只有利用报纸自由地交流思想，才能认识真理，人们的分歧通过自由讨论而自行澄清。只有提供新闻的自由和发表各种言论的自由，人们才能有效地监督政府，政府才能听到人们的意见。而且报纸自由是人们其他一切自由和安全的最大保障。"哪里的报刊是自由的，并且每个人都能阅读它们，那里一切就是安全的。"更加难能可贵的是，在他担任美国总统期间，正是美国新闻史上所称"黑暗年代"的政党报刊时期，联邦党人和民主党人利用各自的报刊相互攻讦、造谣、诽谤、谩骂，甚至大打出手，杰弗逊作为民主党人的代表，成为联邦党人报刊攻击的首要目标。杰弗逊有时痛心疾首，有时甚至被弄得心灰意懒。他曾愤怒地写道："报刊随心所欲和撒谎到放肆的程度，从而使它完全丧失了人们对它的信任。"[2]即便如此，他仍然坚守新闻自由原则，仍为新闻自由而辩护。

新闻自由理论在这一阶段也得到了新的发展。代表人物是约翰·斯图亚特·密尔（John Stuart Mill，1806—1873年，又译"穆勒"），他是 19 世纪英国唯心主义哲学家、逻辑学家和经济学家，资产阶级自由主义的代表人物之一。1859 年出版了《论自由》（On Liberty）一书。在这本书里，他谈到了一个过去被人们忽略的问题，即"多数人的暴虐"。在没有法律限制新闻出版的情况下，出现了一种自然的"意见现象"：在一些问题上，可能多数人持一种观点，少数人持另外一种观点，或者可能会有几种不同的观点。于是就会出现多数人利用自己的多数（这不是行政力量，而是人多势众的"势"）压制少数人发表意见。密尔注意到这种情况，总结了法国大革命时期"多数人暴虐"的教训，提出自己的见解：现在对自由的威胁不是来自于政府，而是社会上多数人不能容忍非传统的见解，以人数上的优势压制和整肃少数人。他认为这是一种比较可怕的现象。"假定全体人类减一执有一种意见，而仅仅一人执有相反的意见，这时，人类要使那一人沉默并不比那一人（假设他有权力的话）要使人类沉默较算为正当。"[3] 他认为，真理是在讨论中发现和完善的，新

---

① 外国新闻事业史参考资料. 北京：中国人民大学出版社，1989. 55

② 李良荣. 西方新闻事业概论. 上海：复旦大学出版社，2007. 109

③ ［英］约翰·斯图亚特·密尔. 论自由. 北京：商务印书馆，1959. 19

闻出版自由为人们提供了讨论和认识真理的机会。"只要哪里存在着凡原则概不得争辩的暗契，只要哪里认为凡有关能够占据人心的最大问题的讨论已告截止，我们就不能希望看到那种曾使某些历史时期特别突出的一般精神活跃的高度水平。并且，只要所谓争论是避开了那些大而重要到足以燃起热情的题目，人们的心灵就永远不会从基础上被搅动起来，而所给予的推动也永不会把即使具有最普通智力的人们提高到思想动物的尊严。"① 基于上述认识，密尔指出："人的错误是能够改正的。借着讨论和经验人能够纠正他的错误。不是单靠经验，还必须有讨论，以指明怎样解释经验。"②

同时，密尔还给自由规定了界限，他提出了思想自由的道德原则：一切意见应当允许其自由发表，但在方式上须有节制，不能越出公平讨论的界限。其中最重要的是：①防止似是而非的论证、对事实或论据的压制、对案情的各项因素举陈错误或者错误地表述反对意见。②防止谩骂、讽刺、人身攻击以及诸如此类的态度，为了真理和正义的利益，限制使用辱骂性的语言比限制使用其他武器重要得多。每个人，不论他自居于辩论的哪一方，只要在其声辩方式中缺乏公正，表现出情绪上的恶意、执迷和不宽容，那就要予以遣责。③每个人，不论他持什么意见，只要他能够冷静地观察、诚实地说出他反对的意见，既不掩藏足以损害他们相信的东西，也不夸大为他们辩护或者想为他们辩护的东西，那就要给予其应得的尊敬。这就是公共讨论的真正道德，是思想自由不可缺少的。在精神奴役的气氛中，可能有伟大的个人思想家，却永远不会有智力活跃的人民。③

"杰弗逊的'自由至上论'和密尔的'真理发现论'痛击了思想专制与言论惩罚，为资本主义制度的建立打下了思想基础。使得新闻自由落实为政治上的管理器，有效地荡涤了政治阴谋和丑陋，遏制了各种腐败与社会罪行。在新闻自由的约束下，没有任何官员可以一意孤行，报业在民主政治中成为政府的公共监督者。"④

经过长达300余年的艰苦探索和斗争，到18世纪末、19世纪初，西方各主要资本主义国家基本上都以法律确认的形式，使新闻自由落实为一种制度，成为资本主义政治制度的一个组成部分，也是根本标志之一，反映了处于上升时期的资产阶级的进步性。争取出版自由、言论自由，这是资产阶级的理论先

① ［英］约翰·斯图亚特·密尔. 论自由. 北京：商务印书馆，1959. 39~40
② ［英］约翰·斯图亚特·密尔. 论自由. 北京：商务印书馆，1959. 23
③ 刘建明. 新闻学概论. 北京：中国传媒大学出版社，2007. 292
④ 刘建明. 新闻学概论. 北京：中国传媒大学出版社，2007. 292

驱们为反对封建专制主义和宗教蒙昧主义而进行的一场斗争，它是资产阶级处于上升时期政治斗争和经济发展的需要在新闻事业上的反映。资产阶级在取得政权以后所推行的自由市场经济，其基本前提是信息的自由流动，是各利益集团意见的自由表达。否则，自由市场经济将无法运转。资产阶级新闻自由理论适应了资产阶级在政治斗争和经济发展上的需要，使其在西方各国逐渐成为主导性理论。同时，这一理论也大大推动了新闻事业的自由发展。从19世纪中叶起，西方各主要国家的新闻事业得以迅猛发展，成为各国最具活力、最有生气的新兴产业。

4. 资产阶级传统新闻自由的弊端与改良——社会责任论的自由观提出

由于阶级和历史的局限性，资产阶级传统新闻自由理论从其一开始就带有片面性和空想成分。绝对的自由理论导致煽情新闻泛滥，谎言也经常见诸报端，甚至有人利用报纸煽动战争，西方新闻界呈现出一片混乱的状态。进入20世纪，这种情况虽然稍有改善，但基本问题依然没有解决。"这个基本问题就是，支配着西方报刊的，不是自由主义报刊理论的设计者们所设想的理性至上，而是利润至上、金钱至上。"[①] 这种利润至上的原则支配着西方新闻界，带来了一系列严重的后果。

（1）资本取代政府控制了报刊，一批大企业尤其是大财团掌握着报刊的生死兴衰。

广告收入是西方报刊主要的经济来源，有些甚至是全部来源。在西方国家，报纸、杂志一般必须有60%以上的版面提供给广告，报刊才能维持下去。[②] 一旦得罪大企业，大企业随时以撤销广告相威胁。因此，在实际操作中，不但广告版面迁就大企业，而且新闻、言论也俯就大企业。在西方各国，除了极少数势力雄厚的大新闻媒介外，没有一家报刊敢得罪大企业。资产阶级传统新闻自由理论设计者的初衷是希望报刊能摆脱政府的控制，让报刊自由地表达人民的意愿，而在利润支配下的报刊，只有大企业的老板们才能自由地表达他们的意愿。

（2）报刊为最大限度地争取受众，不惜降低新闻品位，导致煽情新闻泛滥。

报刊要获得利润，就要争取广告客户，而吸引广告客户的基础是争取尽可能多的受众，提高发行量。为了达到这一目的，西方大多数大众化通俗报纸通过报道煽情新闻——绘声绘色的色情新闻、血淋淋的暴力新闻等——来迎合受

---

① 李良荣. 西方新闻事业概论. 上海：复旦大学出版社，2007. 114
② 李良荣. 西方新闻事业概论. 上海：复旦大学出版社，2007. 114

众的猎奇心理，从而扩大销路。一百多年来，煽情新闻屡禁不止，它是西方大多数报刊刺激销售的必由之路。

（3）自由竞争被垄断竞争取代，垄断扼杀意见自由市场。

20世纪初，西方各主要资本主义国家由自由竞争走向垄断竞争，这一规律在资本主义报刊中明显地反映出来。例如，到20世纪40年代，美国报业中，十大报业垄断集团控制着60%的报纸、80%的发行量；日本报业被三大报业集团所垄断，控制着80%的发行量；英国、法国、德国的报业也分别被三四家报业集团所垄断，小型报纸纷纷倒闭，全国报业总数下降。在美国，1909年全国有2 600家日报，到1946年跌到1 750家，自由竞争被垄断竞争所取代。①

各垄断集团为攫取更大份额的新闻市场，凭借其雄厚实力，纷纷采用最新的技术和设备，从而造成成本支出大幅度上升，由此引起报业创办和维持费用呈几何级数增长。这个态势导致两方面的后果，一是创办新的报刊更加困难，在20世纪40年代的美国，要想成功地创办一家新的大都市报纸的投资估计要500万至1 000万美元，中等城市要花费75万美元到几百万美元。对于西方各国的普通老百姓或一大批小资本家来说，创办新的报纸成了难以实现的梦想。于是，出版自由就成了一句空话——不是政府不允许，而是被资本控制。二是报业的垄断严重威胁了报业的多样化。众所周知，意见自由市场是以报业多样化为基础的，报业多样化一直是资产阶级新闻自由理论与体制所追求的基本目标。报业多样化的动摇意味着意见自由市场的解体。

上述事实显示出，随着经济和社会的发展，资产阶级传统新闻自由理论面临着深刻的危机，"这个危机所揭示的是资本主义社会资本的私人占有和生产社会性的矛盾，在新闻事业中则表现为新闻媒介的拥有者与读者利益、社会利益不可调和的矛盾"②。上述种种不负责任的表现，损害了信息和思想的自由流通，进而危害了以高度发达的市场经济为基础的西方社会的生存和发展，同时也危及新闻媒介自身的生存和发展。社会各界难以容忍新闻媒介的为所欲为，对媒介的过度自由提出了强烈谴责，要求新闻媒介公正地传播多种意见，有效地保护公民的合法权益。

社会责任论就是在这种背景下提出来的。1942年，时代出版公司的创办人亨利·卢斯提议"对报刊自由的现状和前景进行一项调查分析"，并由该公司出资20万美元给予经济资助。一年以后，组成了以芝加哥大学校长罗伯

---

① 李良荣. 西方新闻事业概论. 上海：复旦大学出版社，2007. 115～116
② 李良荣. 西方新闻事业概论. 上海：复旦大学出版社，2007. 114～116

特·哈钦斯为主席，包括其他 12 位委员（其中有法学教授、经济学教授、哲学教授、助理国务卿、政治学教授、宗教伦理教授、人类学教授、历史学教授、联邦储备银行主席）的"新闻自由委员会"（又称"哈钦斯委员会"），承担起对报刊自由的现状和前景进行调查分析的任务。

1947 年，"新闻自由委员会"出版了小册子《一个自由而负责的新闻界》，开篇提出"新闻自由是危险的"，这个危险不是来自外界对新闻媒介自由的干预，而是来自新闻媒介对新闻自由的滥用。这是因为，"首先，作为一种大众传播工具，新闻界的发展对于人民的重要性大大提高了。同时，作为一种大众传播工具，新闻界的发展大大降低了能通过新闻界表达其意见和观点的人的比例。其次，能把新闻机构作为大众传播工具使用的少数人，未能提供满足社会需要的服务。最后，那些新闻机构的指导者不时地从事受到社会谴责的种种活动。"①

社会责任论者提出"新闻自由是危险的"，其初衷并非要否认新闻自由，而是要保护新闻自由，只不过他们认为，倡导传统新闻自由理论的先哲们对新闻自由的理解有所偏颇，有些理解要作出新的解释：①新闻界应当享有新闻自由，反对极权势力和金融寡头对新闻界的控制；传统新闻自由的立足点在于约束政府行为，社会责任论立足点是约束媒介自身的行为。②人类的思想和行为并非完全合于理性，新闻界的自由放任主义是有害的，主张积极的自由，即"有做……的自由"，使人民能利用媒介发表自己的意见。③"完全的自由和绝对的自由是没有的"、"没有限制的自由只是一种幻想"，新闻自由以不损害公众的自由为界限，新闻界必须承担社会责任，新闻自由以社会责任为规范，报道新闻要正确而有意义。④政府不仅仅允许自由，还必须积极地推动自由，对新闻界滥用自由加以干涉，维持社会秩序和个人安全，对正当的自由加以保护和支持。⑤公众的自由高于新闻媒介的自由。公众拥有获得新闻的权利，即"知的权利"或称"被告知的权利"。保护媒介的自由仅仅是为了保护媒介消费者的利益；如果不能满足公众对新闻的需求，那就不应该再对新闻媒介提供足够的保护。

可以说，新闻自由委员会的上述理论主张，有其深刻的哲学、政治学、社会学等方面新的学科背景。"现代思想革命已几乎摧残了支撑传统新闻自由理论的世界观，决定 20 世纪世界观出现的是达尔文——爱因斯坦革命，它引起

---

① ［美］新闻自由委员会. 一个自由而负责的新闻界. 展江，王征，王涛译. 北京：中国人民大学出版社，2004. 1

了社会知识界的思想的深刻革命。"① 正是在这样新的知识革命和思想革命的推动下，社会责任论倡导者对新闻自由理论的基本概念作了全面的考察后，作出了上述新的解释。

社会责任论并没有抛弃传统的新闻自由理论，它的基础仍然是传统新闻自由理论，只不过对其作了某些修正和修补，或者说，社会责任论是嫁接在传统新闻自由理论树权上的新枝而已。"毫无疑问，社会责任论是维护西方资本主义的社会政治制度的，它从现实出发，在理论上修正了传统新闻自由理论的许多缺陷，比较好地协调了公众、新闻媒介和政府三者的关系。它一方面提出公众具有'知的权利'，另一方面又一再宣称要保障新闻自由；它一方面揭露和批评了新闻媒介滥用新闻自由的种种弊病，同时却又一再保护新闻媒介的私有制；它一方面要求政府出面约束新闻自由的种种行为，另一方面又一再提醒政府对这种约束要有限制，并保证新闻媒介对政府的舆论监督。这样，社会责任论兼顾了各方的利益，缓和了三方面的矛盾。"②

社会责任论在 20 世纪 40 年代中期问世，20 世纪 50 年代被西方大多数国家所接受。各国的新闻媒介先后都依据社会责任论建构新闻道德自律，以及行业协会进行自我监督和相互监督，英、美等国甚至建立了新闻评议会，处理公众对新闻媒介的投诉和新闻媒介违反职业道德的问题；由于自律以及来自各方面的压力，新闻媒介的煽情新闻在一定程度上得到抑制；在某种程度上，社会责任论影响了司法机构的判案标准，在肯定新闻自由的同时，司法机关注意保护公民的权利，例如隐私权、知的权利（公民的新闻自由权）；社会责任论还影响了议会、政府对新闻媒介的态度，促使其制定了反垄断法等法律。这说明，社会责任论在一定程度上适应了西方社会的变迁，满足了西方国家的现实需要。

虽然西方新闻界有一定的改观，但社会责任论由于其内在的致命矛盾，还是难以彻底付诸实践。在《报刊的四种理论》一书中，作者就指出："社会责任论现在主要还是一种理论，记住这一点是重要的。"③《报刊的四种理论》从出版到现在，过去了 50 多年，社会责任论还是写在纸面上的东西，情况并无根本改观。

这主要是因为社会责任论不能从根本上解决报刊的私有制中的私有性和新闻媒介本身的社会性之间的不可调和的矛盾。传统新闻自由理论之所以面临困

① ［美］威尔伯·施拉姆等. 报刊的四种理论. 北京：新华出版社，1980
② 李良荣. 西方新闻事业概论. 上海：复旦大学出版社，2007. 124
③ 李良荣. 西方新闻事业概论. 上海：复旦大学出版社，2007. 125

境，就是因为报刊的私有性导致新闻媒介无限制地追求利润，以利润原则为报刊一切行为的出发点和归宿点，从而危及新闻媒介社会功能的发挥。但社会责任论者不但未能正视这一矛盾，相反，却一再表明要维护新闻媒介的私人占有。那么，西方新闻媒介本身的基本矛盾就会永远存在着。

同时，为了解决媒介以利润为导向所引发的一系列矛盾，社会责任论者提出的解决办法在理论上自相矛盾，根本无法付诸实践。例如，它一方面向人的道德、良心、理性发出呼吁，把克服现实矛盾的方案和建议寄托在人的道德良知和人的理性觉醒上；另一方面又以大量事实对传统的新闻自由所赖以立论的抽象的人性论和理性观提出怀疑和指责。一方面向政府发出呼吁，要求政府有限制地管束新闻媒介；另一方面又竭力保护新闻自由的基本原则，这个基本原则又恰恰包含着不受政府的干涉以及对政府的批评监督权。社会责任论者企图以道德良知来抑制资本家追求利润的欲望，这无异于缘木求鱼。既要防范政府对新闻媒介的干涉，又来呼吁政府管束新闻媒介，这种自相矛盾的理论在现实中也无法践行。

所以，社会责任论的提出，只能在一定程度上缓和西方新闻媒介和公众、政府的矛盾，但并不能从根本上消除新闻媒介和社会大众的对立。就以宣扬暴力的电视剧为例，几十年来，社会各界以及广大受众对电视中的暴力情节及镜头提出了严厉的批评，但暴力片却愈演愈烈。1996 年 3 月，日本最大的民间电视台之一的东京电视台（TBS）在日本奥姆真理教事件上的丑闻被揭露，震撼日本新闻界。1989 年 10 月，日本的一名律师坂本揭露奥姆真理教的欺骗性，东京电视台以《奥姆真理教受害者之会》为题拟播出坂本律师的谈话。但此事被奥姆真理教的头目麻原彰晃获知，指派手下人与东京电视台作了一笔交易：让东京电视台独家采访麻原去德国的访问活动。东京电视台立刻取消坂本谈话的播放计划，而坂本律师却遭麻原手下人暗杀。此事直到 1996 年 3 月才被揭露，日本电视界将 3 月 26 日定为整个电视界的耻辱日。但日本许多学者指出，这个事件不是偶然的、孤立的事件。各家电视台将收视率视为首要课题，靠事件和桃色新闻吸引受众，有的甚至不惜制造假新闻。东京地铁沙林事件发生后，各电视台为了竞争收视率，在奥姆教问题上大做文章，频频让奥姆教人员在电视上露面，不加批判地播放麻原的主张，甚至不惜采用花里胡哨的标题和猎奇的图像、音响，以致整个新闻界不得不呼吁重建电视伦理。这些事件都说明，社会责任论并不能从根本上改变新闻媒介不负责任的状况。①

---

① 李良荣. 西方新闻事业概论. 上海：复旦大学出版社，2007. 126

5. 无产阶级的新闻自由观

就中国社会的主流价值而言，我们以马克思主义的新闻自由观作为指导思想与行为准则。其具体内容有：

（1）肯定新闻自由的重要性。

马克思说过，没有新闻出版自由，其他一切自由就会成为泡影。马克思在猛烈抨击普鲁士专制政权剥夺公民思想与写作自由的斗争时写道："你们赞美大自然悦人心目的千变万化和无穷无尽的丰富宝藏，你们并不要求玫瑰花和紫罗兰散发出同样的芳香，但你们为什么却要求世界上最丰富的东西——精神只能有一种存在方式呢？我是一个幽默家，可是法律却命令我用严肃的笔调。我是一个激情的人，可是法律却指定我用谦逊的风格。没有色彩就是这种自由唯一许可的色彩。每一滴露水在太阳的照耀下都闪耀着无穷无尽的色彩。但是精神的太阳，无论它照耀着多少个个体，无论它照耀着什么事物，却只准产生一种色彩，就是官方的色彩！"①

中国共产党第一个中央机关刊物《向导》周报的创刊人蔡和森和高君宇在发刊词（1922 年 9 月 13 日）中谈到了其对新闻自由的认识："十余年来的中国，产业也开始发达了，人口也开始集中到都市了，因此，至少在沿海沿铁路交通便利的市民，若工人，若学生，若新闻记者，若著作家，若工商家，若政党，对于言论、集会、结社、出版、宗教信仰，这几项自由，已经是生活必需品，不再是奢侈品了。"②"在共和国的名义之下，国家若不给人民这几项自由，依政治进化的自然规律，人民必须以革命的手段取得之，因为这几项自由是我们的生活必需品，不是可有可无的奢侈品。可是现在的状况，我们的自由，不但在事实上为军阀剥夺净尽，而且在法律上为袁世凯私造的治安警察条例所束缚，所以我们一般国民尤其是全国市民，对于这几项生活必需品的自由，断然要有誓死必争的决心。'不自由，毋宁死'这句话，只有感觉到这几项自由的确是生活必需品才有意义。"③ 这是中国共产党人最早对言论、新闻自由的科学论证。

1943 年，毛泽东在批判国民党、要求人权时说，"诚意实行真正民主宪政，废除'一个党、一个主义、一个领袖'的法西斯独裁政治"，"开放言论、集会、结社自由，废止国民党一党专政"。④ 1945 年，毛泽东在党的七大政治

---

① 马克思恩格斯全集（第一卷）. 北京：人民出版社，1956. 7
② 陈力丹. 新闻理论十讲. 上海：复旦大学出版社，2010. 182
③ 陈力丹. 新闻理论十讲. 上海：复旦大学出版社，2010. 183
④ 毛泽东选集（第二版·第三卷）. 北京：人民出版社，1991. 921

报告中说:"人民的言论、出版、集会、结社、思想、信仰和身体这几项自由,是最重要的自由。"①

(2)辩证地对待资产阶级新闻自由。

1920年,列宁提出:"'出版自由'这个口号从中世纪末直到19世纪成了全世界一个伟大的口号。为什么呢?因为它反映了资产阶级的进步性,即反映了资产阶级反对僧侣、国王、封建主和地主的斗争。"② 列宁的这个观点充分肯定了资产阶级新闻自由的进步性。1957年,毛泽东对新闻出版界代表说:"资产阶级所说的新闻自由是骗人的,完全客观的报道是没有的。"③ 毛泽东的言论则从事物的另一面看到了资产阶级新闻自由的局限性。

(3)主张用阶级分析的方法考察新闻自由。

与其他阶级的政治家一样,马克思主义思想家都很看重新闻自由在一切自由中的重要地位,但同一般的资产阶级政治家不同的是,他们主张用阶级分析的方法考察新闻自由。马克思指出,自由确实是人们固有的东西,连自由的反对者在反对实现自由的同时也实现着自由。他们曾把当做人类天性的装饰品而否定了的东西攫取过来,作为自己最珍贵的装饰品。马克思还指出,没有一个人反对自由,如果有的话,最多也只是反对别人的自由。可见,各种自由向来就是存在的,不过有时表现为特权,有时表现为普遍权利而已。

十月革命爆发前夕,列宁于1917年9月28日在《真理报》(当时改名为《工人之路报》)上发表了一篇文章《怎样保证立宪会议的成功(关于出版自由)》(约3 000字),提出了社会主义胜利后共产党人关于实现社会主义新闻出版自由的设想:前提是没收大资产阶级的纸张和印刷厂;分配上首先给予国家,其次给予在两个首都获得10万~20万选票的大党;再次,给予有一定人数的公民团体。④ 十月革命胜利后到1918年年底,大约一年半的时间,苏俄三个执政的社会主义政党——布尔什维克、孟什维克、社会革命党的报刊,都实现了自由出版。

毛泽东用"舆论一律"和"舆论不一律"来概括社会主义社会的新闻出版自由,他把只许反动分子规规矩矩、不许他们乱说的这种政策叫做"舆论一律",并且指出,这种"一律"不仅指舆论,它还包括法律。在人民内部实行"舆论不一律"的方针,即人民群众应该享有充分的出版自由权利。所谓

① 毛泽东选集(第二版·第三卷).北京:人民出版社,1991.1070
② 列宁全集(第二版·第四十二卷).北京:人民出版社,1985.85
③ 毛泽东新闻工作文选.北京:新华出版社,1983.191
④ 列宁全集(第二版·第三十三卷).北京:人民出版社,1985.157

"不一律"，就是批评的自由，发表各种不同意见的自由，就是允许先进的人们和落后的人们自由地利用属于人们的报纸、刊物、讲坛等去竞赛，以期由先进的人们以民主的方式去说服和教育落后的人们，克服落后的思想和不正确的观点。1949 年，毛泽东发表《论人民民主专政》，提出不能给国民党反动派以自由，只能在人民内部讲自由："向着帝国主义的走狗即地主阶级和官僚资产阶级以及代表这些阶级的国民党反动派及其帮凶们实行专政，实行独裁，压迫这些人，只许他们规规矩矩，不许他们乱说乱动。如果乱说乱动，立即取缔，予以制裁。对于人民内部，则实行民主制度，人民有言论、集会、结社等自由权。"①

（4）认为新闻自由是一个政治范畴。

同时，马克思主义者还认为新闻自由是一个政治范畴。在一定的历史时期和斗争阶段，各个阶级都把它写入自己的斗争纲领中，但是归根结底，新闻自由并不是最终目标，而仅仅是一种手段。正如恩格斯所说，无产阶级夺取政权需要民主的形式，然而对于无产阶级来说，这种形式和一切政治形式一样，只是一种手段。当然，我们在认识新闻自由最终是一种手段时，切莫看轻了它同时又是一个目的，新闻自由对于每个公民来说，都是极为可贵的基本权利。

从资产阶级最先提出"新闻自由"这一口号，到资本主义国家将新闻自由载入宪法性文献，用法律的形式保障新闻自由，以及在面临危机的情况下提出责任意识的新闻自由观。从资产阶级的新闻自由到马克思主义的新闻自由，表明新闻自由是一个历史过程，总是由低级向高级、由不完善向完善发展的。新闻自由既不是人的某种先天固有的东西，也不是在社会之外、与精神无关的某种永恒法则，新闻自由的更高实现，依赖于人的物质生活方式、思想和道德水平的提升。人的自由总是和物质生产、精神文明的进步相联系，社会历史发展到什么程度，人的自由也就达到什么程度，试图一劳永逸地享有完全的自由是不可能的，而人们超越现实条件去追求还无法实现的自由，其结果只能陷入更大的不自由。②

二、当代新闻自由的内涵与具体要求

新闻自由（freedom of the press）的含义是什么？享有新闻自由意味着享有哪些权利？要弄清楚这些问题，首先必须明确两个观点，否则不可能得出对新闻自由的正确理解。

---

① 毛泽东选集（第二版·第四卷）. 北京：人民出版社，1991. 1475
② 刘建明. 新闻学概论. 北京：中国传媒大学出版社，2007. 303～304

首先，新闻自由的内涵是不断变化的，要用发展的眼光看待。"新闻自由"这个词在西方国家不同历史时期有过不同的内涵。17世纪初，西欧各国广泛运用印刷术，"新闻自由"主要是指出版自由；到报刊开始在西欧各国兴起时，"新闻自由"主要是指报刊自由，并且开始更多地指新闻媒介不受政府干涉的自由。而现在，在原有含义的基础上，"新闻自由"不仅强调新闻媒介的自由，更强调公众的新闻自由与新闻媒介自由的高度统一。

其次，用辩证的眼光看待新闻自由。没有绝对的自由，任何自由都是相对的、有条件的，世界上没有绝对的自由。那些资产阶级革命的启蒙思想家在猛烈抨击封建专制制度、竭力鼓吹新闻自由的时候，就明确地指出："自由是做法律许可的一切事情的权利，如果一个公民能够做法律所禁止的事情，他就不再有自由了，因为其他的人也同样会有这个权利。"① 孟德斯鸠的话两百年来被无数人、无数次地引用，他明确地指出自由是法律赋予公民的一项权利，但法律还赋予公民其他权利；当公民超越法律而滥用自由、侵犯公民其他权利的时候，自由的权利也就被取消了。所以自由也是有限度的，是必须被管制的。新闻自由同样如此，西方各国的法律都强调公民新闻自由权和其他权利的平衡。

综合以上两点，我们可以看出：新闻自由是在法律范围内，新闻媒介发布消息和讨论公共事务的自由，是人民用以维护公共利益和公共秩序的权利。②

在这一定义中，新闻自由并不仅仅是新闻传播者独享的职业权利，它实际上是所有公民权利的一个重要方面，它包括自然人和法人创办新闻媒介机构的自由，了解和报道新闻的自由，在新闻媒介上发表意见的自由和批评政府及公务员的自由等，媒介应是公民自由的保障者。当我们谈到新闻自由时，有时是指媒介（记者）采访、报道和传播新闻的自由；有时是指公民利用媒介表达思想、获取信息、讨论社会问题的权利；或者二者兼而有之。新闻自由是记者与公民利用媒介达到良好目的的自由。离开新闻报道的良好效果，新闻自由就没有实际意义，甚至是有害的。

有一种误解，认为只有新闻媒介才拥有新闻自由。事实是，新闻自由权属于全体公民所有。1982年12月颁布的《中华人民共和国宪法》第三十五条明确规定："中华人民共和国公民有言论、出版、集会、结社、游行、示威的自由。"在这一点上，西方各国的宪法或《人权宣言》也都规定得很明确：每一个公民都拥有新闻自由权。

---

① ［法］孟德斯鸠. 论法的精神（上册）. 北京：商务印书馆，1961. 154
② 刘建明. 新闻学概论. 北京：中国传媒大学出版社，2007. 299

　　新闻媒介和公民的新闻自由权是什么关系？有些人以为新闻媒介代表人民行使新闻自由权，这也是一种误解。各国宪法所规定的公民的新闻自由权是不可转让的，人民从来没有也不可能委托任何机构来行使新闻自由权。当然，无论从历史看还是从现实看，争取新闻自由最努力的是新闻媒介，而且，在现实生活中真正实践新闻自由权的也是新闻媒介。对此，我们可以借鉴西方经济学的鼻祖亚当·斯密说的一句话："保证我们的营养不是面包师的仁爱，而是他个人对利润的追求。"作为向公众提供它们所需要的信息和意见的专业机构，并以此作为其生存条件，新闻媒介必须拥有一定的新闻自由，即出版权、采访权、发表权。新闻自由对于新闻媒介来说，就像空气、水、阳光对人一样重要。在这个意义上说，新闻媒介争取新闻自由的努力代表了人民的愿望和要求。

　　当然，新闻媒介一旦获得新闻自由权，能否满足公众对信息的需要，则另当别论。事实上，有不少新闻媒介阻碍了大众行使新闻自由的权利。在当今的西方各国，新闻媒介已形成一种垄断局面，一批巨型媒介集团垄断了各国新闻市场，旁人难以插足。尽管西方各国宪法都明确规定每个公民享有出版自由，但是，面对那些拥有几十亿、几百亿甚至几千亿美元资产的媒介巨人，那些只有几千、几万美元小资产的个人或小公司怎么可能与之竞争？所以，出版自由对于绝大多数人来说，只不过是纸面上的权利。

　　新闻自由是具体的，它表现为人们实际享有的具体权利，而不是一些自由的口号和种种虚幻的保证。如果宪法规定了人民享有新闻自由权，但并不规定享有的具体权利，这就是把新闻自由局限于一般的抽象议论。人们常说的新闻自由的欺骗性，主要是指宪法有对自由的规定，但在实际中没有赋予媒介和公民具体的自由权利，新闻自由仅仅停留在一般词句上。新闻自由的具体性主要表现为以下十种权利：

　　（1）新闻媒介创办权。在私有制社会，个人创办新闻媒介被视为最重要的新闻自由权。我国政府规定，凡是团体、党政机构及大型企业，都可以申请创办媒介，如果得到批准，可分为公开和内部发行两种。

　　（2）采访权。采访权是指记者了解社会事件、政府工作情况及信息的权利。记者的这一正当权利应受到法律保护。

　　（3）发表权或报道权。它又称传播权和表达权，是记者和公民利用新闻媒介发表消息和言论的权利，是思想自由的具体表现。

　　（4）编辑权。媒介对稿件享有独立的编辑权，可以采取必要的手段抵制一切外来的干预。编辑权的内容包括决定和实施编辑方针，维护报道真实、评论公正和发表方式的适当性，行使编辑程序的管理权。

（5）保护新闻来源权。它又称隐匿权、"保守职业秘密权"等。新闻工作者有权不向外界透露或提供消息者的姓名和身份，也有权不公开消息的来源渠道。

（6）交流权。社会各方有通过媒介进行民主对话的权利。

（7）答辩权和更正权。答辩权是指被批评者或被评论者认为新闻媒介损害了自身的名誉或其他权益，可以通过媒介陈述理由，反驳批评，说明观点的自由，是公民的言论自由权。更正权是指新闻媒介提供的消息发生了错误，被报道的相关人有权要求媒介进行更正的自由。答辩与更正作为新闻媒介所承担的义务，成为各国新闻法必载的内容，是通行已久的惯例。

答辩与更正的内涵及作用是有区别的。答辩是一种答复和辩解，针对的是评论或批评中的观点和意见，是不同意见、观点之间的辩论或反驳，为的是达到舆论的公正和平衡。而更正针对的是事实，报道或评述中引用的事实不准确或内容失实，当事人有权要求更正，新闻媒介对有关当事人负有更正的义务，没有失实，就没有更正；部分失实，部分更正；全部失实，全部更正。

（8）使用媒介权。使用媒介权主要是指公众借助媒介发表言论、表演节目、展示作品、传递信息、点播节目的权利，其中也包括记者使用各种通信工具传发稿件的权利。借助媒介发表的内容必须是达到发表的标准、对社会有价值和必须发表的。

（9）知晓权和知情权。知晓权是指公众获知事件、了解政府决策及动态的权利。民众有权借助媒介了解政府工作和一切社会情况，以便作出明智的判断。知情权赋予处在社会信息流通中心的政府及新闻媒介以义务，帮助民众获得需要的信息。

（10）对新闻侵权的诉讼权。新闻记者有权控告对媒介正当行为的侵害，依法寻求保护。新闻侵权一旦发生，公民、官员也有权依法控告来自媒介的侵权行为，维护自身的合法权益。法律保障媒介、公民和官员正当的新闻诉讼自由。

媒介和公民如果没有以上这些具体权利，新闻自由就只能是空洞和抽象的；若仅有以上少量的权利，新闻自由也是不全面的。

第二节　新闻控制

新闻控制是指一定社会系统的统治者或其他社会力量通过对新闻内容和新闻传播方式的控制（调控），以影响新闻传播媒介和新闻传播者的行为。

新闻媒介作为整个社会结构、社会系统的组成部分，必然受到整个社会系统的制约。各社会制约因素来自新闻事业与社会系统的纵向与横向联系，来自它生存与发展的时空环境。新闻媒介的传播活动总是在"自由"、"控制"两种力量的消长与制衡过程中进行。

新闻控制的类别多样，具体手段非常丰富，在此将其分为政治控制、经济控制和文化控制进行论述。

一、政治控制

政治控制中有国家和政府的控制、政党的控制和其他政治力量的控制。

国家和政府的政治控制是新闻控制的主要方面，其目的是通过控制来保障新闻事业为国家制度、意识形态以及各种国家目标的实现服务。

国家和政府的政治控制主要包含以下三个具体方面：①规定媒介组织的所有制形式；②控制新闻媒介的活动，包括对媒介的创办进行审批登记、分配传播资源、制定新闻事业总体规划或实行国家援助、对媒介经济活动的规范等；③限制或禁止某些信息内容的传播，一般与国家制度或意识形态有关、涉及国家安全及国防机密、侵犯名誉权和隐私权、对公众利益和社会文明风气有害、淫秽和非法出版物等内容基本都被各国纳入禁止传播的法律范畴。

世界上大多数国家对本国媒介的控制采取法律形式。新闻法规（以立法形式通过的法律条文和行政颁布的规定、规则）是国家实施管理的主要依据。

世界各国的新闻法规有三种形式：一是以立法形式正式颁布的《新闻法》，欧洲大多数国家都采取此种方式，其特点是法院审理案件只能依据和服从《新闻法》。二是以最高法院和上级法院的判例为标准来审理新闻案件，即以判例法为标准，而没有成文的《新闻法》，这种判例法在英国、美国、加拿大、澳大利亚和新西兰等国家通用。三是有些国家并没有单独成文的《新闻法》，而是把新闻法规的有关条文写入《宪法》、《民法》、《刑法》以及其他的专用法律条款中，例如《少年法》、《保密法》等，日本、新加坡、印度和中国目前均采用此法。

各国的新闻法规对新闻报道和评论作了一定的限制，这种限制有多有少，执行过程也有宽有严，但国家安全法、诽谤法和隐私法却是大多数国家所共有的。

除了法律手段外，政治控制还有行政手段，即控制者运用命令、指示，通过组织自上而下的行政层次的贯彻执行，对新闻媒介及其传播活动进行组织、指挥和调节。这种手段的主要特点是具有权威性、强制性和直接性。

我国的绝大多数新闻媒介，尤其是各级党委机关报，都是在党的领导下，

207

接受党的纪律约束。《关于党内政治生活的若干准则》规定：党的报刊必须无条件地宣传党的路线、方针、政策和政治观点。对于中央已经作出决定的、有重大政治性的理论和政策问题，党员如有意见，可以通过一定的组织程序提出，但绝不允许在报刊、广播的公开宣传中发表同中央的决定相反的言论；也不得在群众中散布与党的路线、方针、政策和决议相反的意见。这是纪律。

　　不少国家宪法都明文规定保障言论自由，但实际上，任何政府都无一例外地通过直接或间接的手段对新闻自由实行不同程度的控制，任何一个社会都不会有绝对的新闻自由。

二、经济控制

　　经济是新闻媒介生存的基础，是新闻活动得以进行的基础，任何新闻单位的生存和发展、任何新闻活动的展开，都必然要受到经济的制约。经济制约是一种硬性制约，可以从根本上决定新闻媒介的生死存亡，它有时候表现为人为因素，有时候则来源于市场法则。

　　经济手段的控制包含两个方面的含义。其一是制约者以经济为手段，对新闻传播活动施加影响和控制。即如果新闻媒介的传播方向和传播内容符合制约者的意愿和要求，则在经济上给予其支持和奖励；反之，则削减甚至断绝新闻媒介的经济支持。如媒介投资者对新闻媒介及其传播活动的制约和来自广告商的控制等。其二是市场方面的自然制约。如果新闻媒介违背了受众的要求或市场规律，就会失去销路和市场。

　　我国新闻单位的经济来源主要有四个方面：主管部门和主办单位的拨款、社会集资、广告收入、报纸发行和电视收费收入，因此，我国新闻媒介的经济制约也主要来自这四个方面：主管部门和主办单位的经济施控，社会集资或捐助单位的经济施控，广告客户或其他经营活动的伙伴的经济施控，报纸订阅人或电视收视户的经济施控。此外，新闻单位的经济施控虽然来自以上的四个方面，但归根结底还要取决于新闻单位生存地的社会经济状况，也就是说，这种经济制约力的最重要的因素还与当地的经济发展水平密切相关。

三、文化控制

　　文化控制表现为社会规范、职业道德、个人价值观对新闻传播活动的制约。

　　社会规范是人类社会活动长期积累和形成的有关人的行为的规则和准则，它包括思想、观念、道德、宗教、习俗，等等。社会规范是人类社会特有的现象，是人类社会的重要组成部分。社会规范制约的本质特征是一种文化制约，它主要表现为对新闻体制、运作方式、报道内容和新闻工作者的思想行为的影响与约束，这种制约很多时候并不那么明显，是一种"软"制约，但它却是一种更持久、更深刻的制约力。

职业道德是新闻行业为了使自身正常地运转，减少或避免社会和受众的批评而制定出的新闻守则与道德规范，主要用来约束编辑、记者等媒介从业人员，如联合国1954年制定的《国际新闻道德规约》。后文将有章节专门展开论述，此处不再赘述。同时，每一个传播组织都有自己的基本方针和工作准则，要求本机构的工作人员遵守。

媒介从业者个人的价值观、思维方式也会对新闻传播活动产生影响和制约，也是文化控制的方式之一。

当然，社会系统是复杂而庞大的，其对新闻活动的控制也远不止政治、经济、文化三方面。其他如一些被报道者不愿意自己的某些违法行为被曝光，采取殴打记者、抢夺摄像机的暴力行为，也是制约新闻活动的社会因素之一，只不过其采取的是违法的手段。

政治力量、经济力量、文化力量等对新闻的控制不是均衡地发生作用的，由于社会制度不同，新闻体制有别，制约因素在每个国家发挥作用的途径和方式大不一样，新闻传播活动也就呈现出不同的发展状态。

新闻控制是普遍客观存在的，为了社会系统的整体发展，为了维护其他相关部门或团体的权益，为了新闻事业自身的健康发展，进行新闻控制有其必要性和必然性。

综上所述，新闻控制是必要的、有根据的，控制者都可以为自己的新闻控制方法找到某种所谓合理的缘由和根据，但并不是所有的新闻控制都是应该的控制、善的控制，并不是所有的社会规范都是合理和进步的。有些控制本身可能就是邪恶的、不正当的、不应该的。如法西斯利用新闻媒介进行纳粹宣传，中国"文革"期间个别人利用新闻媒介对他人进行打击报复等，都是不正当新闻控制的具体体现。

从理论上说，只有应该的控制、善的控制，才是真正合理的、有根据的控制。恶的、不正当的新闻控制将会给社会和公众带来巨大的危害，这点从"二战"和"文革"时的新闻控制可见一斑。因此，人们必须对新闻控制的限度或者说合理性进行评价和监督。根据学者杨保军在《新闻控制：实质与特征 目的与限度》一文中的观点，可以通过以下途径判断施行于新闻传播的控制的限度是否合理：

首先，某种新闻控制的限度合理与否，关键要看这种控制是否符合新闻传播业发展的实际情况。只有那些有利于新闻传播业在一定历史条件下持续稳定发展的控制才是合理的控制;只有那些符合新闻传播规律、符合新闻传播业发展和运作规律的控制才是合理的控制;只有那些有利于新闻传播合理秩序的形成,即有利于规范行为的维持和扩展,而对失范行为又能够形成有效遏制和消除的控制才是合理的控制。

其次,新闻自由的合理性要看这种控制是否有利于新闻自由度的不断提高、新闻自由范围的不断扩大、新闻自由水平的不断提升,是否有利于既在的法律自由(新闻自由)的实现。

再次,新闻控制的合理性,还要从宏观的社会层面上去评价,要看在某种控制下的新闻传播业是否有利于整个社会的稳定与进步,是否有利于满足人们的合理新闻需求、保障他们正当的知情权。

总之,新闻控制是一个非常复杂的问题,不仅包括国家、政府与媒介的关系,利益群体和经济势力与媒介的关系,文化规范与媒介的关系,而且还包含自由与责任、权利与义务、竞争与秩序、经济效益和社会效益等各种复杂的矛盾。因此,必须谨慎处理新闻自由和新闻控制之间的关系,以促进新闻事业的良性发展。

【思考与练习】

1. 简述你对资产阶级新闻自由的认识。
2. 简述你对无产阶级新闻自由的认识。
3. 阐述新闻自由的含义。
4. 结合实际,谈谈新闻媒介受到哪些方面的社会控制。

【推荐阅读】

1. [英] 约翰·斯图亚特·密尔. 论自由. 北京:商务印书馆,1959
2. [美] 新闻自由委员会. 一个自由而负责的新闻界. 北京:中国人民大学出版社,2004
3. [英] 约翰·弥尔顿. 论出版自由. 北京:商务印书馆,1958
4. [美] 欧文·费斯. 言论自由的反讽. 北京:新星出版社,2005

第十一章

新闻媒介的管理与经营

　　新闻媒介作为一个有着共同目标的社会组织，不可避免地需要进行管理活动，以实现组织的既定目标。新闻媒介的管理涉及哪些具体内容，需要坚持哪些原则？

　　同时，新闻媒介又是一个营利性经济组织实体，获得最大的经济效益是它的既定目标之一，这就涉及经营的内容。新闻媒介经营的具体方面有哪些？有什么策略值得借鉴？

　　本章将从媒介的管理与经营角度阐述这些问题。

管理是指管理者在特定的环境和条件下，对组织拥有的资源进行计划、组织、领导和控制，以便有效地达到组织既定目标的过程。[①]从这个定义可以看出，管理的对象是组织中的所有资源，主要包括人力资源、物力资源、财力资源等；管理的目的是要通过具体的管理活动来实现组织既定的目标。马克思曾经说过："一切规模较大的直接社会劳动或共同劳动，都或多或少地需要指挥，以协调个人的活动，并执行生产总体的运动——不同于这一总体的独立器官的运动——所产生的各种一般职能。"[②]

"经营"一词，最初的意思是经始、营造，即规度、谋划、运作之意。这一词出自《诗经·大雅·灵台》："经始灵台，经之营之。"[③] 后来，随着社会的进步，经营的理念有了很大的发展。现在我们所说的经营，一般是指企业对供（投入及生产前的设备设施）、产（加工制造）、销（销售及售后服务、反馈）进行筹划运作并协调三者关系，以获得最好的经济效益的一种经济活动。

任何集体活动单位，不论是生产性或非生产性的集体活动单位，总是要有管理工作的。而经营则视集体活动的社会化程度和这个集体的管理体制的不同而可能有较大差别，况且从经营本身的含义来说，它和经济组织的联系更为密切。换句话说，有管理不一定有经营，但有经营则必须要有管理。

新闻媒介作为具有产业性质的机构，其既有管理也有经营活动，两者相互渗透、相互制约。管理中有经营，经营中也有管理。本章我们试图从管理和经营的角度分别论述新闻媒介的运作，管理侧重于研究组织整体，而经营则侧重于经济角度。

第一节　新闻媒介的管理

所谓新闻媒介管理，是指按一定方针对媒介的传播内容及事业发展实施领导和控制的活动。它包含两层含义："外部力量对媒介的管理"和"媒介组织自身的管理"。前者主要是指国家、社会和新闻行业组织为了对媒介实行更好的调控，使媒介获得良性发展而实施的控制和监督，这部分内容在第十章"新闻自由与新闻控制"中已经介绍过，此处不再重复；后者即我们平常说的媒介管理，主要着眼于媒介内部，包括媒介内部如何贯彻媒介宗旨、实施报

---

① 冯光明，冯桂香. 管理学原理. 北京：北京交通大学出版社，2009.4
② 马克思恩格斯全集（第二卷）. 北京：人民出版社，1965.367
③ 吴文虎. 新闻事业经营管理. 北京：高等教育出版社，1999.12

道、组织经营、组合人力资源以及利用技术设备等具体措施。本章所讲述的新闻媒介管理，特指微观的媒介内部管理。

一、新闻媒介的管理

1. 按照管理客体的不同，新闻媒介的管理具体可以分为生产管理、人力资源管理和财务管理三方面

（1）新闻媒介生产管理。

新闻媒介的生产管理是指与媒介产品制造密切相关的各项管理工作，如报纸的采编、印刷，广播电视节目的制作和播出等。具体表现为：对新闻采编业务、节目生产等实施计划、组织和协调；对印刷厂的各个生产环节进行控制；对媒介的物资、设备制订定额消费计划，保障供给；加强设备使用指导以延长使用寿命；科学调配物资，避免浪费和闲置；广开供货渠道，降低购货成本等。生产管理的目的在于尽可能缩短制作时间，以最低的成本制造尽可能优质的产品。

（2）新闻媒介人力资源管理。

新闻媒介的人力资源是在媒介生产过程中所投入的人的自身力量，即人在媒介活动中运用的脑力和体力的总和。对这些资源实施计划、组织、利用、开发和调配的控制过程和方法就是新闻媒介的人力资源管理。当今时代，竞争越来越激烈，竞争的对象也发生了变化，人才成为各企业竞相争夺的资源。同理，新闻人才也是媒介最重要的资源，如运用不当，将是巨大的资源浪费。因此，在媒介人力资源管理中，应坚持能力对位、优势互补等原则，实行奖励优秀、惩罚落后的竞争机制和奖惩机制，量才而用，合理搭配，力求使每个员工的潜能都得到最大限度的发挥。

（3）新闻媒介财务管理。

新闻媒介的财务管理是媒介对资金的筹措、运用、分配所进行的计划（预算）、控制、决策等活动。具体分为四个环节：①媒介资金筹措管理，即从哪里获得媒介的资金，是广告还是融资或其他途径，它是一切经济活动的开始阶段；②媒介资金运用管理，如何运用、调度各种资产，保持合理的结构和周转速度，包括寻找投资机会，开展有效的投资活动；③媒介成本和费用管理，如何控制费用发生的数额和比率，如何确定它的补偿形式和方法；④媒介资金赢利管理，表现在对组织收入、分配利润、处理企业发展同投资者利益的关系的管理。这四个阶段是循环的，最终表现为对资金流的管理。

财务管理直接关系到媒介的全局，是媒介整体运行的动力源。我国媒介自从进入市场化以来，经营管理的好坏直接关系到媒介的生存状况，媒介财务管

理的内容和地位都有明显的变化。

为了更好地进行媒介财务管理，相关职能部门首先应该在法律允许的范围内进行资金的筹措、分配、控制和赢利，依法理财；其次，进行经济核算，对媒介生产经营活动中资金运用、生产耗费和生产成果进行记录、计划、控制、分析，并以销售收入补偿生产耗费，确定赢利；再次，实行统一领导和分级管理，并要有风险控制意识，实现资金结构最优化。

2. 按照管理的层次进行划分，可以分为媒介战略管理（高层管理）、媒介战术管理（中层管理）和媒介作业管理（基层管理）

（1）媒介战略管理（高层管理）。

战略是为了实现媒介组织的总目标而对所要采取的行动方针和资源使用方向进行的一种总体的规划。媒介战略管理是一个动态过程，媒介从组织整体利益和长远利益出发，就经营目标、内部资源及其对环境的积极适应等问题进行谋划和决策，并依靠媒介内部能力将这些谋划和决策付诸实施。媒介管理不同于具体的人力资源管理，它所涉及的问题都是媒介发展中的重大问题，诸如制定媒介方针，开发新产品、开拓新市场、扩大媒介的影响力和生产规模、提升媒介形象，提高媒介的覆盖率和从业人员的素质，改革组织机构等与媒介的方向、任务直接关联的具有全局性和长期意义的问题。它是一种为媒介指明前进方向的、系统的、具有创造性的、面向未来的管理，决定权一般掌握在台长、频道总监和社长、总编手里。

（2）媒介战术管理（中层管理）。

媒介各个部门的负责人根据战略管理的要求，制订本部门较短期的行动计划，组织力量实施计划，并且在实施过程中进行协调控制，以保证管理任务的顺利完成。媒介战术管理既要考虑组织的整体利益和长远目标，又要兼顾部门的局部利益和短期目标；既要考虑本部门的基层管理间的联系，又要考虑与其他部门的相互联系。媒介中层管理者有编辑部总编、广告部主任、行政主管等。

（3）媒介作业管理（基层管理）。

媒介作业管理是对媒介中层管理的目标和计划作进一步的分解，使之更加具体而具备可操作性，并制订单项的、短期的作业计划，然后进入实质性的执行阶段，并对执行的过程进行监督、调整和控制，以便最终实现组织目标。媒介基层领导者（如制片人）组织和领导广大基层工作人员（如节目主持人、编导、摄像、美工、灯光师、播音员等）完成具体节目的制作。

总之，媒介管理是一门学问，其中涉及很多管理学方面的专业知识，同时，在管理中还要兼顾媒介组织的特性，只有将两者很好地融合起来，才能最大程度地实现媒介的组织目标。

二、新闻媒介的管理体制

世界各国的媒介管理内容大同小异，基本都涉及上文所提到的生产管理、人力资源管理、财务管理等，但管理体制却千差万别。这主要是由于不同国家的政治经济体制不同，新闻媒介的所有者不同，从而导致了媒介管理体制的多样化。

所谓新闻媒介的管理体制，是指新闻媒介的组织制度。它包括新闻事业的隶属关系、内部结构、组织体系和干部制度等。

按照媒介所有者不同，世界上的新闻媒介可以划分为四种类型：私营媒介、公共媒介、国有媒介、政党媒介。一般来说，私营媒介属于董事会领导体制，公共媒介属于社会化领导体制，国有媒介属于政府领导体制，政党媒介属于政党领导体制。

1. 私营媒介——董事会领导体制

在西方各国，由于个人或资本集团掌握媒介，因此，媒介管理体制大多属于董事会领导体制。新闻媒介所有者个人、比较大的私营媒介通过股份公司的董事会等形式，行使对新闻机构的管理。

这里以实行股份制的私营媒介为例，分析其组织架构，如图 1 所示。

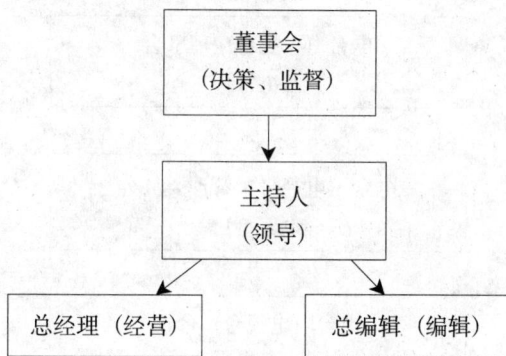

图 1　股份制私营媒介的组织架构①

名义上股东大会是最高决策机构，但分散的小股东对新闻媒介并无实际影响力，因此，真正的决策机构是董事会。董事会任命媒介的实际主持人（在

① 该图参考李良荣. 新闻学概论（第三版）. 上海：复旦大学出版社，2009. 198

大多数情况下就是董事长）决定总经理、总编辑人选，制定新闻媒介的办报（台）方针，决定新闻媒介的预决算和财务分配。

董事会也是监督机构，监督着媒介的运行，并根据实际情况，不断调整人选和管理方针。

主持人在报界又称发行人，实际领导媒介的日常运行，对外代表新闻媒介，向董事会提名总经理、总编辑人选；直接任命经营部、编辑部的主要业务干部；决定经营和编务上的重大问题。

总经理主管媒介的经营，而总编辑主管媒介的编辑业务。

在西方各国，由于私营媒介以赢利为主要目的，广告和其他经营活动是其收入的全部来源，所以，总经理的地位比总编辑更重要。

2. 公共媒介——社会化领导体制

公共媒介通常是指为公共利益服务、由社会公共组织管理的媒介，包括广播、电视、网站或某个电视台的单一频道等。

公共广播电视制度起源于英国，英国BBC是最有代表性的公共广播机构。非商业、非政府、非政党频道是公营BBC的基本设计模式，也是公共媒介体制的典型模式。到2003年，德国共建立了13家公共广播电视媒体。

下面我们以德国广播联盟为代表，分析社会化领导体制下的媒介组织架构，如图2所示。

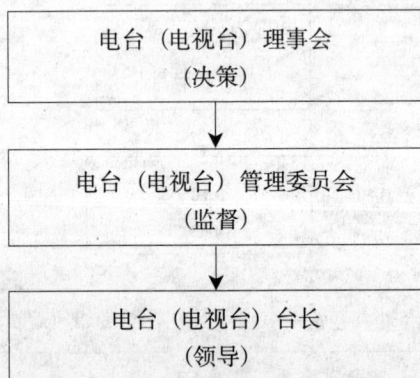

图2　社会化领导体制下的媒介组织架构①

理事会是电台、电视台的最高决策机构，由大的民间团体和议会中各政党

①　该图参考李良荣. 新闻学概论（第三版）. 上海：复旦大学出版社，2009. 199

的代表组成，并由议会批准。理事会负责制定电台、电视台的基本原则，决定章程，向管理委员会推荐台长人选。

依法建立的管理委员会是电台、电视台的监督机关，由社会知名人士、专家、技术人员组成。其职权是任命台长、与台长签订工作合同；审查年度预决算和年度工作报告等并送理事会审查；监督电台、电视台的节目内容。

台长是整个电台、电视台业务工作的责任领导，对外全权代表电台、电视台。

社会化领导体制的最大特点是，作为最高决策机关的理事会要吸纳各党、各派、各利益集团的代表参加，使其具有广泛的代表性；同时，尽可能不让政府插手电台、电视台的日常运作。

3. 国有媒介——政府领导体制

国有新闻媒介是由国家创办或由国家资助并由国家控制的媒介，其代表政府观点，宣传国家对内对外政策。国有媒介是执政者的新闻机关，构成"政府的机器"，成为政府内外政策的报道和宣传工具。

国有媒介的典型代表有美国之音、意大利广播公司、德国之声等对外广播电台，他们都是由本国政府控制的新闻机构，由政府出资，由新闻署、议会或其他行政机构负责管理。广播电台的负责人由国家委任，按照内政外交政策方针选择新闻事实并作出评论。

国有媒介的管理实行政府领导体制，其组织架构如图 3 所示。

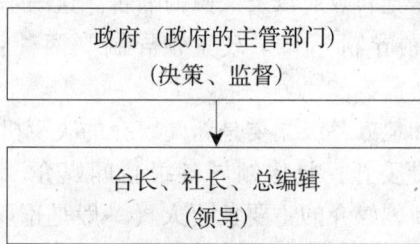

图 3　政府领导体制下的组织架构①

政府通过其主管部门，决定新闻媒介的方针，任命媒介的主要领导，负责财政拨款（有的国家经费由媒体自谋，政府适时给予补贴），监督媒介的日常运营。

台长、社长和总编辑负责媒介的日常运作，领导媒介的日常活动。

---

① 该图参考李良荣. 新闻学概论（第三版）. 上海：复旦大学出版社，2009. 200

4. 政党媒介——政党领导体制

政党媒介是在政党的领导下，作为政党的喉舌，执行政党的宣传工作、组织原则和宣传纪律的新闻媒介，典型代表有中国的党报。

政党媒介实行政党领导制，其组织架构如图4所示。

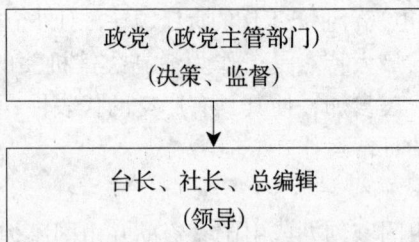

```
┌─────────────────────────────┐
│     政党（政党主管部门）      │
│       （决策、监督）          │
└─────────────────────────────┘
              │
              ▼
┌─────────────────────────────┐
│      台长、社长、总编辑       │
│         （领导）              │
└─────────────────────────────┘
```

图4　政党领导体制下的组织架构

政党通过其主管部门，决定新闻媒介的方针，任命媒介的主要领导，负责财政拨款（有的国家经费由媒体自谋），监督媒介的日常运营。

台长、社长和总编辑负责媒介的日常运作，负责领导媒介的日常活动。

三、中国新闻媒介的管理体制

中国的新闻媒介是党和政府以及人民的喉舌。这一基本性质决定了中国的新闻媒介采用"政府领导制"和"政党领导制"两种管理体制，具有中国特色。

在中国，党中央和地方各级党委是新闻媒介的决策机关。同时，中央宣传部和各地党委宣传部受委托，具体领导各级新闻媒介。党委（通过宣传部）批准或直接任命各个新闻媒介的主要负责人（一般是正职和副职）；制定新闻媒介的报道方针，批准各阶段的报道计划；审查关系重大的新闻报道和重要评论；监督、审查财务收支情况。

在党的领导下，中国新闻机构的内部组织方式有所不同，大致可以分为以下三种：

1. 社长负责制

社长是报社的法人代表，与党委书记一起共同领导报社工作。一般来说，社长更多地负责具体业务，党委书记分管党委、人事和纪律监督，总编辑负责每日的报纸出版，总经理负责广告和其他经营、财务收入，秘书长管理行政办公室和后勤保障、对外联络。

这一模式的基本特点是，在社长领导下，编务、经营、行政事务三者分工明确，尤其突出经营地位，如图5所示。目前，各报业集团尤其是南方（广东、福建、广西等地）的媒介多采用这一模式。

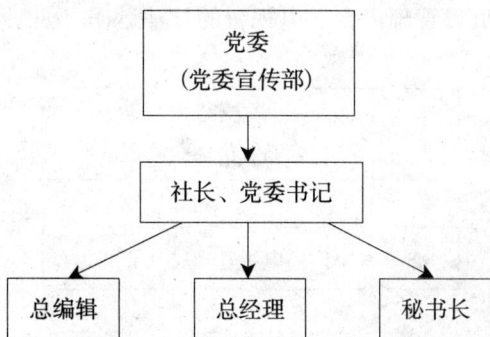

```
        党委
     (党委宣传部)
         │
         ▼
     社长、党委书记
    ┌────┼────┐
    ▼    ▼    ▼
  总编辑  总经理  秘书长
```

图5　社长负责制下的组织架构①

2. 总编辑负责制

总编辑是报社的法人代表，其与党委书记一起共同领导编委会，集体决定报社内一些重大事务。在总编辑下面，设若干副总编，分管各个部门，如图6所示。

这一模式自新中国成立以来，一直沿用至今。目前中国大多数报社还采用此种模式。

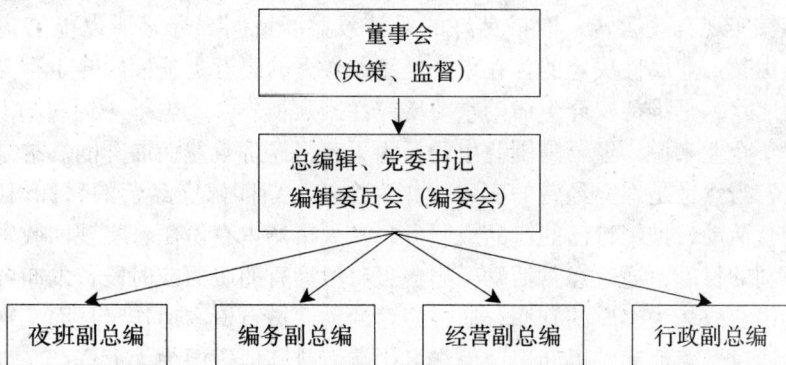

```
        董事会
     (决策、监督)
         │
         ▼
  总编辑、党委书记
  编辑委员会（编委会）
 ┌─────┬────┬─────┐
 ▼     ▼    ▼     ▼
夜班副总编 编务副总编 经营副总编 行政副总编
```

图6　总编辑负责制下的组织架构②

---

① 该图参考李良荣. 新闻学概论（第三版）. 上海：复旦大学出版社，2009.201
② 该图参考李良荣. 新闻学概论（第三版）. 上海：复旦大学出版社，2009.201

3. 行政负责制

中国的电台、电视台在领导方式上与报社稍有不同。报社的直接领导是党委宣传部，而电台、电视台除受党委宣传部直接领导外，还受政府的行政主管部门——广播电视管理局的领导，集政党领导和政府领导于一身。在某种意义上说，广电局具体负责管理电台、电视台的日常运作，如图 7 所示。

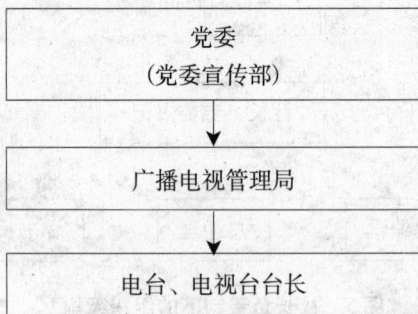

```
        ┌─────────────────┐
        │      党委        │
        │  (党委宣传部)    │
        └─────────────────┘
                 │
                 ↓
        ┌─────────────────┐
        │  广播电视管理局   │
        └─────────────────┘
                 │
                 ↓
        ┌─────────────────┐
        │  电台、电视台台长 │
        └─────────────────┘
```

图 7　行政负责制下的组织架构①

第二节　新闻媒介的经营

新闻媒介的经营，就是通过对媒介生存与发展的目标、战略，产品结构、质量，营销策略、方法的精心策划，以及对新闻媒介组织的科学管理，使新闻媒介能够实现有效运转，取得良好的经济效益。新闻媒介之所以能够进行经营，是由其产业属性决定的。在市场经济条件下，经营是新闻媒介生存与发展的必由之路，是维持媒介生命的重要支撑性因素。

对于企业来说，经营是围绕市场，为了获得经济效益而展开的。这是经营的实质，当然也是媒介经营的实质。作为企业，新闻媒介经营的目标很明确：通过经营活动，推销自己的产品或服务，扩大市场占有份额，实现回收资金并进而赢利的目的；通过经营活动，出售自身所拥有的版面或时段，发布各类广告，从中获取较为丰厚的利润；通过经营活动，进行资本运作，从而实现资本增值；通过经营活动，以知识、信誉、影响力或其他资源为无形资产，进行相应的运作，以产生预期的投资效益。

就媒介经营总体构成来说，一般情况下，可以分为生产经营和资本经营两

---

① 该图参考李良荣. 新闻学概论（第三版）. 上海：复旦大学出版社，2009.202

种形式。生产经营是指生产和买卖商品的经营行为；资本经营是指买卖资本的经营行为。① 生产经营和资本经营在不同媒介中所占比重有很大的差异，一般来说，一个媒介越传统，其生产经营所占的比重就越大；反之，越现代化的媒介，其资本经营所占的比重就越大。

一、媒介的生产经营

在市场经济条件下，新闻媒介可以经营多种产业，但经营它本身所生产的传媒产品是其经营活动中的一项重要内容，是它的主业。因为从本质上说，新闻媒介的根本立足点在于它的传媒产品，以及由此而形成的公信力、美誉度和所赢得的良好公众形象。一个新闻媒介，如果其产品粗制滥造，或者虽然不乏好的作品但疏于市场，在市场上缺乏影响力和号召力，可以断定，这样的新闻媒介即使经营其他产业，也不可能有良好的效益。因此可以说，传媒产品的生产经营，是新闻媒介安身立命的根基，也是其经营其他产业的基础。

生产经营既然是指生产和买卖商品的行为，那么首先就要弄清楚新闻媒介生产了什么产品。媒介直接生产的产品包含新闻等其他方面的内容经营，间接生产的产品为受众的注意力，并且将受众的注意力作为商品卖给有需要的广告商，从而实现最终的赢利。

因此，就媒介而言，它的生产经营主要包括内容经营和广告经营两方面。

（一）内容经营

就内容经营而言，媒介需要考察的是如何制作出满足广大受众需求的内容产品，从而获得最大的市场份额。在内容经营这一部分，许多媒介进行了积极的探索，积累了许多成功的经验。如内容产品的特色经营策略、制播分离策略、内容产品的二次开发策略、产品渠道创新策略等。

1. 特色经营

一家企业，如果没有自己独特的、具有鲜明特色的产品，那么它将无法吸引消费者，无法取胜于其他竞争对手，也就无法占有消费市场从而赢得经济收益。对于企业来说，特色经营是一个重要的经营理念和经营策略。每家企业都应当努力创造自己的特色产品，打造自己的企业品牌，形成自己的核心竞争力。

所谓特色产品，是具有不同于其他产品特点的产品。对于一些产品来说，如果它具有与其他同类产品相比更能被消费者接受的不同特点，那么它就具有

---

① 魏杰. 资本经营论纲. 上海：上海远东出版社，1998.2

了竞争力。香港凤凰卫视的一些节目在世界华人圈里收视率很高，就因为这些节目各有特色。

特色产品是树立企业品牌的基础，企业品牌是企业获得长久竞争力的保证。所谓企业品牌，是指一家企业区别于其他企业的差异化标志。从外在形式上看，它是由企业名称、标记、产品等要素组合而成的结合体。对一家企业来说，如果它具有与其他企业相区别的标志，人们通过这个标志能迅速对它作出判断和选择，而且还会由此引发对它的注意力和亲和力，那么该企业就具有了品牌效应。如人们一看到"CCTV"，便自然会想到它的名牌栏目、节目和主持人，就自然会对其产生收看欲望，还会形成对它的忠诚感，这就是品牌的力量。

对于一家企业来说，具有特色产品并在整体上形成品牌效应，就具备了在经营中胜过竞争对手的资源和能力，也就具备了核心竞争力，这就是特色经营的理念和策略。

特色经营理念在中国媒介经营实践中已不是新鲜的话题。在进入 21 世纪的短短几年里，许多频道纷纷推出和确定了自己的特色产品定位。2002 年海南卫视批准改为旅游卫视，提供专业化的旅游资讯和服务，同年，安徽卫视对外宣布其电视剧特色定位；2003 年湖南卫视提出"打造中国一流的娱乐频道"的定位；2004 年江苏卫视"中国情感特色频道"正式宣布启动，同年 6 月，广东卫视和浙江卫视差不多同时改版，确定全新的凸显财富特色的频道定位。

在进行特色经营方面比较成功的有湖南卫视和安徽卫视，现在只要一说到国内的娱乐节目，大家马上会想到湖南卫视，一说到电视剧，也绕不开安徽卫视。2002 年、2003 年湖南卫视和安徽卫视因其出色表现两次荣登《新周刊》的"中国电视节目榜——榜外榜"，和其他三个省级卫视被誉为省级卫视中的"五星上将"。2004 年，湖南卫视和安徽卫视在全国市场收视份额的占有率分别居于省级卫视第一和第二名，此后它们的位置就一直保持在省级卫视的前列。

2. 内容的二次开发

我国过去的媒介产品经营，产品的易碎性表现得特别明显。一般情况下，内容刊播后就收库保存，直至重播，未能寻求其他经营渠道使内容增值。随着各媒介市场意识的增强，一种新的经营方式开始形成，那就是结合某个内容的传播热度，迅速推出它的另一种传播形式，达到"借力"推广的功能，形成传播合力，使其迅速升值。如随着凤凰卫视的《鲁豫有约》和《名人面对面》广受欢迎，相应的书籍相继出版并推向市场；中央电视台的精品新闻栏目《东方时空》、《焦点访谈》等也出版了相对应的书籍。《中国青年报》的《冰点》专栏在受众中反响强烈，于是汇集各期内容的书籍——《冰点故事》也迅速推出，达到了对内容进行二次开发的目的。其实，这种经营方式在运用得当的情况下，完全可以实现内容的多次开发，追求传播效果的最大化。当然，进行内容的二次开发甚至多次开发也是有条件的，如节目必须是精品，不是什么节目都可以拿来多次开发的。因此，创办精品内容是二次开发的前提条件。

3. 电视媒介制播分离策略

"制播分离"这一概念来自英文 Commission，最早起源于英国，其原意是指将电视刊播机构的部分节目委托给独立制片人或独立制片公司来制作，然后电视刊播机构用现金形式或是以广告时段加以收购。[①] 节目制作和播出的分离，是电视节目生产管理体制的重大调整，也是在媒介产业化经营浪潮和荧屏竞争日趋白热化的形势下电视台所面临的现实抉择。

在市场经济条件下，制播分离已成为国际上节目运作的通行方式。据统计，在世界排名前 100 名电视台中，完全实行制播分离的占 95%。美国的各大电视台在 20 世纪 70 年代末基本实现制播分离；日本 TBS（东京广播公司）现有员工 150 人左右，除新闻节目完全由自己制作外，其他节目均采取与外界合作的方式；英国的 BBC 在 1997 年实行制播分离，成立 BBC 制作公司，成为独立核算单位，原有制作中心的 4 000 人被分离出去，导致许多人失业，一批有才华的制作人离开 BBC，成为独立制片人。有些人为此担心 BBC 的名牌节目将不保。但数年运营结果显示，BBC 的财务管理水平和市场地位、节目质量均比几年前大为提高。[②]

在我国，随着计划经济体制向市场经济体制的转轨，电视节目也开始进入市场进行交易。制播分离的倡议最初来自 20 世纪 80 年代上半期的电视剧制作市场。20 世纪 90 年代初期，各种所有制和投资方式的制作实体涌现出来。北京电视台成立了体育节目制作公司，实行成本核算。四川电视台则采取独立制片人承包体育节目制作的方式，台内只给一分钟广告时间，不再拨款。一些颇有影响的栏目如《欢乐总动员》、《环球影视》、《娱乐现场》（前身是《中国娱乐报道》）等实际上都是由社会公司制作和营销的。

实行制播分离制，有利于媒介精简人员、压缩队伍，从而降低成本；有利于媒介优化资源、提高质量，从而增进效益；有利于媒介调整机制、激发活力，从而提高市场竞争力等。

当前我国对制播分离的理解还存在差异。很多人将制播分离理解为电视制

---

① 詹成大. 媒介经营管理. 杭州：浙江大学出版社，2004. 405
② 李良荣. 当代西方新闻媒体. 上海：复旦大学出版社，2010. 198～199

作机构从电视刊播机构中剥离出来，更有甚者将"制播分离"理解为制作权同刊播权的分离，这实际是一种误解。

我国电视领域的制播分离，是与制播合一相对而言的，是指国家电视刊播机构在保证掌握宣传权的前提下，将部分非新闻性节目交由电视制作机构制作的管理体制。其实质可以理解为"节目制作和来源的多样化"。我国实行制播分离制要把握好以下三个方面：

一是牢牢把握住宣传权，包括制作权、刊播权和覆盖权，特别是制作权。国家电视刊播机构在同其他电视制作机构合作时，一定要把握好分寸，制作权千万不可完全放开。

二是明确哪些节目可以实行社会化制作。实行制播分离是要将适合于社会化制作的节目推向社会，如一些信息类节目、娱乐类节目、电视剧、纪录片、戏剧音乐节目等。而对于新闻性较强的节目及带有宣传引导、教育作用的节目，如各类新闻节目、部分社教节目等，则不宜搞社会化制作。

三是在合作和购片时，国家电视刊播机构要实行严格的节目审查制度。

4. 产品渠道经营

新闻媒介经营自己的产品，必须要有相应的销售渠道。具体到新闻媒介，即涉及纸质媒介的发行问题和电子媒介的覆盖问题。这里以报纸的发行为例介绍具体的经营策略。

发行指报纸成品印刷完成后，经各种途径最后到达消费者手中的过程。报纸的发行在媒介整体运营中发挥着重要作用。因为通过发行，报社不仅可以回收部分资金，更为报纸的广告经营打下了坚实的基础。没有发行量的报纸，是很难得到广告客户青睐的，而广告收入又是绝大部分报纸生存和发展的主要经济来源，所以说，在常规情况下，报纸的发行量与它的广告收入呈正比例关系。

在计划经济时代，我国报社是作为纯事业单位存在的，发行工作不是很重要。实行"邮发合一"的发行方式，报社将报纸的发行权全权委托给邮局，自己基本不介入发行的工作。

进入市场经济体制时代，报社实行自负盈亏的自主经营模式，报业市场的竞争越来越激烈，在第一时间给读者提供最优质的新闻服务成了提高发行量的法宝。而处于垄断地位的邮局由于发行费率高、资金回笼速度慢、经营理念落后和服务态度差等弊端，其难以为报社开拓市场，使得面临竞争压力的报社与邮局这对多年的老搭档"分手"了。

1985年，河南《洛阳日报》率先行动，开了由报社自办发行的先河。实践证明，报社自办发行成效显著：报纸送到读者手中的时间大为缩短，比邮局发送平均快两个小时；发行成本年平均减至原来的 18%；资金回收迅速；发行量有所扩大，年增长率超过 10%。[①]

《洛阳日报》的成功尝试给同行以极大的鼓舞和刺激。翌年，26 家报社聚会研讨自办发行这一热门话题。自办发行的做法在会上得到一致肯定。一时之间，全国多家报社纷纷效仿。很多党报也加入到自办发行的行列之中，《天津日报》是全国自办发行的第一家省级党报。

在这之后，自办发行成为报纸发行的重要形式之一。目前，国内绝大多数报社都采用这种发行方式。报社自办发行的好处是十分明显的：报社有了一支自己的发行队伍，或者有了一批可以依靠的报纸摊商，就可以确保发行渠道的始终畅通。一般来说，报社自己的发行队伍和所依靠的报纸摊商都是直接面对市场的，都有良好的服务态度，能提供上门服务、随时收订等读者最感方便和满意的服务方式，能努力满足读者购买或订阅报纸的需要；报社自办发行，促使资金回笼速度加快，有利于资金周转；报社自办发行，便于报社及时收集来自读者的反馈意见。

在自办发行的基础上，诸多报社开始探索其他各种行之有效的发行策略。《华西都市报》实行"敲门发行"，效果明显。《广州日报》采用"销售连锁店"模式，使之集报纸零售、收订以及其他服务于一身。《今晚报》首创"送报上楼"的做法，将报纸直接送到读者的手中。北京《精品购物指南》恪守"订报送报箱"制度，为读者提供便利。

在报纸的发行策略上，日本报纸的一些发行经验值得借鉴。据世界报业与新闻工作者协会在巴黎发布的"2010 年世界日报发行量前 100 名排行榜"显示，日本《读卖新闻》以 1 001.9 万份的日发行量名列第一，也成为目前世界上唯一日发行量超千万份的报纸。而在 1969 年擅长企业经营管理的务台光雄接任该报社长时，《读卖新闻》销量只居于日本三大报之末，他立誓在销量上赶超当时发行量最高的《朝日新闻》。经过激烈的角逐，1976 年 12 月，《读卖新闻》把《朝日新闻》在日本保持了 50 年之久的日发行量最高的"宝座"抢了过来。1978 年 7 月，《读卖新闻》日销量突破 800 万份大关。在销售战中，为了压倒竞争对手，其主要采取以下措施：[②]

（1）向订户赠送礼物。从饭锅、洗衣粉、啤酒到毛毯、小型电子计算器等。据说，为保持其 800 万份销售记录，每月用于扩大订户的费用即达 10 亿日元。

① 丁柏铨. 中国当代理论新闻学. 上海：复旦大学出版社，2004. 178

② 李良荣. 西方新闻事业概论. 上海：复旦大学出版社，2007. 296

（2）改进服务质量。几乎全部采用送报上门的办法，每逢下雨，《读卖新闻》的贩卖店就将报纸装进印有"读卖"字样的塑料袋并投入订户信箱，从而给订户留下了"服务周到"的良好印象，有的家庭从祖父辈起就一直订阅此报。

（3）压低报价。日本报纸的订费随物价上涨，经常提价。《读卖新闻》在《朝日新闻》涨价之后却一拖再拖，这种"迟缓"战术，不仅保持了订户量，还增加了不少订户。

（4）打折扣。为鼓励老订户，一年少收几个月的报费。

（5）利用报社主办的"巨人"棒球队扩大报纸影响，还通过组织交响乐团、旅行社方法来吸引读者。

美国则在杂志的发行上独树一帜，那就是在不同地区发行的杂志针对当地读者的兴趣推出不同的版本。比如《时代》周刊，每期在全球发行550万份，却有60个版本。因为他们对读者进行调查后发现，《时代》周刊的海外读者大多数较为富有，能操多种语言，而且关心世界大事，他们十分关心当地的政治、经济发展问题，而且通常比其他人更容易从国际的角度去思考问题。所以，《时代》在保持母版主要稿件的同时，为当地读者量身订制对当地重大事件的报道和分析。

不论是日本的报纸还是美国的杂志，它们之所以能够取得发行上的巨大成功，主要都是因为它们在发行过程中始终贯穿了一个基本精神：真正地以受众为本位。

（二）广告经营

新闻媒介广告经营的目标是借助媒介的无形资产和资源优势（报纸版面或节目时段），最大限度地吸引广告主在本媒介投放广告，确保充足的广告源，获取最大的广告利润。

广告经营的过程表面看是媒介通过出售版面或时间段给广告主而获得利润，本质却是将受众的注意力（收视率和发行量）和媒介的品牌信誉卖给了广告主。不同媒介的广告定价不同，同一媒介不同时段和位置的广告价位也相差悬殊，主要就是因为媒介的声誉和受众的注意力投放是存在差距的。

1978年年底，财政部批准了《人民日报》等首都几家报纸试行企业化管理的报告。1979年1月28日，上海《解放日报》刊登十一届三中全会后第一条广告；当天下午，上海电视台屏幕上也打出"上海电视台即日起受理广告业务"的字样，播出了中国电视史上第一条商业广告——1分30秒的《参桂补酒》广告，从此之后，新闻媒介逐步恢复了广告经营。1983年，全国广告营业额为2.34亿元；2003年，全国广告营业额达到1 078.68亿元，中国广告市场成为继美国、日本、德国之后的全球第四大广告市场。2005 年，全国广告营业额继续增长，达到 1 416.3 亿元；2009 年达到 5 075.18 亿元，同比增长 13.5%，广告市场增长明显高于 GDP 增长。①

广告经营是媒介经营中举足轻重的一部分。无论是报纸还是广播电视，通过广告经营所获得的收益都是它们最重要的收入。据统计，1983 年，全国报业广告收入平均占报业收入的 10.8%，1987 年占 25.6%，1992 年占 30.1%，1993 年占 42.5%，1997 年占 60.3%，1998 年占 61.5%。2000 年，33 家报纸的广告收入的总和为 88.57 亿元（其余 2 005 家报纸的广告总收入为 23.73 亿元），占当年报业总收入的 78.9%。② 可见，在报业发展的过程中，广告收入增长速度比报业总收入增长速度更快，有力地支持了整个报业的发展。因此，新闻业界将新闻和广告说成是车之两轮、鸟之双翼，是很有道理的。

广告市场的确是一块非常诱人的利润蛋糕，对于市场化媒介来说尤其关乎自身的生死存亡，因此，各新闻媒介使出浑身解数进行广告市场争夺。下面以中国电视媒介的广告经营为例，介绍各级电视台在广告经营上的相关策略。其中有的策略目前正如火如荼地进行，效益一年比一年可观；有的出发点比较理想，但由于实际环境十分复杂，以致草草收尾。

1. 央视：黄金广告资源招标法

20 世纪 90 年代，当时央视广告部主任谭希松说服台长杨伟光同意进行广告招标，主要是解决"新闻联播与气象预告"时段广告插播销售的市场需求和人情压力，企图通过招标的公开、公平、公正程序，摆脱"僧多粥少"的尴尬状况，解决黄金时段广告销售中的供求矛盾，同时也使黄金时段广告的销售能真实地反映市场价值。

1994 年，央视首开广告招标会，参与企业达到 93 家，招标金额 3.3 亿元。此后，每年的 11 月，央视都举行次年广告招标会，至今已有 17 个年头。在刚刚结束的 2010 年 11 月 8 日举行的 2011 年年度黄金资源广告招标会上，招标总额达 126 亿，创 17 年新高。③

回顾过去十几年央视广告招标金额的变化，从 1995 年 3.3 亿元，1998 年 28 亿元，2002 年 26.26 亿元，2003 年 33.15 亿元，2004 年 44.12 亿元，2005 年 52.48 亿元，2006 年 59.69 亿元，到 2007 年首次突破 60 亿元，达到 67.96 亿元，2008 年 80.28 亿元，2009 年 92.56 亿元，2010 年 109.66 亿元，2011

① 相关数据来源于同时期的新闻媒体报道
② 相关数据来源于同时期的新闻媒体报道
③ 数据来源于腾讯网财经频道，http://finance.qq.com/zt2010/cctvbid/

年达到新高126亿元。① 招标金额呈现总体上的上升趋势（中间有个别年份处于下降趋势），特别是自2000年之后，每年的广告招标总额持续攀升，几乎呈直线状态。

从历年广告招标收入在CCTV年度广告收入中所占的比例来看，从2001年起，广告招标额在广告年收入中所占的比例开始逐年上升，广告招标额在CCTV广告收入中的地位越来越重要。到2005年，CCTV全年广告收入为86亿元，广告招标额为52.48亿元，所占比例达到61%，超过全年广告收入的半数以上。②

以上种种数据都表明，在经历了缺乏"规范性"的探索阶段后，广告招标这一机制已逐渐适应广告市场规律，从原来的特殊广告销售手段变成了一种"常态"广告营销方式。

优秀的节目资源和强势的品牌是广告招标这种经营方式存在的基本依据。品牌理念对于媒介发展具有重要意义，品牌化经营是强化宣传质量、提高和扩大宣传效能的重要途径，是新闻媒介市场竞争制胜的法宝，是媒介广告经营的基础和根本依托。作为中国内地唯一一家覆盖全国的电视台，央视集权威性、唯一性、排他性、高收视率于一身，依靠自身品牌的号召力与影响力成为国内广告业的品牌资源，个别时段甚至成为稀缺资源。曾任央视广告部主任一职的郭振玺将央视的业绩归功于中央电视台的影响力，"影响力是我们的第一生命"、"只有把影响力提上去了，才能为客户提供更多的服务"。③

央视招标会的成功还依托于其服务意识的不断提高。具体表现为：在招标会召开之前，相关部门进行央视广告时段招标推广，向客户充分说明和展示央视广告时段的价值，使得客户对其认识更加充分、更加理性；不断丰富招标物种和方式，更加贴近广告主的需要，到2005年为止，标的物数量从最初的13块标版增加到362个，增长了将近28倍④；不断加大对冠名广告、贴片广告等新的标的形式的开发力度，还增设重大活动、直播活动的广告资源；迎合部分产品的季节性特点，标的物投放周期多样化，有年标、半年标、季标、单

① 1995年和1999年的数据来源于黄升民，王春美. 回顾与解读：CCTV广告招标十三年. 广告大观（综合版），2007（1）；其他数据来源于腾讯网财经频道，http://finance.qq.com/zt2010/cctvbid/

② 黄升民，王春美. 回顾与解读：CCTV广告招标十三年. 广告大观（综合版），2007（1）

③ 邵佳慧. 提升"影响力"，实现客户价值最大化. 中国广告，2005（3）

④ 黄升民，王春美. 回顾与解读：CCTV广告招标十三年. 广告大观（综合版），2007（1）

元标等；招标的规则设定、程序安排越来越科学，从单一的暗标竞争到明标拍卖，再到最后确立明暗标结合，"暗标入围，明标竞位"的招标方式；建立客户奖励机制，实现黄金资源与黄金客户的真正对接；改革招标的传统形式，开始迈向"集中预售"：真正稀缺资源标售，相对稀缺资源则集中议价摸底，再走开标形式，一般资源则进行预先认购。

总之，央视独特的品牌影响力和广告经营中注重客户的服务意识和市场意识，使得央视广告招标成为央视广告营销的一个"品牌事件"。当然，媒介广告市场总是不断变化的，央视不论是黄金资源招标，还是"集中预售"法，都应时刻考虑外界环境的变化，不断调整和创新，才能越来越好。

2. 省级卫视：广告联盟对抗央视

目前，我国共有 32 个省级卫视，它们借助卫星技术实现了本省强势覆盖和外省部分覆盖。为了对抗央视在广告经营方面一家独大的局面，省级卫视组织了"广告联盟"，试图以整体的力量削弱央视的地位。

2001 年，中央电视台黄金时间招标会召开的前两天，30 家省级卫视计划在北京召开"省级上星电视广告全国整合优势说明会"，虽然后来临时取消了，但与会的 30 家卫视发布了《30 家省级卫视致广大客户的一封信》，初次向广告客户阐明了省级卫视广告整合投放的优势，表达了省级卫视联合经营广告的意愿。

2002 年 10 月 25 日至 29 日，"全国省级电视台广告协作委员会"在深圳发起并组织了"2003 年省级电视台广告客户联系会"，决定从 2003 年 1 月 1 日起抽掉新闻联播前后 65 秒的央视广告，进行省级卫视的广告"联播"，广告客户如需在此时段进行多家卫视的广告投放，只需同代表省级卫视的"全国省级电视台广告协作委员会"谈判即可。卫视广告联盟由此开始进入"联播"阶段，当年实际签约广告 1 000 多万元，省级卫视联盟有了实质性进展。

2003 年 10 月 18 日，中国广告协会电视委员会、全国省级电视台广告协作委员会在郑州召开"2004 年度全国省级电视台广告策略研讨暨广告推广会"，此次会议的一个重要举措就是确定了上海前景广告传播有限公司为省级卫视部分广告时段的代理广告公司，该公司精心设计了包括黄金剧场套播广告的四大类十多种卫视整合传播产品，省级卫视广告联盟进入了所谓的"整合广告传播"阶段。

"省级卫视通过几次大规模的会议和推介会，经历了从最初的'合作意愿表达'，到'广告联卖'，再到'广告联播'，最后正式提出'整合传播'这样几个阶段,终于结成了一个试图囊括全国省级卫视的广告联盟。"①

省级卫视广告联盟之所以能够建立起来,主要基于这样一个认识:各家省级卫视的覆盖率和收视率总和大于央视一套的覆盖率和收视率。省级卫视的优势在于交叉覆盖,即覆盖的互补性,如果广告客户在某一时段的各家省级卫视上同时投放其广告,就可以将受众"囚禁"在广告的"鸟笼"中,受众无论换到哪家省级卫视频道都会收看到同一个广告,这就是前安徽电视台副台长和广告中心主任、现实力传播克顿顾问董事总经理吴涛所大力倡导的"鸟笼"理论。

"省级卫视要构建对受众进行围追堵截的'鸟笼',必然要求把'鸟笼'做得足够大、足够密,否则,一旦有一个缺口,这'鸟笼'的防卫就如同虚设,阻挡不住受众躲避广告的换台突围,这就直接导致卫视的广告联盟要以全国的省级卫视为结点,编织一个覆盖全国的大网。"② 但全国性的广告联盟却意味着高管理难度、高协调成本和低执行能力,特别是它在操作和执行上存在诸多难题:如何将联盟内众多利益主体协调一致,形成完备的产品体系;如何对违反联盟规定的行为进行监察和约束,使其成为高效、稳定、灵活的联合体;如何进行利益的科学分配等问题,这些都制约着广告联盟交叉覆盖优势的充分发挥。

与前几年热闹的场面相比,近几年省级卫视广告联盟的这种销售模式已经逐渐淡出人们的视野,如何将这样一个理想的理论初衷付诸实践,探索其在实践中的可行性,是摆在研究者和实践者面前的首要问题。

通过以上案例可以看出,媒介的广告经营由于主体不同,需要结合自身力量和外在条件的实际情况,探索适于自己的广告经营模式。但不论是国家级、省级还是地市级媒介,在具体的广告经营中又不可避免会遇到同一个难题,那就是受众、媒介和广告主作为广告市场上的三个构成主体,如何处理它们之间的"三角"关系,才能获得最大的经济效益和社会效益?

在广告经营中,受众、媒介和广告主形成了"三足鼎立"的关系。它们各有所图,在利益方面不无矛盾。从受众的角度说,他们的利益点在于从媒介那里获取有价值的新闻信息或得到相应的满足。在通常情况下,受众希望新闻传媒能尊重他们的意愿,不要太多地侵占他们的时间,因此他们并不喜欢新闻媒介上的那些与他们毫不相干的广告,他们无法忍受节目中广告数量过多、质量过次。新闻媒介的利益点在于:在显著的版面上和重要的时段中,刊播数量

① 任中锋. 省级卫视广告联盟的格局思辨. 市场观察·媒介,2005(10)
② 任中锋. 省级卫视广告联盟的格局思辨. 市场观察·媒介,2005(10)

较多、价位较高的广告，以获得丰厚的广告收入。而广告主出资购买报纸的版面或广播电视的节目时段，是希望将受众的眼球和注意力牢牢吸引住，并进而对目标受众产生相应的影响，使广告投入能换得更多的产出，而并不关心受众接受了广告之外的哪些信息。

在利益互为矛盾的"三角"关系中，焦点集中在新闻媒介身上。从某种意义上说，广告主是报纸版面和广播电视节目时段的买主，而新闻媒介则是报纸版面和广播电视节目时段这些特殊资源的出售者。它们之间形成了一种买卖关系，存在矛盾也属正常。问题是，报纸的版面又通过发行的渠道出售给了读者。作为真正的消费者，读者有权维护自己的权益；作为付费购买报纸版面和广播电视节目时段者，广告主同样有权维护自己的利益。因此，为了维持平衡关系，新闻媒介必须兼顾受众、广告主双方的利益，满足他们正当、合理的需求。一方面，努力做好新闻内容，以满足受众的信息需求；同时应事先对广告进行审核，保证广告的真实、合法，并对广告的数量、质量、播出时长、版面大小等进行严格、有效的控制，不可将新闻和广告主次颠倒。另一方面，为广告客户提供优质服务。如为广告客户当好参谋，使之以较少的投入产出较大的效益；充分利用一切技术手段，力争广告宣传效用最大化；运用公关手段努力扩大广告客户，并同他们建立长期的合作关系；制定合理的收费价格等。

当受众利益和广告主利益发生冲突时，后者要服从前者。这是因为，首先，广告收入虽是新闻媒介的主要经济来源，但任何新闻媒介绝非因广告而诞生，也绝非为广告而存在。在任何时候，广告经营都只能是媒介为扩充经费来源所从事的一项兼营业务，新闻媒介还担负着比广告经营更为广泛、更为重大的社会职责。其次，受众的注意力是广告经营的关键，只有尽量满足受众的需求，吸引受众的注意力，进而扩大媒介的影响力，才能受到广告主的青睐。新闻媒介广告经营形成的良性循环应该是：办好内容→提高收视（听）率（发行量）→赢得广告→提高媒介经济效益→增加媒介收入→节目办得更好。而有些新闻媒介的领导者却要求采、编、主持人去拉广告，这是典型的舍本逐末的做法。

二、媒介的资本经营

所谓资本经营，是指企业将其拥有的有形和无形资产转变成可经营的价值资本，通过对资本的重组、参股、控股、交易、租赁、收购、兼并、转让等途径，实现资本增值的活动或过程。简单来说，资本经营就是指买卖资本的经营行为。资本经营是企业扩大资本、增强经济实力的重要手段，也是企业借以赢利的方式和手段之一。

按资本的流向，资本经营的方式可以分为投资和融资。投资就是企业本身资本和实力比较雄厚，通过兼并与收购等方式，让资本介入其他企业或行业，从而获得利润。融资就是吸收企业外的资本，以壮大企业实力，从而获得赢利。如利用上市公司进行资产重组，实现筹资和增资。

新闻媒介具有产业属性，其拥有的各种有形资产和无形资产也可以转变为资本，新闻媒介可以通过买卖这些资本实现其价值增值，此即新闻媒介的资本经营。在国外，媒介资本经营的历史已经很长，并成为媒介的主要经营方式。

我国新闻媒介最早进行资本经营是 20 世纪 80 年代末，主要以投资为主，进行有限的资本经营。20 世纪 90 年代开始出现以融资和股权交易为代表的资本经营新形式。1999 年，湖南广播电视产业中心的电广传媒（曾用名"电广实业"）在深圳证券交易所挂牌上市，成为中国媒介的第一股。1999 年，《成都商报》间接控股四川电器，成为我国股票市场报业控股上市公司的首例。行至 21 世纪，我国传媒产业与资本市场的交叉越来越多，2001 年 1 月 8 日，隶属于北京市电视局的歌华有线在上海证券交易所正式挂牌交易，其是继湖南电广传媒之后又一家跨入中国股市的广电媒介，对中国新闻传媒界具有重要意义和深远影响。同年 9 月 8 日，北京广播影视集团与《北京娱乐信报》举行签约仪式，前者首期向《北京娱乐信报》注资 2 500 万元人民币。

总结目前我国新闻媒介资本经营的状况，大致可以分为以下五种运营形态：

（1）直接投资实业。

主要是一些有实力的媒介，如上海文汇新民报业集团先后投资上海全日送物流配送有限公司、上海东亚有限公司、中华印刷有限公司，投资 600 万元创办《上海星期三报》等。到 2000 年上半年，集团对外投资累计超过 2.6 亿元。另外，如哈尔滨日报报业集团投资收购了当地一家电报公司，大众日报报业集团拟投资并购山东东瀛华泰集团下属年产 12 万吨的纸厂等。值得注意的是，上述投资或收购主要不是媒介自己去经营实业，而是以股东或所有者的身份出现，是资本意义的兼并而非经营业务的兼并。

（2）股份合作经营媒介相关产业。

新闻媒介主要以自己的无形资产和媒介特许经营权及少量固定资产为资本，与其他社会资本——主要是货币资本合作，共同投资相关产业并按股份协议共担风险、共享利润。如中国产经新闻报社成立了中国产经新闻报业公司，由首钢、齐鲁日化等 12 家大型国有公司出资并作为股东，中国产经新闻报业公司享有报社的绝大部分资产所有权和全部的经营权，报社只控制编辑权。这是在实践中采用最广泛但问题也较多的一种经营方式。

（3）媒介子公司实行股份制。

这种形式为各报业集团广泛采用。山东大众报业集团 1999 年就对下属印刷厂和山东网景公司进行了股份制改造，成立了股份有限责任公司，吸收了其他媒介的资金。北京青年报、天津今晚报等许多报社的发行公司都是由主报控制，职工入股并吸收一定社会资金，共同组成的股份制公司。

（4）媒介子公司控制上市公司。

它是指媒介通过自己所属的全资子公司，收购上市公司的股份，成为重要股东，并使上市公司以媒介业为主营业务。最典型的例子是成都商报社通过下属博瑞公司参股上市公司"四川电器"，成为第一大股东并改变上市公司的主营方向，更名为"博瑞传播"，主要投资媒介相关产业。另外还有中国计算机报社，其主管单位——信息产业部计算机与微电子发展研究中心，用该报社51% 的股权换取上市公司"港澳实业"29% 的股份，成为"港澳实业"第一大股东，并改变"港澳实业"主营业务，确定以 IT 媒介业作为新的主业方向，有人形象地称之为"借壳上市"。

（5）子公司直接上市融资。

直接上市就是指上市公司的发起人是媒介或媒介主管部门的全资子公司，上市公司的主营业务与媒介主要业务相关联，上市所融资金一般投向媒介业或与之密切相关的产业。这种方式使媒介获得了极大的融资能力，代表有湖南广电集团下属的湖南电广传媒股份有限公司、上海市广电局所属的上海东方明珠股份有限公司。如湖南广播电视厅借下属子公司"电广传媒"成功上市并吸纳资金近 5 亿元，2000 年又顺利增发 5 300 万新股，融资 15.9 亿元。借助这些资金，其在长沙郊区征地 2 200 亩，进行七大工程建设，总投资 32.2 亿元，打造一个集节目制作、娱乐、会议、展览、游览、休闲于一体的国内最大的广播影视产业基地。[①]

中国媒介进行资本经营完全是媒介走向市场以后的产物，是新闻单位在对新闻产业的功能重新认识的基础上对新闻事业发展模式的自发调整。它是随着市场经济发展的逐步深入，新闻单位努力适应市场经济，充分利用市场资源，免遭市场淘汰而作出的尝试。因为这种"自发性"是由新闻生产力所决定的，受到社会主义市场经济的深刻影响，所以新闻媒介资本经营具有合理性和趋向性。

当前新闻媒介资本经营中也出现了一些值得注意的问题，总体发展水平尚处在初级阶段。具体微观表现有：个别领域盲目融资；部分小报小刊及地方媒

---

① 薛颖旦，张粉琴. 看电视湘军如何打造"传媒航母". 新华日报，2005－05－23

体在与社会资本，尤其是私人资本合作时，为了争取资金，摆脱困境，或隐蔽或公开出让版面编辑权及频道经营权；资本经营决策过程过于简单化，过多追求小集体利益，工作中缺乏长远性、目的性，缺少全局的眼光，风险防范意识较差。整体发展水平与外国相比，差距也很大。一方面，发展不均衡、规模小。新闻媒介的资本经营状况在地区间不均衡，在媒介竞争激烈、传媒经济发达的地区，如广州、上海、北京、长沙、成都、西安、哈尔滨等地，资本经营已经进入了操作阶段，而其他地区却鲜有动静；各类媒介之间资本经营状况也不均衡，新闻网站和有线电视业融资步伐最快，也最需要规范。报业经济发达地区，报业资本经营在谨慎行进中，理论研究也相对深入。广播电视业除了三家上市公司外很少有资本经营的实践，原因是电视业经济效益好，没有推动力；广播业回报少，资本无意进入。另一方面，资本经营处于自发无序阶段，缺乏政策、理论、规范、经验、人才等相关要素。

媒介资本经营，是一个新闻媒介在前进中遇到的问题，应该本着实事求是的精神，加强理论探索和实践探索。首先，应该承认新闻媒介进行资本经营有其必然性，对我国新闻事业的长期发展将起到积极的推动作用；其次，应尽快建立新的法律监管体系，并颁布实施配套的法律、法规，以防止运营的盲目性，减少运营风险，提升经济效益，将媒介资本经营纳入规范化管理的轨道。

【思考与练习】

1. 简述媒介管理的内容。

2. 媒介管理体制有哪些类型？

3. 结合实例，谈谈你对新闻媒介广告经营的看法。

4. 结合实例，谈谈你对新闻媒介资本经营的看法。

5. 从经营的角度分析上海文广新闻传媒集团和广州日报报业集团的成功经验。

【推荐阅读】

1. 马建平，卞华. 媒介经营管理创新思维. 北京：中国传媒大学出版社，2008

2. 赵曙光. 媒介经济学. 北京：清华大学出版社，2007

3. 赵曙光. 媒介资本市场案例分析. 北京：华夏出版社，2004

第十二章

新闻工作者的职业道德和修养

"铁肩担道义，妙手著文章。"新闻工作者肩负着沉甸甸的社会责任，他们要反映社情民意，弘扬社会正义。党和人民赋予新闻工作者神圣而光荣的使命。然而，在新闻实践中，却存在着新闻工作者道德失范的现象。新闻失实、有偿新闻、低俗炒作等现象不仅玷污了新闻职业，而且误导了社会舆论。谨守职业道德，提升自身修养，是每一位新闻工作者应该时刻牢记的。

所谓职业道德，就是同人们的职业活动紧密联系的符合职业特点所要求的道德准则、道德情操与道德品质的总和，它既是对本职人员在职业活动中行为的要求，同时又是本职业对社会所负的道德责任与义务。新闻工作者的职业道德是新闻工作者在工作中需要遵守的行为规范和准则。

新闻媒介在社会生活中扮演着极其重要的角色，人们一刻也离不开新闻媒介。它是党和人民的喉舌，是社会公器，在监测社会环境、引导社会舆论、整合社会关系、传承文化遗产等方面起着重要的作用。中国著名新闻工作者郭超人曾经说过这样一句话："记者笔下有财产万千，笔下有人命关天，笔下有是非曲直，笔下有毁誉忠奸。"新闻工作者承担着传播信息，满足公众知情权，反映民意，沟通上下，通过舆论引导和舆论监督弘扬社会正义的职责和社会使命，他们是否遵守职业道德规范，关系重大。

第一节　中国新闻工作者职业道德的基本要求

1991 年 1 月，中华新闻工作者协会第四届理事会第一次全体会议通过了《中国新闻工作者职业道德准则》。该准则对我国新闻工作者的道德行为制定了六条标准："全心全意为人民服务"、"坚持正确的舆论导向"、"遵纪守法"、"维护新闻的真实性"、"保持清正廉洁的作风"、"发扬团结协作精神"。该准则于 1994 年 4 月第一次修订，1997 年 1 月第二次修订，2009 年 11 月中国记协第七届理事会第二次会议通过第三次修订。经过三次修订的《中国新闻工作者职业道德准则》将新闻职业道德细化为"全心全意为人民服务"、"坚持正确舆论导向"、"坚持新闻真实性原则"、"发扬优良作风"、"坚持改革创新"、"遵纪守法"、"促进国际新闻同行的交流与合作"等七项要求（见附录一）。

一、全心全意为人民服务

全心全意为人民服务，是社会主义道德建设的核心，是社会主义道德的集中体现，也是新闻工作者的根本宗旨。新闻媒介应贴近受众的需要，尊重受众的认识规律，做受众的良师益友。新闻工作者要站在对国家和人民负责的立场，想人民之所想，急人民之所急。中国新闻事业是人民的新闻事业，新闻工作者理应成为人民群众的代言人，时刻把人民的利益放在心中，指导自己进行新闻报道。央视女记者刘薇，是中央电视台《每周质量报告》栏目做暗访调查的唯一一名女记者。她做过的《瘦身陷阱》、《美容神针内幕》等报道揭开了一个个行业黑幕。她最常说的一句话就是："做质量报告就是积德行善，就是在做好事，多苦多累都值得。"她长期关注女性和儿童健康，由她制作的关于美容行业和美容产品的揭露性报道，让爱美的女性看到了真相而免于受害。在对阜阳手足口病的新闻报道和蓟县六名新生儿意外死亡的报道中，刘薇不辞辛劳，采访严谨，体现了一个专业记者的职业修养。刘薇是一个"有良知的记者"，她经常给亲戚朋友打电话，号召大家把不穿的衣服捐出来，她再寄到边远贫困地区，而且她还不留自己的名字和地址。在每一次的调查中，她都会接触到素不相识的受害者，在工作之余，刘薇总是尽可能地为他们提供帮助。2010年3月9日晚，刘薇加完夜班驾车回家途中遭遇车祸受了轻伤，但她不顾个人安危，又和救助她的男青年一起去营救其他受伤人员，不幸被后面高速驶来的一辆面包车撞倒，伤重不治，献出了宝贵的生命。① 刘薇是记者中的楷模，无论是作为一名专业的记者，还是一名普通人，她的行为都体现了为人民服务的宗旨和精神。

二、坚持正确舆论导向

江泽民同志曾经说过："舆论引导正确，党和人民之福；舆论引导错误，党和人民之祸。"胡锦涛同志2008年考察人民日报社时也强调："舆论引导正确，利党利国利民；舆论引导错误，误党误国误民。"舆论，是公众关于现实社会以及社会中的各种现象、问题所表达的信念、态度、意见和情绪表现的总和。② 新闻媒介作为传播社会舆论的重要工具，在反映与群众切身利益相关的问题上，在促进和谐社会的构建中，应特别注意对舆论导向的把握。2010年3月28日，新华社连续六天发表了六篇聚焦房地产市场的"新华时评"，六篇文章分别是《红火景象下的楼市之忧》、《不能让楼市成为投机者的乐园》、《坚决清除房价中的"腐败成本"》、《疯狂的房价叫板土地招拍挂》、《"土地财政"还能维持多久》、《税收杠杆应发挥更大作用》。这六篇评论对楼市泡沫和地方土地财政给楼市带来的投机效应和社会影响进行了剖析，痛批土地财政以及腐败酿生的高房价。新华社的系列评论引发了强烈的舆论反响，《人民日报》、中央电视台、中央人民广播电台、《光明日报》、《中国青年报》等主流媒体随后也作了跟进报道。新华社的评论主旨鲜明，直击社会的焦点问题，从民生角度阐明观点，无疑给了混乱的楼市一帖清醒剂，达到了舆论引导和舆论监督的有效统一，有利于相关调控政策的出台，促进楼市的健康发展。

---

① 新华网，http：//news.xinhuanet.com/politics/2010-11/20/c_12795980_4.htm
② 陈力丹. 舆论学——舆论导向研究. 北京：中国广播电视出版社，1999.11

新闻舆论是社会情绪的"调控器",引导得好能促进和维护社会稳定,引导得不好则可能激化矛盾、影响和谐。舆论有两种形态,一种是自在型舆论,一种是自为型舆论。自在型舆论是受众对社会事件或社会热点问题发表的口头或书面言论。其特点是直接的、公开的、易变的、不稳定的、可塑的,有时可能会带有偏激性和盲目性。自为型舆论是一种科学、理性的观点表达,是自在型舆论的升华。它是基于事实之上、符合客观规律、反映事物本质的观点和主张。它大多表现为政党、新闻媒介通过自觉的传播活动以影响公众而形成的意见和态度。新闻媒介应主动引导自在型舆论,传播自为型舆论。社会转型过程中各种社会矛盾和社会问题增多,再加上多元文化和多元价值观的碰撞,使社会舆论呈现复杂化倾向,也使得舆论引导的任务变得异常艰巨。这就需要新闻媒介和新闻工作者牢记自己的责任和使命,坚持正确的舆论导向,坚持以人为本,创造健康的舆论氛围,保障人民权益和社会公平正义。例如,近几年群体性事件时有发生,新闻媒介应把握舆论引导的主动权,第一时间发布权威信息,说明事实真相,以正视听,消除谣言,避免被动局面。同时,应将政府有关部门应对和处理群体性事件的对策及时传达给公众,满足公众的知情权。针对网民言论多元化的特点,通过提供充分、真实的信息,回应网民的质疑,在真诚的互动中减少偏激和不利言论,用有说服力的言论和合理的议程设置使公众舆论朝着理性的方向发展。

三、坚持新闻真实性原则

真实是新闻的生命。坚持新闻的真实性,是对新闻工作者和新闻媒介最基本、也是最重要的要求。新闻媒介要取信于民,必须坚持新闻真实性原则。新闻的真实性是舆论引导的基础,虚假新闻和失实报道必然带来错误的舆论导向,会给公众的认识和行为造成误导。反映真实、还原客观,应该成为新闻工作者不懈的追求,虽然寻求真相的过程可能会困难重重。从2001年起,《新闻记者》杂志每年都会评选出当年的"十大假新闻",引起了强烈的社会反响。假新闻屡禁不止,成为影响新闻事业发展的"短板"。总结假新闻频出的原因,认为这与记者的工作作风有密切的关系。一些记者习惯于捕风捉影、道听途说,只要是听起来够离奇,或是有卖点的事件,既不去寻根问底,也不去多方求证,仓促成稿、一发了之。还有的记者坐在家里凭空想象,把新闻报道当成是"文学创作",不惜添油加醋、夸张虚构。步入互联网时代,不少记者成了"互联网记者",完全依赖网络"写新闻",不跑现场,不做调研,有时随意揉捏几篇网上的文章,就当完成了任务。在激烈的媒介竞争中,有的新闻媒介对虚假新闻现象甚至表现出"宽容"的态度,把关不严,似乎假新闻的出现有着冠冕堂皇的理由。2005年4月13日，美国弗吉尼亚理工大学向新闻界提供了题为《太爱干净可能对你的健康和环境有害》的新闻素材，介绍该校副教授维克斯兰和他的两位合作者的论文，其中谈到抗菌洗洁精中的"三氯生"在一定条件下，几经转变可能会产生三氯甲烷这种被美国环保署列为可能的人类致癌物，当中并没有提到牙膏。15日，英国《旗帜晚报》仅根据高露洁牙膏中含有"三氯生"就简单地下结论，发布耸人听闻的新闻《牙膏的癌症警告》。这则消息在英国的主流媒体上并未大规模报道，而我国不少媒体则一拥而上地传播了这则未经证实的消息，却没有记者去核实相关的材料。由于事情牵扯到每个人的健康问题，因而造成了不小的社会震动。为此，论文作者维克斯兰告诉媒体："我们绝大部分研究工作采用的是纯化合物，仅仅对实际抗菌产品进行了有限的试验，尚未涉及任何种类的牙膏产品。考虑到三氯甲烷的生成受到温度、三氯生浓度、水中氯的浓度、水的酸度等多种因素的强烈影响，认为使用含三氯生的牙膏会出现问题，是非常草率的。"他对《旗帜晚报》的报道表示遗憾："这是一则非常差的新闻——如果有人称其为新闻的话，它明显扭曲了我们的研究工作。我讲的也就是使用抗菌洗洁精时可能发生的事情，怎么和牙膏扯上关系了呢？我的名字竟然出现在这样一篇报道之中，真是让我非常失望。"好在国内主流媒体及时作出了澄清，才使风波平息。[①]

2006年8月，《信息时报》报道，"广州市面出现西瓜被注射红药水根本不能吃"，这则假新闻造成了广东、河南两省部分地区的西瓜卖不出去，使瓜农蒙受了巨大损失。后来央视经济频道就此事采访作者本人，造假者称："我买到一个西瓜，发现不那么好吃，就想做关于这方面的文章。"而当被问到报道中那位取西瓜水样让同事化验的"在某医科大学上班的杨女士"的联系方式时，造假者闪烁其词。可见，这个造假的记者仅凭个人的主观想象，在没有事实依据的情况之下炮制了假新闻。

四、发扬优良作风

新闻工作者面对的是纷繁复杂的社会现实，时代发展过程中会不断出现新问题、新现象，这就要求新闻工作者要与时俱进，不断学习新知识和新方法。新闻工作者不仅是现实的"报道者"，而且是现实的"解释者"。随着公众媒介素养的提高，他们对新闻媒介的要求和期望也越来越高，这也促使新闻工作者必须不断提升自己的政治素质和业务素质。

---

① 高露洁致癌事件调查：谁制造了牙膏信任危机. 南方周末，2005 – 04 – 21

新闻工作者的优良作风首先应表现在不畏艰难深入现场采集事实,秉承严谨的态度,发扬忘我的精神,做时代的记录者。第七届范长江新闻奖获得者、哈尔滨电视台纪录片部主任郑鸣认为,要成为一名优秀的新闻工作者,最重要的一条是要在路上行走,在行走中发现,在发现中选择,在选择中报道。不在路上,就没有机遇,没有灵感,没有震撼,没有思想。新闻工作深深扎根于现实的土壤中,离开了人民群众,离开了火热的生活,是不可能作出优秀的新闻报道的。这就要求记者要到"三线"采访,即"一线、前线、火线"①。在汶川大地震中,许多记者忘记性别差异,克服难以想象的困难,第一时间奔赴灾区现场,他们顶着余震不断的危险,他们在黑夜中冒雨前行,他们身背器械徒步开进,他们连续奋战夜以继日。正是他们用自己辛苦的劳动,让人们了解到震区受灾情况,全面掌握了党和政府的救援进展,生动再现了拯救生命的感人事迹。

《大众日报》高级记者陈中华,年过半百,是有着十多年处级资历的老干部,却长期与普通记者一样,奔走在新闻采访报道一线,其扎实的采访作风受到年轻人的追捧和敬重。他采写的新闻稿件,大多是关注社会弱势群体的报道,他以严谨扎实的工作态度和强烈的敬业精神,真实记录着平民百姓的喜怒哀乐,反映"小人物"们的心声。2002年2月的一天,山东莘县农民史朝旭因多次向上级部门反映本村个别村干部的问题而被有关部门认定为"村霸",并作出了将其劳动教养的处理决定。陈中华获知后,经过多次深入细致的调查走访,了解到史朝旭反映村干部的问题基本属实。于是,他以《村霸的帽子岂能乱扣》为题,报道了事件的全过程。与此同时,他还鼓励史朝旭勇敢地拿起法律的武器维护自己的正当权益,并依据自己调查了解的事实亲自在法庭上为其辩护,要求法庭依法撤销对史朝旭劳教的处理决定,最终打赢了官司。在陈中华看来,"三贴近"是新闻工作者成功的法宝。他的新闻作品中的最大特点几乎全是深入一线捕捉到的"活鱼"。他曾经采写了《关注城市乞讨》、《少年儿童流浪乞讨现象透视》、《寻访患大病的农民》、《新中国第一批失业者》、《住在城里的农村人》、《警惕拖欠民工工资新手法》等调查性新闻作品。陈中华这样总结:"做一个好记者,基本的前提就是看不得群众的一点痛苦。心硬了,是做不了有良知的记者的。"②

---

① http://news.xinhuanet.com/zgjx/2010 - 09/27/c_ 13532124. htm

② 一名新闻工作者的良知——记《大众日报》记者陈中华. 工人日报, 2009 - 11 - 06 (3)

五、坚持改革创新

新闻传媒业的发展日新月异，新媒体、新技术的出现要求新闻工作者紧跟时代步伐，转变媒介生产方式，善于用新的传播手段提升新闻传播效果。同时，新闻媒介之间竞争加剧，媒介从"跑马占地"的数量增长式发展，逐步转为深度开发、规模扩张、质量取胜和专业化等实力竞拼式的发展。在激烈的竞争中，唯有在遵循新闻传播规律的基础上不断改革创新，方能站稳脚跟。

传统媒介应树立创新意识，充分利用新媒体技术，多元开发信息资源，创建多媒体信息互动平台，弥补过去传播内容单一化、形式单调化以及互动性不足的弱点。创新体现在多个方面，如体制创新、内容创新、技术创新、理念创新等。南方报业传媒集团原董事长范以锦认为，创新是传媒业可持续发展的不竭动力。南方报业传媒集团在发展过程中，始终坚持创新，它的一系列做法对报业的发展有一定的参考价值。2005 年 7 月 18 日，南方日报报业集团更名为南方报业传媒集团，同时组建南方报业传媒集团公司并列为省管企业。更名后，南方报业传媒集团保留省委机关报原有的南方日报社社委会，并新组建南方报业传媒集团党委会、管委会、编辑委员会；新组建南方报业传媒集团公司，设董事会及经理班子。集团党委会和管委会作为集团的最高领导机构，总体把握集团报刊的舆论导向和集团资产的保值增值。南方日报社社委会和新组建的编辑委员会负责新闻采编业务，具体把握集团报刊的舆论导向。这些做法坚持了经营和采编两分开的原则，是体现党委领导与法人治理结构相结合的体制创新。与"报业集团"相比，"传媒集团"同时拥有多种形态的媒介，使用多种先进的传播技术参与移动传播，以更丰富的内容，通过更迅速的渠道和更便捷的载体，更全面、更立体化地影响着不同的受众，创造出比单一形态媒介组团更加强大的传媒影响力。网站和手机报等新兴媒介已从报纸附属机构或支撑机构，变成了与报纸同一层次的媒体机构。2005 年 8 月，南方报业传媒集团和广东移动合作推出的手机报正式发行，同时提供彩信、WAP 两种版本，用户超过 30 万。2006 年 1 月 11 日，由南方报业传媒集团和电信部门合作推出的第二代门户网站——奥一网（www. oeeee. com）正式上线测试，并于 2006 年 3 月 16 日正式运作。[①]

上海文广新闻传媒集团推出的《第一财经》已成为知名的传媒品牌，这个品牌将财经广播资源整合进来，实现广播电视的同一品牌联动。在此基础

---

① 范以锦. 创新——传媒业可持续发展的不竭动力. http：//media. people. com. cn/GB/40606/4578997. html

上，文广集团又与北京青年报社及广州日报报业集团联手，共同投资推出《第一财经日报》。《第一财经》品牌初步实现了在公司架构下的跨地域、跨媒体发展，文广集团还与全球著名的股票指数供应商"道琼斯"合作，双方投入资金和技术，共同推出"道琼斯第一财经中国 600 指数"，打造媒体产业链，进入财经资讯衍生产品领域。

从社会需求角度来看，受众对新闻时效性、现场性、深刻性的要求越来越高，新闻媒介必须以精彩的内容和富有创意的传播策划吸引受众。这就需要新闻工作者深入研究受众需求，提高传播技术，运用多种传播手段，用受众易于接受的方式，最大限度地满足受众的知情权。

六、遵纪守法

新闻工作者在采访和报道活动中，应遵守宪法和法律法规及党的新闻工作纪律，在法律允许的范围内进行新闻报道和舆论监督，维护采访报道对象的合法权益，避免新闻侵权、媒介审判。

近年来，由于一些新闻工作者法律知识的匮乏或采访作风和报道方法存在问题，新闻侵权和媒介审判等现象时有发生。

新闻侵权行为是指新闻单位或个人利用大众传播媒介，以故意捏造事实或过失报道等形式向公众传播内容不当或法律禁止的内容，从而伤害了公民和法人的人格权的行为。[①] 侮辱、诽谤、公然丑化他人人格，宣扬他人隐私等行为均可构成新闻侵权。捏造事实、公然丑化他人人格、运用侮辱、诽谤等方式损害他人名誉，造成一定影响的，认定为侵害公民名誉权；非法剥夺、严重诋毁他人荣誉称号，阻挠、压制他人获得应得的荣誉称号的，认定为侵犯他人荣誉权；非经本人同意，散布他人隐私，认定为侵害他人隐私权；盗用、假冒他人姓名、名称造成损害的，构成侵犯姓名权、名称权；以赢利为目的，未经公民同意而利用其肖像做广告、商标、装饰、橱窗等，构成侵犯公民肖像权；剽窃、抄袭他人作品，未经著作权人授权发表其作品，歪曲篡改他人作品，在他人作品上署名，都构成侵犯著作权。[②] 随着国家法治进程的加快，受众的法律意识越来越强，他们学会拿起法律的武器保护自己的权益，而新闻工作者更要懂法、守法，知道什么可以做，什么不能做。要避免新闻侵权，除了知晓相关法律规范之外，还要着力提高新闻采写能力。新闻记者要扎扎实实深入现场采访，尽量获取第一手资料，消息来源要权威，不要道听途说、妄自猜测，不能

---

① 王利明等. 人格权法. 北京：法律出版社，2000. 170
② 尹岩. 认识并远离新闻侵权. 新闻战线，2003（8）

仅满足于整体真实，新闻报道中的细节、数据都应该是真实准确的。在新闻写作中，应始终坚持用事实说话，涉及多方利益时要注意报道的平衡性，引用的材料必须准确无误。在报道中，对未成年人、妇女、老年人、残疾人等特殊人群的合法权益应特别留意和关注。

媒介审判是"超越司法程序抢先对案情作出判断，对涉案人员作出定性、定罪、定量刑以及胜诉或败诉等结论。媒介审判的报导在事实方面往往是片面的、夸张的乃至是失实的。它的语言往往是煽情式的，力图激起公众对当事人憎恨或者同情一类情绪。它有时会采取'炒作'的方式，即由诸多媒体联手对案件作单一向度的宣传，有意无意地压制了相反的意见。它的主要后果是形成一种足以影响法庭独立审判的舆论氛围，从而使审判在不同程度上失去了应有的公正性"①。例如，一些案件，法院尚未开庭审理，有的媒介就随意使用"杀人犯"、"贪污犯"等定性词汇，以带有强烈感情色彩的语言描述案件或当事人，误导了受众，给案件的审理施加了种种非正常的，甚至是错误的舆论压力。有的媒介对案件进行"舆论监督"的动机并不是为了监督司法公平正义，而是为了实现媒介的商业价值，于是在对案件的报道中片面追求轰动效应，一味强调时效性，造成了对司法程序的不当介入，干涉和影响了司法的独立。媒介审判现象的存在与涉案报道的不规范有很大的关系。有的媒体把案件报道当"花边新闻"处理，而不注重法律解读和社会反思；采访过程中偏听偏信，报道时一边倒，不懂得平衡处理；在报道中胡乱猜疑，妄下结论；发表评论时缺乏善意，无端指责，乱扣帽子；在语言上客观叙述不够，主观评价太多。媒介不是"无冕之王"，媒介舆论监督的目的是满足人们的知情权，倡导、普及民主和法治的观念，维护社会正义。从这一立场出发，媒介对司法活动的报道应在合理的界限之内，尊重司法的独立性、严肃性和程序性，加强媒介自律。中央人民广播电台法律顾问、高级编辑徐迅女士曾提出媒介报道司法活动的 12 条自律规则，值得参考。这 12 条规则是：第一，记者不是警察；第二，避免罪案报道的副作用；第三，媒体不是法官；第四，尊重当事人获得公正审判的权利；第五，对弱势群体予以特别关切；第六，对不公开审理案件之案情不宜详细报道；第七，不针对法庭审判活动进行暗访；第八，平衡报道，不做诉讼一方的代言人；第九，评论一般在判决后进行；第十，判决前发表的批评性评论应谨慎限于违反程序行为；第十一，批评应当抱有善意，避免针对个人的品

① 魏永征. 新闻传播法教程. 北京：中国人民大学出版社，2002. 209

行学识；第十二，不在自己媒体上发表自己涉诉的报道和评论。①

七、促进国际新闻同行的交流与合作

随着跨文化传播活动的日益增多，新闻工作者经常需要在国际交流与对话的语境中进行新闻报道。新闻媒介是对外宣传的窗口，是沟通中国与世界的桥梁。主要由新闻媒介构成的信息传播力是一个国家"软实力"的重要组成部分。在信息全球化的时代，重大国际事件的报道能力是衡量一个媒体实力和一个国家对国际舆论引导能力的重要指标之一。② 半岛电视台凭借对伊拉克战争所作的时效性强、独具视角的报道成为在全球知名度甚高的新闻媒介，在国际舆论中确立了重要的地位。半岛电视台的经验告诉我们，主流媒体应在重大国际事件中主动出击，提供最新、最全的新闻，影响国际社会对有关问题的认知和评价，树立权威、公正的媒介形象。

中国经济的快速发展以及在国际外交中负责任的形象，为中国赢来了众多目光。在世界关注中国的大背景下，中国人对自己如何描述、如何解读新闻事件变得十分重要和迫切。向世界传递中国的声音，向世界提供客观的、准确的、全面的、积极的中国图像，是新闻媒介和新闻工作者必须承担的重要责任。在当前复杂的国际舆论中，仍存在着对中国的偏见和误读，例如2008年发生的拉萨"3·14"打砸抢烧事件，一些西方媒体对该事件进行了歪曲报道，张冠李戴、断章取义、混淆视听，违背了新闻真实性的原则。面对这类情况，我国新闻媒体应争取主动权，用事实说话，有理、有据、有节，对歪曲报道和错误言论予以有力的还击，告诉世界真相是什么。

新闻工作者还应树立"走出去"的心态，积极传播中华民族的优秀文化，塑造和维护中国国家形象。此外，新闻工作者在对国际问题进行报道时，应尊重各国主权、民族传统、宗教信仰和文化多样性，正如中央电视台驻埃及记者杨春曾说过的一句话："言论自由的基础是理解和尊重。"③

经济全球化和信息传播的全球化为媒体的国际合作创造了良好的条件。为了增进外国受众对中国的认识和了解，向世界介绍中国的文化和社会发展，新闻媒体应和外国媒体展开深度的交流和合作，在合作中实现互利共赢。如2006年由中国国际广播电台发起的"中俄友谊之旅"俄国举行大型多媒体跨

---

① 吴飞，程怡. 传媒与司法的对话——"公开与公正——司法与传媒关系研讨会"述评. 新闻大学，2006（2）

② 夏吉宣. 围绕重大国际事件 采取主流传播手段. 对外传播，2006（11）

③ http://blog.cntv.cn/html/48/806348-27083.html

境采访活动，中国国际广播电台、《人民日报》、新华社、中央电视台、中国新闻社、《北京青年报》、北京人民广播电台以及俄通社—塔斯社、俄罗斯之声电台等多家中俄媒体参加了这次历时 40 多天行程 1 万多千米的采访活动，这次的中俄媒体联合跨境采访活动，引起了中国政府和俄罗斯政府的高度重视，它所带来的影响远远超过了联合采访活动本身所具有的意义。①

在与国际媒体合作的过程中，中国新闻媒体应注意优势互补，可采用"借船出海"的策略，提升国际传播能力。2009 年 9 月 21 日，由中视传媒股份有限公司与英国广播公司（BBC）联合摄制的大型高清系列纪录片《美丽中国》（*Wild China*）在第 30 届艾美奖新闻与纪录片大奖颁奖典礼上获得多项大奖，其中包括最佳自然历史纪录片摄影奖、最佳剪辑奖和最佳音乐与音效奖。《美丽中国》是英国 BBC 与中国媒体的首次大型合作，历时三年制作完成。它使用了多种世界最先进的高清摄像机，结合延时、高速、红外、航拍和水下摄影技术，从一个前所未有的角度展现了包括汉代宫殿、蒙古草原、丝绸之路、青藏高原等在内的中国景观。该片已先后在全球 50 多个电视频道播出。

第二节　新闻工作者职业道德失范的主要表现、原因及对策

一、职业道德失范的主要表现

1941 年，著名记者范长江曾说："我想世界上很少有人像新闻记者这样有更多诱惑与压迫的。一个稍稍有能力的记者，在他的旁边一方面摆着优越的现实政治地位、社会的虚荣、金钱与物质的享受、温柔美丽的女人，这些力量诱惑他出卖贞操，放弃认识，歪曲真理；另一方面摆着诽谤、诬蔑、冷眼、贫困、软禁、杀头，这些力量强迫他颠倒是非，出卖灵魂。新闻记者要能坚持真理的火炬，在夹攻中奋斗，特别是在时局艰难的时候，新闻记者要能坚持真理，本着富贵不能淫、贫贱不能移、威武不能屈的精神，实在非常重要。"②

新闻工作者职业道德失范的主要表现有：

---

① 徐朝清. 积极推进媒体外交　拓展国际传播途径. 陈敏毅. 国际广播论文集（第八辑）. 北京：中国国际广播出版社，2007

② 怎样学做新闻记者. 范长江新闻文集（下）. 北京：新华出版社，2001. 1057

（1）有偿新闻。

新闻媒介所能产生的强大的舆论宣传效果，使新闻媒介掌握了具有威慑作用的权力。在市场经济大潮的冲击下，少数新闻从业者经不住金钱和物质的诱惑，滥用手中的传播权，把新闻作为有价商品进行出售和交换，唯利是图，金钱至上，为自己谋取利益。

有偿新闻的具体表现形式较多，主要有以下五种：一是记者外出采访时，以辛苦费、车马费、劳务费、误餐费为名收受被采访单位赠送的土特产、礼品、礼金、有价证券等；二是以批评、曝光相要挟，逼迫被批评对象用财物来作为交换；三是出卖版面或播出时间，用一定的版面或时间刊播买方指定的内容，这些内容通常被包装成"新闻"的样式，但其实质是广告，是为特定的产品促销，其又称"软文"，即新闻广告化或广告新闻化；四是打着"协办"、"赞助"、"专刊"的旗号，收取刊播费用；五是以联络感情为由，接受被采访单位的各种邀请，如旅游、观看演出等。

有偿新闻的另一变种是"有偿不闻"，即新闻工作者收受有关单位或个人的贿赂，帮助对方隐瞒本该曝光的负面内容，装聋作哑，使舆论监督的力量被金钱"收买"。2002年6月22日14时30分，山西繁峙县义兴寨金矿发生一起特大爆炸事故，造成38人死亡。事故发生后，非法矿主与繁峙县委、县政府有关人员串通一气，隐瞒事故真相，11名记者在采访事故过程中收受当地有关负责人和非法矿主贿送的现金、金元宝，置事实真相于不顾，置众多受害者于不顾。2009年9月，山西霍宝干河煤矿发生责任事故后，矿方为隐瞒事实，向新闻媒体发放"封口费"。新闻出版总署和山西省先后两次派出调查人员进行调查，曝光了"封口费"事件中收取"封口费"的六家媒体，相关责任人受到了处理。

有偿新闻的表现形式有些很容易识别，有些则带有一定的隐蔽性。把新闻版面或播出时间作为商品进行交换，有的是为个人谋私利，有的则是为媒体创收。有偿新闻的泛滥，使新闻和新闻工作者沦为金钱的"奴隶"，损害了新闻媒介的公信力，对受众也造成了误导。2003年，曾有学者对广东省新闻从业者进行职业道德情况的调查，调查结果值得注意。在对"新闻采访中，记者接受采访单位或个人的挂靠用餐的现象很普遍"的问答中，54.9%的受访者同意这种说法，12.7%的受访者表示非常同意；41.6%和3.5%的受访者同意或非常同意"在新闻采访中记者接受新闻来源单位赠送的礼品的现象很普遍"的说法；42.2%和3.7%的受访者表示同意或非常同意"在新闻采访中记者接受新闻采访单位的车旅、误餐费的现象很普遍"的说法。① 从这项调查的结果中可以看出，有偿新闻对记者的侵蚀非常严重，有些记者甚至觉得这是很正常的现象，可以想象，如果有偿新闻现象得不到制止，势必会影响和破坏新闻工作者在公众心目中的形象。

（2）贪图安逸。

一些记者不愿深入基层采访，不愿到艰苦地区采访，却热衷于"泡会议"、"赶场子"、"发通稿"，这同样是有违新闻工作者职业道德规范的。选择了记者这个职业，其实就是选择了一种生活状态，一种"在路上"的生活状态，它与名利追逐无关，它与安逸享受绝缘。有的记者过分依赖电话采访和网络采访，坐在办公室里打打电话、上上网、抄抄编编，拼凑一下，一篇稿子就算完成了。有的记者害怕天气恶劣、条件艰苦，不去一线采访，仅仅依靠二手资料完成报道。有的记者到了基层，还时时想着好的"待遇"，对住宿、伙食、交通等挑肥拣瘦、指手画脚。好新闻是用脚"跑"出来的。新闻报道要体现"贴近性"，就必须深入实际去观察、去感受、去调查。只有贴近，才能发现实际中存在的问题；只有贴近，才能透过表象触摸生活的真实；只有贴近，才能有鲜活的内容和真实的感染力；只有贴近，才能了解群众的愿望，写出群众的感受。近年来，不少媒体纷纷开展"记者下基层"活动。例如，天津人民广播电台多次组织记者参加"新兵训练营"，让年轻记者在偏远山区与农户同吃、同住、同劳动；云南日报报业集团的"祖国好，云南红"大型采访活动组织了大批记者深入全省各州、市的厂矿、农村等了解社情、民情。②

记者新闻理想的实现不是一句空话，它扎根在老百姓的生活中。在重庆新闻界，有一群"田坎记者"和"巷子记者"，他们践行着"眼光向下、心中有人、笔下有情，摸着脉搏、巴着地皮、贴着人心"的格言。年过五十的《重庆日报》记者罗成友，曾获得范长江新闻奖，每年有 300 多天在农村采访，《重庆日报》曾开设"成友转田坎"专栏，几乎天天都有稿子见报。《重庆晚报》的首席记者周立，也是一位喜欢跑基层的"百姓记者"。她曾采访乡村邮递员王安兰，还和王安兰同走那条摔死过 40 多人的生死邮路。那是海拔 2 000多米的大巴山，晚上大雨滂沱，她摔了一跤又一跤。采访挖煤资助学生的山村教师刘念友，周立不顾煤矿老板的劝阻，下到令人窒息的矿井里待了近两个小

---

① 马秋枫，张晋升. 市场化进程中新闻从业者的职业道德观——广东传媒职业道德抽样调查报告. 新闻记者，2005（3）

② 深入才能生动 好记者离不开"三贴近". http：//tjtv. enorth. com. cn/system/2010/06/01/004734204. shtml

时。当时同行的摄影记者周舸说："那煤井有 1 000 多米深，周立的孩子还没断奶。"周立认为："只有和他们同吃同行同住，才能真正体会他们的酸甜苦辣，才能发现最真实的东西，也只有真实的东西才最感人。"她说："再苦再累再远也要到现场，我拒绝'脚底以外'的新闻。"①

2006 年第七届范长江新闻奖获得者、内蒙古日报社的首席记者刘少华曾写过多篇优秀的新闻作品。其中反映煤矿生活、歌颂煤矿工人的长篇通讯《五虎山，矿工的山》就采自五虎山麓 800 米井下。这篇通讯写得有血有肉、生动感人。如同刘少华所言，要写 800 米井下的煤矿工人，就得亲自下到 800 米，一米也不能少。

（3）报道失实。

报道失实指的是由于主观或客观的原因，导致新闻报道不符合客观事实，违背了新闻报道的真实性原则。一些新闻记者受名利驱动，为了追求轰动效果，不惜制造假新闻。2003 年 5 月，《纽约时报》曝出造假丑闻：曾被称为"后起之秀"的年轻记者杰森·布莱尔撰写的很多所谓"独家新闻"，其实是杜撰或抄袭的。布莱尔于 1998 年进入《纽约时报》实习，2001 年 1 月成为该报正式记者。在过去几年中，他曾为《纽约时报》撰写了 700 多篇报道。由于布莱尔的报道极富"现场感"，而且对事件的反应"非常迅速"，因此受到了《纽约时报》高层的赏识。布莱尔在新闻报道中编造谎言与他的"野心勃勃"有很大的关系。

（4）低俗炒作。

传媒低俗化是指大众传媒在传播活动中放弃自身责任，片面迎合部分受众的低级趣味，如炒作明星绯闻、渲染色情暴力、偷窥他人隐私、强调感官刺激等不良倾向。一些媒体一味追求"注意力经济"，哗众取宠，却忽视了应该承担的社会道义和社会责任。他们把宝贵的版面和时间让位于一些品位不高的事件和人物，在报道中宣扬不健康的生活方式和价值取向，运用煽情性、夸张性的语言对一些本没有太大新闻价值的事件进行大肆渲染，甚至添油加醋，不惜捏造事实，或是一味放大新闻事件中的反常内容和极端内容，如一些案件报道中对犯罪细节的过分渲染。一些媒体在处理新闻报道时，首先想到的不是"新闻性"，而是"娱乐性"。从"芙蓉姐姐"到"凤姐"，从"拜金女"到"伪娘"，从张悟本到李一，一些媒体极尽恶俗炒作之能事，迎合低级趣味。媒体的炒作行为源于一种反常的新闻价值观，其用低俗、庸俗、恶俗的信息来刺激受众，满足人们的"猎奇"、"窥私"心理。互联网的迅速发展使网络娱

---

① 重庆：有一群"田坎记者"和"巷子记者". 新华每日电讯，2008 - 04 - 16（4）

乐文化大行其道，各种光怪陆离的现象在网络世界中层出不穷，其中掺杂着大量低俗的内容，一些媒体也成为网络娱乐文化的"跟风者"，什么流行就报道什么，全然不理会是否值得报道，也不尊重新闻传播的基本规律。

二、新闻工作者职业道德失范的原因

（1）利益驱动是重要因素。

在激烈的媒介竞争中，一些媒体为了追求高发行量、高收视率，急功近利，凡事向"钱"看，将经济效益凌驾于社会效益之上，刻意追求有轰动效应的报道，过分迎合受众的兴趣和猎奇心理，不顾职业道德和社会责任。一些媒体只要有利可图，连虚假新闻都可以为其"大开绿灯"，而炒作名人丑闻、明星绯闻、煽情性报道更是常用的手法。"媒体低俗化成为部分媒体在市场竞争压力下迎合'受众中心'论的一种应对选择。"[1]

（2）媒体考核机制不够完善。

一些媒体将记者的工资、奖金与报道量直接挂钩，这固然在一定程度上激发了新闻记者的工作积极性，但另一方面，对新闻报道量的过分追求有可能会以降低报道质量为代价。在不科学的媒体考核机制之下，虚假新闻和有偿新闻可能会大量产生。

（3）编辑业务与经营业务混淆。

有的报社为减轻生存压力，对很多专版实行包版制，既包版面的编采，又包版面的创收。报社只负责发基本生活费，其他则由版面编辑创收来补充。正因为这样，版面编辑发关系稿、有偿新闻理由充分，这些版成了"自留地"。[2]从中央媒介到地方媒介，都存在要求记者拉广告、分摊征订任务的问题，而且作为基本工作之一，必须完成，否则会受到经济处罚。记者的正面采访就可能变成一种发稿权与广告的交换。这种制度上的要求将使新闻价值和政治宣传价值受到利益的诱惑而被扭曲。[3]广告丰厚的回扣对记者诱惑力很大，于是有的记者或编辑出卖手中的发稿权，使本不具有新闻价值的事件堂而皇之地登上报纸版面，或以新闻的形式发布广告软文。

2002年上海关于媒介伦理的调查报告指出："受访者认为，有偿新闻禁而

① 胡连利，白树亮，彭焕萍. 传媒低俗化：受众中心论下媒体对受众的迎合与误读. 新闻知识，2010（9）

② 肖遥. 增强纸媒公信力刻不容缓. 新闻知识，2010（1）

③ 陈力丹. 我国传媒业的职业道德意识与自律建设. http：//www.chuanboxue.net/list.asp？unid=2760

不止，并非单纯的从业者职业道德和职业素养问题，其中关系到新闻媒介运作机制的深层次原因，是无法回避的。"①

（4）记者队伍参差不齐。

一些记者作风浮躁，不到现场，不采访事件当事人，仅靠新闻线索提供人提供的材料写稿，或是依靠网络搜索工具写稿，线索提供人变成了记者，记者成了编辑，编辑成了摆设。

（5）部分记者的生存状况不太理想。

新浪网 2003 年对媒介从业人员生活状况进行过一次调查，尽管网上调查难以代表整体，但是调查的结果还是不能不让人震惊：被调查的新闻从业人员中，43%没有任何劳动合同，没有工资，没有工作证，没有记者证，没有社会保障。他们中享受病假的仅占 10%，享受产假的仅占 7%。② 在一些媒体里面，那些"体制外的招聘记者"往往享受不到"正式记者"的福利和待遇，合法权益得不到保障，身份的流动性使他们面临着许多的尴尬，一些记者唯有拼命写稿来试图改变自己的现状，这在某种程度上也造成了新闻报道煽情、片面、夸张、造假等问题。

（6）缺乏有效监督机制。

一些新闻媒介对虚假新闻、有偿新闻等现象睁一只眼闭一只眼，认为记者只要不在政治原则上出问题，其他的都可以"宽容"。有的新闻媒介对记者职业操守的管理存在盲点，监管不严，奖惩机制不够健全。

三、加强新闻工作者职业道德建设的对策

（1）新闻工作者应加强道德自律。

新闻工作者应不断提高自己的政治修养和理论修养，认清自己的使命，树立大局观和公正无私的价值观，增强社会责任感，自觉抵制金钱和物质的诱惑，不懈地追求真理，时刻反省自己的行为，培养高尚的职业道德品质，将遵守新闻职业道德变成自觉行为。

（2）尽快出台相关的法律法规。

要促进新闻工作者遵守职业道德，法律有着其强制性的力量。用法律规范媒体、新闻工作者、受众、社会及管理者之间的责任、权利和义务，使新闻工作者在法律的框架内依法行使权利、履行职责。目前，我国对新闻传播活动尚

---

① 陆晔，俞卫东. 传媒人的传媒观与伦理观. 新闻记者，2003（4）

② 陈力丹. 我国传媒业的职业道德意识与自律建设. http://www.chuanboxue.net/list.asp？unid=2760

没有出台专门的新闻法，虽然有一些条文散见于法律法规中，但远没有形成完整的体系。新闻立法应该成为当务之急，只有完善了相关的法律规定，新闻媒介和新闻从业者才能有法可依，新闻职业道德才能不断加强，新闻事业才能真正步入良性发展轨道。

（3）形成监管合力。

作为社会舆论监督机构的新闻媒介，其本身也需要接受社会各界的监督。应最大限度地发挥各种监管力量的作用。一方面，建立起严格健全的内部监督机制，制定相应的条例，明确规定什么可为、什么不可为，还要明确对违反规定的行为的处罚措施，使记者有章可循、有制可依。规范制度应落到实处，不能流于形式，要真正形成威慑力。另一方面，要鼓励公众对新闻媒介进行监督。为社会公众提供一种快速、便捷的举报投诉渠道，处理公众对媒体活动的投诉，并定期公布对公众投诉的处理报告。可以建立新闻评议会组织，由专家、媒体人士、社会人士等社会各方面成员组成，对新闻传播的内容及新闻工作者的行为进行监督和评议，并将结果公之于众，同时负责处理新闻业内部与新闻业与社会间的新闻纠纷。另外，逐步建立一个媒介信用等级评价机制，对那些报道假新闻、传播低俗恶俗内容的媒体，应降低其信用等级，最后通过优胜劣汰，促使新闻媒介规范自己的行为。

第三节　新闻工作者的修养

新闻事业与党和人民的利益休戚与共，与党和国家的前途命运紧密相连。这就要求新闻工作者必须具备良好的素质和修养。新闻工作者的修养是在实践过程中，经过长期的锻炼培养起来的，如此才能在思想理论、道德品质和知识技能等方面达到一定的水平。新闻工作者自身修养的锻炼和培养是永无止境的。新闻工作者的修养主要包括三方面的内容：理论修养、知识修养和业务修养。

一、理论修养

刘少奇同志在《对华北记者团的谈话》中说过这样一句话："共产党记者最可宝贵的知识，是理论知识。"新闻作为一种意识形态，作为整合社会、动员群众的一种舆论形式，总是直接或间接地反映我们党和国家的政治立场、政治主张和政治观点，党的新闻工作是党的思想宣传工作及党的全部事业的重要组成部分。因此，新闻工作者应当有较高的理论修养。新闻工作者的理论修养，是指能够正确地运用辩证唯物主义和历史唯物主义的观点与方法来观察、分析事物，坚持正确的政治立场和方向，树立牢固的群众观点，深入实际调查研究，作出真实的、正确的报道。理论是行动的指南。理论修养是决定一名新闻工作者能否正确地履行自己职责的关键因素。新闻工作者应时刻提醒自己加强理论修养，这不仅能够促进个人成长，对社会主义新闻事业的发展也是有重大意义的。

新闻工作者要有较高的政治理论水平。在政治方向上，坚定不移地坚持建设有中国特色社会主义的方向和共产主义的远大目标，始终把握住新闻传播的正确导向。在政治立场上，就是要坚定地站在党性和党的政策的立场上，站在维护中国人民利益和世界人民利益的立场上，站在维护党和国家、民族的根本利益的立场上。新闻工作应以党和人民的意愿为出发点和落脚点。在政治观点上，要坚持马克思列宁主义、毛泽东思想、邓小平理论以及"三个代表"重要思想和科学发展观。在组织纪律上，要遵守党的宣传纪律，在宣传口径上要与中央保持一致。在政治鉴别力和政治敏锐性上，要坚持马克思主义唯物史观，学会正确认识社会发展规律，正确分析国内外形势，善于透过现象看本质，能够及时地识别各种错误思潮。

面对改革开放的新形势和社会政治经济生活中出现的许多新情况、新问题，新闻工作者需要作出迅速准确的反应，如果不具备扎实的理论修养，就容易出现偏差，给实际的工作带来麻烦和损失。新闻工作者要学习、熟悉党的路线、方针、政策，对各项方针、政策要认真学习、深刻领会，掌握其要义和精髓。用政策指导新闻报道，以党的路线、方针、政策为主线，观察和分析社会中的新闻信息。新闻工作者要坚持社会主义新闻事业的党性原则，坚持正确的舆论导向，坚持政治家办报。新闻工作者要注意理论联系实际，坚持解放思想、实事求是的思想路线，坚持实践是检验真理的唯一标准的思想观点，并把它贯彻于新闻实践的始终。

有的新闻工作者认为理论是空洞、可有可无的，甚至一提到理论学习就产生排斥和抗拒心理，似乎学习理论是浪费时间，没有什么实际价值。其实，扎实的理论功底会从新闻工作实践中体现出来，并对新闻实践产生指导作用。为什么有的记者看问题只看表面，而有的记者却能准确抓住问题的本质？为什么有的记者无法驾驭复杂的、宏观的命题，而有的记者却能理清头绪、游刃有余？为什么有的新闻报道叙事虽然精彩，却难以给人以思想上的启迪，而有的新闻报道令人读过之后还能回味无穷、掩卷沉思？以上这些问题，其差异就在于新闻记者的理论修养的程度不同。

具备良好的理论修养是新闻工作者做好新闻工作的前提和保证。具备良好的理论修养，记者才能借助理论的"望远镜"和"显微镜"，用敏锐的眼光去观察社会现实，用清醒的头脑和科学的态度去分析事件本质，才能更好地练就敏锐的"新闻眼"和"新闻鼻"，在新闻实践中站得高、看得远；具备良好的理论修养，编辑才能作出更具现实针对性和时代意义的选题策划，才能更好地发掘新闻稿件的价值，通过特定的编辑手段更好地把新闻报道的"精"、"气"、"神"体现出来。

当然，除了政治理论修养之外，新闻工作者还要有深厚的新闻理论根底。新闻理论是对新闻规律的概括，是实际经验的总结，新闻理论系统地阐明了新闻的本源和特点、新闻事业的功能、新闻工作的基本原则等重要问题，能对新闻实践产生指导作用，减少新闻工作的盲目性。新闻工作者如果缺乏新闻理论修养，有些问题就会认识不清甚至认识错误，也容易走入误区。

二、知识修养

新闻界曾经流传着一句老话："新闻是没有专业的专业。"人们认为新闻记者就像"万金油"，什么都懂一点，什么都可以报道。这句话有一定的道理。新闻记者面对的是纷繁复杂的社会现实，各个领域的社会问题扑面而来，不断变化，交叉缠绕在一起，如果记者知识面狭窄，则很难对新闻事件作深入的观察和分析。而且任何一个新闻事件都不是孤立存在的，对其产生影响的因素可能是多样的，这也需要记者视野开阔，有多方面的知识储备。邓拓同志曾说过，新闻工作者应该是个"杂家"，指的就是记者的知识要广博，知识面越广，越能从容自如地写好各种各样题材的新闻报道。

新闻工作者应该广泛地涉猎各个学科的知识，包括文学、历史、地理、社会学、哲学、经济学、法学、心理学等。博学多识，有助于提高新闻敏感，扩大报道视野；而知识越广博，知识储备越丰富，就越能够认识到一个事物的意义和内涵，越能敏锐地从现实生活中捕捉到有价值的新闻线索。知识贫乏、知识面狭窄，会影响新闻工作者对事件价值和意义的判断。

随着学科门类的不断细分和大量边缘学科的出现，"通吃天下"变得越来越困难。而随着新闻媒介朝着专业化、小众化的方向发展，以及受众对专业化信息越来越高的要求，记者需要对某一门或几门专业知识有比较深入的了解，甚至做到精通。这样才能有深入的分析和独到的见解，有助于新闻工作者较熟练地报道和评论该领域的新闻事实。

"二战"中，《纽约时报》记者劳伦斯预计美国的原子弹即将研制成功，便一头钻进有关原子能的分析研究中去，做成了一份有关原子能的详细笔记，发表在1940年5月5日的《纽约时报》上，轰动一时。而后，他成为唯一获得官方批准，可以了解有关原子弹的一切细节和担负研制工程官方史学家任务的记者。他以一个记者的敏感，全面而深入地进行了采访，以便为原子弹一旦用于对付敌人后立即发表报道准备材料。劳伦斯所写的关于原子弹研制和投掷过程的系列报道，为《纽约时报》赢得了极大声誉，他本人也先后几次获得普利策奖。[1]

《纽约时报》的一位管理者曾说过，"《纽约时报》的力量所在，不在于它有多少高水平的新闻报道员，而在于每一个报道员都是他所从事的报道专项的专家"。一位在食品专栏负责罐头食品报道的记者，其办公桌上堆满了各种关于罐头的情报资料，基本上可以就每一种新上市的罐头写出一篇有见地的评论和解释。[2]

新闻工作者要树立终身学习的理念，只有不断积累、扩充和完善自身的知识储备，才能做到厚积而薄发。

三、业务修养

新闻工作者要胜任自己的工作，必须具备较强的业务能力。主要有以下五个方面：

一是掌握调查研究的基本功。调查研究是新闻工作的基础。报道计划的制订，新闻事实的采集和辨别，受众定位和受众分析，都离不开调查研究。在调查研究中，要掌握采访技术并善于观察，以便获取大量的第一手材料。

二是要有高度的新闻敏感。快速判断一个事件是否具有新闻价值的能力，就是新闻敏感。这是新闻工作者必须具备的重要的实际工作能力。有了新闻敏感，新闻工作者才能在纷繁复杂的社会现实中，见微知著，通过观察分辨，及时捕捉具有新闻价值的事实。

三是要有出色的文字驾驭能力。新闻工作者要有深厚的文字功底，熟练掌握各种新闻体裁的写作技巧。

四是要有很强的社会活动能力。新闻工作者应该深入社会，既了解领导机关的工作意图，又了解基层的实际，同群众保持密切的联系。新闻工作者应将其"触角"伸向社会的各个阶层，善于用"多种语言"与各色人物打交道，即在面对不同的交流对象时采用与之相适应的话语方式。《南方周末》记者傅剑锋曾写过一篇名为《神雕之死》的报道，在"记者手记"中，作者讲述了新闻事实采集的曲折过程。因为是一篇揭露性报道，记者一方面要保护提供线

---

① 刘世领. 媒体呼唤"专家型"记者. 传媒观察，2005（12）
② 梁晓莹. 记者如何从"杂家"到"专家". 新闻与写作，2004（1）

索的线人，获得对方的信任；另一方面，对于虐杀金雕的贩卖者，记者又需要乔装打扮，隐瞒身份对其进行暗访，要掌握真实情况，就不能令对方产生怀疑。这考验一个记者与各种人物打交道的能力，无论"黑道"、"白道"，需凭借记者的智慧和应变能力，才能从容以对。① 新闻工作者应积极建立自己的社会人际网络，为自己的采访报道工作提供支持和帮助，如获取新闻线索、解释专业问题，等等。《人民日报》高级记者丁刚在一篇文章当中谈到他如何建立自己的"智库"。2000 年丁刚到纽约工作，"一到那里就设法与华尔街的一些专家建立了固定联系，其中有不少是华裔。他们当中有专门跟踪某一类股票的分析师，也有基金经理，还有研究宏观经济的专家。有这样一批专家'掌握'在自己手里，成了自己的'智库'，写起报道来就会得心应手，有些问题'太专业'，自己搞不懂，最好的办法就是去问专家，有时打几个电话也就可以解决问题"②。

五是应具备综合的新闻业务技能。新闻记者除了要有良好的文字表达能力，还应掌握摄影、摄像、录音、剪辑等多种技能。新闻业日益朝着跨媒体的方向发展，多种媒介的融合使原有媒介之间的界限开始消弭，记者也成为跨媒体的记者，这对新闻工作者提出了较高的要求。即当新闻事件发生的时候，记者应能熟练使用各种采访工具，采制多媒体的新闻素材。

【思考与练习】

1. 你是如何理解"坚持正确的舆论导向"？

2. 选择近几年的《新闻记者》杂志，从中找到当年的"十大假新闻评选"，总结这些假新闻造假的特点，并分析其原因。

3. 结合你自己对传媒界的了解或从网络中搜集来的资料，谈谈新闻记者道德失范主要有哪些表现。

4. 试着从他律和自律的角度谈谈如何加强新闻记者的职业道德建设。

5. 你认为新闻工作者应该具备什么修养？应如何提升自己的修养？

【推荐阅读】

1. 陈桂兰. 新闻职业道德案例评析. 北京：高等教育出版社，2001

2. ［英］卡伦·桑德斯. 道德与新闻. 洪伟，高蕊，钟文倩译. 上海：

---

① 傅剑锋.《神雕之死》背后. 南方周末：后台（第二辑）. 广州：南方日报出版社，2008.27

② 丁刚. 专家型记者：一个不断专业化学习的过程. 中国记者，2005（11）

复旦大学出版社，2007

　3. 张咏华. 新闻传媒业的他律与自律. 上海：上海外语教育出版社，2007

　4. ［美］克里斯蒂安等. 媒介公正：道德伦理问题真的不证自明吗. 蔡文美等译. 北京：华夏出版社，2000

第十三章

网络时代的新闻和新闻业

今天，恐怕没有一个人会否认网络对于社会生活的重要意义。在互联网浪潮中，传统新闻业既遭遇了挑战，又面临着新的发展机遇。网络为新闻和新闻业带来了哪些改变？在网络环境中，我们必须重新思考新闻学理论中的某些问题。可以说，网络推进了新闻理论和新闻业务的创新。

第一节　互联网的普及与网络新闻

互联网被认为是 20 世纪人类社会最伟大的发明之一，它深刻影响了人类感知世界的方式，使人类传播格局发生了巨大的变化。现代人早已把网络作为他们获取信息、了解新闻的重要渠道。互联网对新闻业的渗透改变了传统媒介的生存环境，为新闻传播带来了诸多新景观。

一、互联网的普及

互联网是由许多相互连接的电脑网络组成的。互联网采用 TCP/IP 协议，通过现有的通信线路传输信息，连接世界各地的用户并使之共享网上信息资源。

互联网起源于美国国防部的阿帕网。阿帕网是美苏冷战的产物。1969 年，美国国防部国防高级研究计划署资助建立了一个名为 ARPANET（阿帕网）的网络，这个网络把加利福尼亚州立大学洛杉矶分校、加利福尼亚州立大学圣巴巴拉分校、斯坦福研究所以及位于盐湖城的犹他州州立大学的计算机主机连接起来。其方法是，位于各个结点的大型计算机采用分组交换技术，通过专门的通信交换机和专门的通信线路使各个结点的大型计算机相互连接。建立该网络的出发点是构建分散式的信息指挥系统，即部分指挥点被摧毁之后，其他点仍能正常工作。1975 年，阿帕网由试验性网络发展成为实用型互联网。进入 20 世纪 80 年代后，美国科研教育部门和商业机构纷纷建立广域网。1982 年，美国国防通讯局和国防部高级研究计划署建立了 TCP/IP 协议。到 20 世纪 80 年代后期，美国政府已开始取消对 Internet 用户的准入限制，网络开始朝着商业化的方向发展。20 世纪 90 年代，互联网商业化运作开始广泛确立，互联网真正走进了千家万户。

1994 年，我国被国际上正式承认为有互联网的国家。中国互联网的建设和发展大致可以划分为两个阶段。第一阶段（1994 年 4 月至 1995 年 4 月）为非开放性的学术网络阶段，互联网只用于科研教育领域；第二阶段（1995 年 5 月至今）为开放性的商业化网络阶段。1995 年 5 月 17 日，邮电部宣布向社会开放中国公用计算机互联网以及与国内公用数据网的互联业务，提供所有 Internet 服务，互联网在我国的发展进入了开放性的商用化阶段。

无论是在美国还是在中国，互联网都经历了从专业化应用到大众化应用、从小范围使用到大范围普及的发展过程。互联网从最初的"曲高和寡"逐渐成为简单易用的大众化信息工具。

二、网络新闻

当互联网"飞入寻常百姓家"后，其作为新闻传播媒介的优势也逐渐凸显出来。互联网成为新闻传播的新载体。被称为"第四媒介"的网络表现出强大的新闻传播能力，足以产生引发新闻传播变革的力量。

学者闵大洪认为，网络新闻是通过互联网发布和传播的新闻，其途径可以是万维网站（WWW）、邮件列表（Mailing list）、电子公告板（BBS）、网络寻呼（ICQ）、博客（Blog）等手段的单一使用或复合使用，其发布者（指首发）、转发者可以是任何机构或任何人。无论是媒体在网站上发布的新闻，还是人们通过电子邮件、QQ、MSN发布的新闻，虽然形态不一、语态各异，但都属于网络新闻的范畴。这与传统媒介中"格式化"（写作者较为固定、常规题材较多、有一定的写作模式）的新闻有较大区别。互联网作为新闻传播载体的属性的彰显离不开网络技术的发展，如多媒体技术、宽带技术、交互技术、流媒体技术等。各种网络应用工具和平台为网络新闻的多样性和灵活性提供了表现空间，而数量不断增多、自主意识不断增强的网民则为网络新闻及其所能表现出来的社会效应提供了最为坚实的土壤。

1. 网络新闻的主要特点

（1）全时化理念使新闻最大限度地实现了时效性。

网络媒介的信息生产和发布方式与传统媒介有着较大的区别，它克服了纸质媒介需要排版、印刷、发行等一系列烦琐环节，也不同于广播电视媒介复杂的播出流程，网络信息的制作与传播环节得到很大程度的压缩，传播速度大为提高。网络信息的制作、传输、发布全部基于互联网平台，操作灵活便捷，能迅速实现对各类重大事件的同步报道。网络实现了新闻的"全时化"传播，新闻不间断地滚动和更新，最大限度地体现了新闻"新"的特点。通过时间轴上的新闻累积和叠加，进而实现对新闻的"全过程"和"全历史"的展现。

（2）互动性使新闻无限增值。

网络新闻可以实现传播者和受众之间的双向互动传播。网民可以方便地与传播者进行沟通，表达自己的看法和意见。网络媒介模糊和淡化了"传"与"受"之间的界限，网络用户不再是传统意义上的受传者，同时也成为新闻信息的传播者。例如，很多新闻网站在每则新闻后面都设置了"发表评论"或"我要发言"的栏目，给网民提供了一个进行评论、交换意见的场所，使网民能够直接参与新闻报道。网民还可以通过论坛、聊天室、博客等方式发布信息。新闻媒介垄断发布新闻的专权被打破，网络更好地实现了受众接近权。网民作为新闻的再生产力，对新闻的评论、转发、二次传播，使新闻从"大众传播"渠道转向"人际传播"和"群体传播"渠道,进一步提升了新闻的影响力,而无数网民对同一事件的评论的聚集,使新闻产生增值。网易的"新闻跟帖"在网民中有较大的影响力,网民甚至提出了"无跟帖,不新闻"的说法,可见网民对新闻传播的参与使新闻超出了其本身所具有的价值,变成一种独特的文化景观。

(3)个性化订制使新闻"与众不同"。

网络新闻更好地适应了受众日益分化的信息需求,能够实现"按需传播"。许多网站都提供了订制"个性化新闻"的服务,网站可根据用户的需求向其发送经过选择的个性化新闻。网络新闻的订制服务进一步提高了受众的主体地位。

(4)融多种媒体形式于一身,使新闻更加"好看"。

网络新闻集报纸、广播、电视三者之长于一体,兼具文本、图片、声音、动画、视频等信息形式,可以使受众在阅读网络新闻的同时拥有读报纸、听广播、看电视的各种乐趣。

(5)海量性和超链接技术使新闻无限延展。

网络的信息容量远远超过了传统媒介,这使网络有能力反映更为全面的社会现实,使新闻"全面真实"的要求得到较大程度上的实现。网站利用超链接技术,将多种信息立体式地组合在一起,信息连接方式呈"网状",使网民在阅读新闻时,能按照自己的意愿和思路,在不同的页面间进行"跳转",使网络新闻的内容具有无限的扩展性与丰富性。同一事件的不同报道、同类事件的报道、同一新闻人物的相关报道,都可以通过超链接的方式进行组合。正如网络上大量的"新闻专题",利用网络的海量信息特征,以"集装箱"的方式对某一事件或某一主题作全面、深度的报道。

2. 网络新闻存在的问题

(1)虚假新闻泛滥。

传统媒介中的把关环节设置较为严格,在新闻信息的发布过程中,依据一定的把关标准对众多新闻进行过滤、淘汰和筛选。而网络新闻业在产生之初追求的是"多而全",这使得网络编辑更多充当的是"新闻搬运工"而不是"新闻审核者"的角色,从而导致大量良莠不齐的信息出现在互联网中。另外,网络的开放性和匿名性使每个人都可以发布新闻,这也令把关存在相当大的难度,无用信息、有害信息和虚假新闻被大量传播。

(2)新闻碎片化现象。

网络新闻对时效性的追求体现在网络新闻的动态写作和实时更新上,这在突发事件的报道中体现得尤为突出。在时效性的压力下,网络新闻的写作往往更加注重各个点的状态，注重描述信息单方面的情况，而关于事件发生与发展的完整过程、来龙去脉，往往不能在一则新闻报道中加以表现。大量的滚动新闻堆积在一起，看上去"蔚为壮观"，但对于受众来说，从单篇新闻中得到的信息总是片面的、零碎的。如果网站不能对相关信息进行整合编辑，就会妨碍受众对事物的全面、清晰的认知和了解。另外，一些网络编辑仅仅满足于新闻条数的"多"，从若干新闻来源中将相关的新闻找出，然后按时间先后顺序简单地放在一起，而不对新闻内在的逻辑关系进行梳理，有些信息甚至相互矛盾，使受众在阅读时感觉支离破碎，很难在头脑中形成一个完整的图景。

（3）网络新闻的编辑过程中存在较多错误。

网络的时效性和海量性使网络新闻泥沙俱下，另外，由于网络新闻编辑的业务素质参差不齐，在复制、粘贴的过程中态度马虎，导致了网络新闻错误较多。网络编辑的常见错误有错别字、错误标点、图文不符、张冠李戴、链接错误、只有标题的"空白新闻"、"标题党"等。由此看来，网络新闻的质量有待提高。

第二节　网络新闻业的发展历程

当互联网逐渐渗透到人们生活的方方面面时，网络新闻业也呼之欲出。传统新闻事业的产生归因于社会生产力的发展，即社会经济的发展带来了人们信息需求的增长，出现了一批专门从事新闻传播的机构以及以新闻传播为职业的专业人员，并面向社会进行广泛的新闻传播活动。与之相似，网络新闻业的产生和发展与一批专门或主要从事新闻传播的网络媒介的出现密不可分。网络新闻传播的主体主要可以归为两类：一类是由传统的传媒机构建立的传媒网站（包括以传媒机构为主并与信息业等相关行业的公司合作建立的网站），另一类是参与发布或转发新闻的以门户网站为主的商业网站。

在网络新闻媒介出现之前，电子邮件的群发、电子公告牌、新闻组等曾经是一些网络用户传递新闻的工具，这可被认为是网络新闻业的萌芽。在这之后，一些传统媒介率先在网上推出电子版，继而带动了越来越多的传统媒介在网络上"安家"，网络新闻业开始发展壮大。

美国是网络新闻业最早兴起的国家。全球第一个在网上发布电子版新闻的是美国的《圣何塞信使新闻报》。1995 年 8 月，美国 ABC 公司率先实现利用网络进行全球播音。到 1998 年，美国主要的新闻媒介均已上网。

传统媒介登录互联网，达成了一种双赢的局面。一方面，传统媒介通过创办电子版、网络版或建立网站，搭上了网络的"快车道"，提高了传播速度，扩大了传播范围，提升了新闻传播的互动性；另一方面，由于传统媒介在新闻采编方面所具有的专业性，遍布各地的信息采集网络，长期积累起来的丰富的信息资源，及其在公众心目中的影响力和公信力，使其创办的网络版或建立的网站为网络这个新兴媒介提供了丰富的、专业化的内容，充实了互联网的信息内容，并有可能使传统媒介的受众"平移"至互联网中，为互联网的发展创造了条件。传统媒介走进网络，开展新闻传播业务，奠定了网络新闻业的基础。

除了传统媒介之外，还有多种力量也加入到网络新闻传播中来。其中最具影响力的是拥有雄厚财力和技术实力的商业网站，它们发挥了强大的新闻整合能力，成为很多网民上网看新闻的首选。另外，网络原生媒体、个人网站、专业网站等都介入了新闻传播。这些网站所进行的新闻传播，影响有大有小，但它们的介入改变了以往传统媒介的新闻传播一统天下的局面，促进了网络新闻传播的竞争，使网络新闻显得更加多元化，推进了网络新闻事业的发展。

我国网络新闻业的发展主要可以划分为以下四个阶段：

（1）起步阶段（1995—1997 年）。

中国网络新闻事业的起步，也是从传统媒介创办网络版开始的。1995 年 1 月，我国内地出现第一份网络杂志——《神州学人》。1995 年 10 月 20 日，《中国贸易报》创办了网络版，成为我国最早上网的报纸。1996 年 12 月，广东人民广播电台在互联网上建立网站，拉开了中国广播电视上网的序幕。1996 年 12 月 10 日，中央电视台推出了自己的网站。

在起步阶段，上网媒介的数量并不多。据国务院新闻办公室统计，截至 1997 年 5 月，以各种形式上网的新闻传播媒介约为 36 家。[①] 另外，从全国范围内来看，传统媒介上网的进度有快有慢，存在着较大的地区差异、级别差异。东部沿海发达地区的传统媒介上网的进度比西部欠发达地区要快一些，上网媒介数量也较多；中央级媒介上网的进度总体来说要快于地方媒介。在这一阶段，由于传统媒介上网只是探索性的"试水"行为，所以存在一些明显的不足之处：①缺乏明确的网站定位，网络版只是传统媒介的附属物，无明确的发展目标。②网络版简单移植原有的媒介内容，没有发挥网络传播的优势。③信息形式单一，一般为文字和图片，无其他多媒体信息，图片也较少。④信息更新速度慢，有的报纸上网之后，更新速度仍然是每天更新一次。⑤缺少即时交互功能。⑥提供的功能和服务较为单一。

---

① 匡文波. 网络传播学概论（第二版）. 北京：高等教育出版社，2004.77

（2）激活阶段（1998—1999 年）。

商业网站介入新闻传播领域，对网络新闻业的发展意义重大。商业网站凭借其强大的新闻整合能力、创新的传播意识、先进的技术手段，很好地发挥了网络媒介的优势。新浪网是第一个获得新闻登载权的商业网站。新浪、搜狐、网易等几大门户网站迅速崛起，其丰富的新闻内容、全时化的新闻滚动方式、灵活的互动手段，吸引了大量的网民，在新闻传播方面扮演着重要的角色。商业网站从事新闻传播，激活了我国的网络新闻业，刺激了传统媒介更快、更好地与互联网融合，使得更多的传统媒介上网，而一些传统媒介的网站也纷纷改版。改版之后的传统媒介网站在新闻传播方式上更符合网络传播的特点和规律，比之前有了较大的改进，主要表现在：①独立化。把网络版或电子版改进成为独立的网站，名称发生了变化，从原来的"××报电子版"、"××报网络版"变为"××网"或"××在线"。②强化自身特色。如人民网"权威性"的特点，新华网"消息总汇"的特点，央视网则充分发挥其视频新闻的优势。③提高新闻的更新频率。④增加多媒体内容。⑤增加网络交互功能。⑥开发多种功能，如免费电子邮箱、资料库检索查询等。

（3）管理与创新阶段（2000—2002 年）。

2000 年 4 月，国务院新闻办公室成立网络新闻管理局，负责统筹协调全国互联网新闻宣传工作。其主要任务是：负责规划国家互联网络新闻宣传事业建设的总体布局并实施；组织开展互联网络重大新闻宣传活动与开发重点信息资源；研究互联网络舆情动态，把握互联网络新闻宣传的舆论导向；拟定互联网络新闻宣传管理方针、政策和法律法规；对开办新闻宣传网站或栏目进行资格审核，组织搜索互联网络重要信息，抵御互联网络有害信息的思想文化渗透；组织新闻宣传网站开展国际交流与合作，等等。在中央成立网络新闻管理局之后，各省、市、自治区也陆续设立相应的管理机构。2000 年 11 月 7 日，国务院新闻办公室和信息产业部共同发布了《互联网站从事登载新闻业务管理暂行规定》。该规定于 2005 年 9 月 25 日进行修改和补充后，以《互联网新闻信息服务管理规定》向社会公布。

此外，一些新型的网络新闻传播网站建立起来。2000 年 3 月 7 日，《北京日报》、《北京晚报》、《北京青年报》、《北京晨报》、北京电视台、北京有线电视台、北京人民广播电台、《北京经济报》、《北京广播电视报》等九家北京主要新闻媒体，与实华开等三家网络传播公司共同投资组建了千龙网。千龙网创造了业界所谓的"千龙模式"。它的经验为众多的同行借鉴模仿：第一，它是在北京市委的领导之下，这使其具有官方性质；第二，它整合了当地传统媒介的资源，集百家之长，能有效实现资源共享，发挥整合优势；第三，它在新闻资讯之外，还开发了无线增值、宽带内容、技术服务、互动营销等"五大核心业务"。2000年3月27日，上海文化广播影视集团、上海东方明珠（集团）股份有限公司、上海精文投资有限公司、上海市信息投资股份有限公司、文汇新民联合报业集团、上海教育电视台、劳动报社、青年报社共同发起，成立上海东方网际传讯股份有限公司，并注册东方网，成为又一家由多家媒体联合组建的具有新闻特色的大型综合性网站。2000年5月15日，由中国青年报社和港资控股的北京中青在线网络信息技术有限公司联合创办并开通了中青在线。这是我国首家市场化运作的国家级新闻媒体网站。中国青年报社电脑网络部负责中青在线新闻频道内容的采写和发布；北京中青在线网络信息技术有限公司负责中青在线网站教育、生活、服务等除新闻以外的频道内容的策划、制作和发布。①

（4）强势发展阶段（2003年至今）。

随着网络媒介的进一步发展以及网民自主意识的不断提高，网络新闻的影响力日益强大。2003年，在一系列重大事件当中，我们看到了网络舆论的力量。例如，在孙志刚事件中，网民对事件的关注、评论推动了案件的调查和对相关人员的处理，舆论的呼声促成了旧的《城市流浪人员乞讨收容遣送办法》的废止和《城市生活无着落的流浪乞讨人员救助管理办法（草案)》的颁布实施。又如刘涌案，从一审被判死刑到二审判为死缓的改判引起了网民的热烈讨论，人们对二审判决书"信息披露不详"提出了强烈的质疑。2003年12月18日，在辽宁省锦州市，最高人民法院对沈阳黑社会"刘涌案件"进行提审。这是新中国成立以来最高人民法院第一次对一起普通刑事案件进行提审。最高人民法院于22日作出判决：以故意伤害罪判处刘涌死刑，剥夺政治权利终身；与其所犯其他各罪并罚，决定执行死刑，剥夺政治权利终身。刘涌被最高人民法院提审充分体现了网络媒介的舆论监督作用及其对高层决策的影响。2003年发生的苏秀文宝马撞人事件、西北大学事件等都在网络媒介中激起了不小的波澜。这似乎代表着网络媒介发展的新阶段的到来。而近年来，网络在社会公共事件中发挥的作用越来越明显，例如华南虎事件、邓玉娇事件、"躲猫猫"事件、上海"钓鱼执法"事件等。还有大量的新闻首先是从网络中传播开来，接着辐射至传统媒介，引起较大的社会反响，如"天价烟"局长事件、温州考察团事件等。而博客等个人媒介的出现，更是为网络新闻业的发展带来了新的生机和活力。网络新闻业呈现出强势发展的状态。2006年，中国记协首次将网络媒介的优秀新闻作品纳入中国新闻奖的评奖范围，一批优秀的

---

① 杜骏飞. 网络传播概论. 福州：福建人民出版社，2003. 260

网络编辑也得到了优秀新闻工作者的称号。这充分反映了网络媒介渐趋主流。网络媒介在舆论监督、民主议政等方面体现出来的强大影响力也引起了社会决策者的高度重视。2008年6月20日，胡锦涛总书记来到人民网，通过《强国论坛》与网友进行了在线交流。他指出："我们强调以人为本、执政为民，因此做事情、作决策，都需要广泛听取人民群众的意见，集中人民群众的智慧。通过互联网来了解民情、汇聚民智，也是一个重要的渠道。"网络媒介在反映民意方面比传统媒介更为及时和全面，在某种程度上实现了传统媒介囿于自身局限而难以完成的社会功能。

归纳起来，这一阶段的网络新闻业体现出如下特点：①传统媒介网站继续强化自身特色，并努力打造品牌栏目，例如人民网的观点频道、湖南"红网"的"红辣椒评论"等。②无论是传统媒介网站还是商业网站，在重大事件中都争取主动，强势出击。例如，建国60周年之际，人民网、新华网、央视网、中国网均在天安门广场进行现场直播。从10月1日0点至10月1日晚24点，新华网共播发中外文文字稿近6 300余条、中英文图片6 000余张、视频时长2 100分钟。人民网推出了《中国坐标》大型专题，以"盛世盛典"、"中国策"、"中国人"、"中国心"、"中国影"五大板块为主体，以"对话中国"、"中国声音"等23个栏目为骨干，以"执政兴国60年"等70余个子专题为血肉，包括蒙、藏、维、哈、朝、彝、壮七种少数民族文字和英、法、俄、西、阿、日六种外文版，全方位展现了祖国60年的巨变。三大门户网站的新闻专题也是规模空前、声势浩大。例如，新浪网的《国·家——百年中国的新生与变革》专题报道方阵，搜狐网的《中国红1949：我的解放时刻》、《大国印记：1949—2009中国60大地标》、《回望历史瞬间》等大型专题，网易的《中国制造》大型专题，都非同凡响。① ③商业网站在新闻传播方面渐渐走出了原来单纯复制、粘贴的阶段，编辑意识日益明显。一些网站还推出了颇有特色的新闻栏目。如网易加大新闻频道的建设，定位为"有态度的新闻门户"，《网易另一面》、《网易发现者》、《网易看客》等栏目视角独特，在网民中影响较大。④博客、播客、微博等个人媒介成为新闻传播的一支重要力量，新闻视角更加多维化，个性化的新闻大量涌现。

---

① 闵大洪. 2009年的中国网络媒体与网络传播. http://media.people.com.cn/GB/40628/10584979.html

第三节　网络视阈中对新闻及新闻业的重新审视

一、网络新闻对传统新闻传播理论的影响

1. 充实了新闻的定义

随着时代的发展和媒介技术的不断进步，"新闻"这一新闻学的基础概念的内涵也应与时俱进、及时调整。传统的对新闻的定义强调的是"新近发生的"以及"过去发生但刚被发现的"这两类情况，网络新闻的"全时化"传播更强调"正在发生的"事件。

2. 新闻价值的内涵发生变化

传统新闻学中将新闻价值概括为"时新性"、"重要性"、"显著性"、"接近性"、"趣味性"五个方面。"时新性"强调的是"及时"，这一点在网络时代显然应该提升为"全时"。"接近性"包括"地理上的接近性"和"心理上的接近性"，网络使得地理界限变得模糊，"心理上的接近性"得到凸显。"趣味性"表现得更加明显，甚至有朝着"娱乐性"、"煽情性"方向靠拢的趋势。另外，"实用性"正在成为新的新闻价值判断标准。

3. 新闻传播者从"少数人"变为"全民"

网络的开放性使新闻传播的门槛降低，新闻传播者变得多元化，每一个人都可以成为新闻传播者。这极大地丰富了新闻传播的内容，彰显了人们的话语权。从理论上来讲，全民传播有助于削弱传统媒介中存在的"刻板成见"，使社会各阶层之间的整合更为有效。全民传播还有可能摆脱体制束缚，促使更多的真相展现在人们面前。1998 年 1 月 17 日，马特·德拉吉在他的个人网站"德拉吉报道"（www.drudgereport.com）上独家披露了克林顿和莱温斯基的性丑闻。德拉吉解释说："《新闻周刊》记者迈克尔·艾希科夫逮住了他平生最大的一条新闻，但就在见报前几个小时，这条新闻被《新闻周刊》的高层扼杀了。"德拉吉报道凭借这一条轰动性的新闻一夜成名，并在大约半年的时间内，引领了美国的"舆论导向"。五年后，德拉吉在自己的网站上不无炫耀地说："五年前的那些快讯，呈现的并不是某个人、某个网站，或者某位总统、某条有污迹的裙子。那些快讯，呈现的是一种力量，利用新技术在体制外工作

的每一个人的力量。"①

4. 专业新闻传播者的职能发生变化

专业的新闻传播者不仅要为网民提供真实、丰富、全面、及时的新闻报道，而且应该成为专业的信息解读者，帮助网民分析事件的本质及意义。在浩瀚的信息海洋中，网民难免感受到信息过载，失去方向感，甚至不知所措。这就要求专业新闻传播者应成为信息的导航者，指引网民找到他们最需要的、最有价值的信息。

5. "大众传播" 变为 "小众传播" 甚至 "个人传播"

传统的新闻学理论认为，新闻传播的对象是大众，即所有的受众看到的是同样的新闻内容。这显然只考虑了受众普遍的信息需求，而忽略了受众的特殊需求。网络媒介能最大限度地满足受众的特殊需求，使新闻传播变成 "小众的" 和 "个人的"。尼葛洛庞帝在《数字化生存》中写道："数字化的生活将改变新闻选择的经济模式，你不必再阅读别人心目中的新闻和别人认为值得占据版面的消息，你的兴趣将扮演更重要的角色。过去因为顾虑大众需求而弃之不用的、排不上版面的文章，现在都能够为你所用。"②

6. 新闻 "把关人" 的重新界定

传统新闻理论中，"把关人" 主要由传统媒介的记者、编辑充当，他们的职责是对事实进行筛选，决定哪些可以进入传播渠道。网络媒介的开放性和传播主体的多元化使传统意义上的 "把关" 在一定程度上被削弱了。面对来自不同媒介、不同观点立场、不同角度的大量报道，网民成为 "把关人"。如果说传统媒介的 "把关" 是出于舆论引导的目的，那么网民自我把关的出发点则各不相同，体现出较大的个体差异。网民 "把关" 的有效性如何，与网民的媒介素养有较大的关系。

7. 议程设置呈现新特点

议程设置的中心思想是，大众传播具有为公众设置 "议事日程" 的功能，传媒的新闻报道和信息传达活动以赋予各种 "议题" 不同程度的显著性的方式，影响着人们对周围世界的 "大事" 及其重要性的判断。互联网海量信息的特点以及信息发布主体的多元化使传统媒介议程设置的难度加大。另外，网络媒介中的议程设置主体也发生了变化，除了媒介网站之外，网民也成为议程

① 胡泳. 众声喧哗：网络时代的个人表达与公共讨论. 桂林：广西师范大学出版社，2008. 119 ~ 120

② ［美］尼古拉·尼葛洛庞帝. 数字化生存. 胡泳，范海燕译. 海口：海南出版社，1997. 181

设置的重要力量。有大量议题都是由网民自主设置的。网民通过对某些事件的持续关注、积极评论、转发扩散，促使社会舆论的形成。网民自主设置的议题还会影响到传统媒介，产生广泛的社会影响力。

二、互联网对传统新闻业务的影响

1. 改变了新闻工作的流程

互联网产生之前，记者进行新闻报道的流程一般是：发现线索——搜集素材、采访调查——撰写新闻报道。新闻一经刊登（或播出），记者的一次报道任务就结束了。互联网使新闻报道的流程在前端和后端都有所延伸，网络工具的使用已经渗透到新闻工作的各个环节中。如今，很多的新闻记者都习惯于到网上去找新闻线索，或通过与网民沟通的方式发现新闻线索，在搜集素材时，也较多地运用网络搜索引擎、数据库等来查找信息。通过电子邮件和即时通信工具进行采访，成为很多记者经常采用的方式。新闻刊登（播出）之后，记者还可以通过网络发布在线调查、在新闻论坛收集反馈意见，为新闻事件的后续报道作准备，或是从网民反馈意见中发现新闻线索。借助互联网，记者的新闻报道工作不再是单个任务的叠加，而成为一个互动循环的过程。

2. 丰富了新闻报道的内容和样式

网民对新闻传播的参与，尤其是网民直接作为新闻发布者通过博客、播客、论坛等方式传播新闻，丰富了新闻报道的样式，突破了传统媒介的视角局限和报道的模式化，使新闻报道的视角更加多元化，新闻文本写作也更具灵活性和创新性。而大量"亲历式报道"带给人们的感染力也是记者通过报道转述所不能比拟的，特别是在重大突发事件或灾难性事件当中，普通人的述说往往显得更为真实感人。从某种意义上说，互联网弥补了传统媒介报道的某些不足，如对某些信源的过分依赖导致的信息来源单一及报道内容的狭窄，记者角色局限造成的新闻报道精英化倾向，囿于传统造成的新闻写作模式化等，为新闻传播注入了新鲜的血液，促进了新闻业务的创新。"9·11"事件发生之后，许多普通人通过博客发布了大量信息，引起了传统媒介的重视。电视媒介利用普通人拍摄的片断作为对自身新闻报道的补充。一些主流新闻媒介的记者进入网络聊天室，与事件目击者或那些努力与纽约市和五角大楼的亲友取得联系的人们进行交流。很多报纸借助这些消息出版了增刊，通过当地人的讲述和视角为新闻添加了新的内容。袭击发生当天，"个体"记者或"业余"记者提供了异常丰富的有用的报道（即使报道中不乏差错——无论是有意还是无意的，这些报道仍然有一定价值）。目击者的叙述和图片至今仍令人难以忘怀，一些目击者还描述了各种令人悲痛的细节，这些都超出了传统新闻报道的界限。①

3. 促进了公民新闻的兴起

公民新闻也叫参与式新闻、草根新闻，是公民（非专业新闻传播者）通过大众媒介或个人通信工具，向社会发布自己看到、听到、掌握到的新近发生或正在发生的特殊的、重要的信息。公民分布在社会的各个阶层，有条件接触到丰富的第一手的新闻素材，有机会成为突发事件的目击者和亲历者。互联网技术和传播手段为公民新闻提供了更为便捷的传播渠道，人们可以借助数码相机、摄像手机、DV等便携式设备，将自己认为有价值的事件记录下来，并上传至网络论坛、博客等平台上。随着微博等新媒介工具的发展，越来越多的人投身到公民新闻之中。

在突发事件面前，公民新闻能抢在专业记者之前对事件进行及时的报道，留下珍贵的新闻瞬间资料。在2005年7月7日伦敦地铁爆炸事件中，电视画面上许多昏暗、摇晃的第一手影像资料就是遇袭者在废墟中用手机拍摄下来向外发送的。有人称："伦敦爆炸案中公民共享新闻报道的本质，在于消除了新闻消费者与新闻报道者之间的差别。在一个数字化武装起来的个人通信的时代，我们都是记者。"2009年2月9日20时27分，北京市朝阳区东三环中央电视台新址园区在建的附属文化中心大楼工地发生火灾，159米高的大楼一度被裹挟在熊熊烈火之中。最早报道这场火灾的是网民"加盐的手磨咖啡"。他自称在事发时恰好路过现场，随即用带摄影功能的手机拍下火场照片。这些照片于当日21时04分上传到天涯社区博客空间。之后12小时内，这批照片的访问量超过37万次，跟帖1 700多个。另一位叫"msun msun msun"的网民于9日22时左右将一段现场视频上传到知名视频共享网站Youtube上。约6分钟后，新华社在主流媒介中第一个发出了有关火灾的快讯。此外，如在印度洋海啸、伊拉克战争中，当传统媒介无法及时到达新闻现场时，"公民记者"记录着事件的最新动态，在社会信息沟通方面扮演着重要的角色。

网民主动传播新闻的需求以及草根新闻的强大力量也日益受到专业新闻传播者的重视。2004年，美国新奥尔良市遭遇"卡特里娜"飓风袭击，美国CNN电视台的网站上临时添加了一个栏目——"公民记者"。电视台以此举向广大网民征集有关飓风的图片和新闻。2005年伦敦地铁爆炸事件中，BBC、《伦敦太阳报》、世界图片网等媒介也向民众大量征集在袭击现场拍摄的照片

---

① ［英］斯图亚特·艾伦. 新闻文化. 方洁，陈亦南，牟玉涵，吴娱译. 北京：北京大学出版社，2008. 217～218

和录像。2006 年 12 月，雅虎网与路透社合作推出了一个栏目——You Witness News（"你目击的新闻"），可以让新闻目击者上传照片或视频短片，由路透社负责对公众提交的新闻进行选择、编辑，并提供给其他媒体。中国的温州网开设了《手机实时播报平台》，专供网民提供他们亲身经历的新闻事件的图片和视频。如"春节我播报"、"我在北京看奥运"、"温州奥运火炬传递"、"我在台风第一线"等，都是网民通过手机记录并发送的。南海网于 2010 年 1 月 11 日推出了《公民新闻》栏目——"网友写新闻·马上告诉你"，由网民报道发生在各地的新鲜事，这一栏目也成为政府决策部门获取第一手资料的重要平台。在网民与网站的互动下，一些新闻事件产生了较大的社会影响力。如南海网网友在"网友写新闻"栏目中报料的《应届毕业生 99 分考取三亚事业单位遭质疑》，经过南海网记者的追踪报道，牵出了一个轰动全国的"99 分招考门事件"，网民报料《万城镇委书记花公费长期在宾馆办公》，经过多家媒体追踪，牵出一个被网友热切关注的"包厢书记"。网民发帖《海口鸭尾溪污染治理岂能"一填了之"》，引起了海口市政府的重视，重新讨论鸭尾溪的治理方案。① 金羊网在改版之后也推出了《金羊微博》、《金羊报料》、《金羊问政》等几个栏目，体现了公民新闻的理念。

公民新闻实现了公民的话语权和媒介接近权，代表了民间话语体系的崛起，促使主流媒介思考公众的议程设置。新闻不再是几家媒介的发言，而是成为全社会声音的表达，最大限度地体现了新闻传播的包容性、平等性和参与性。

第四节　网络时代的传统媒介

互联网对传统媒介的冲击是不言而喻的。传统媒介正感受到前所未有的生存压力。传统媒介固然有其特殊的魅力和雄厚的受众基础，但其弱势也十分明显。传统媒介在网络时代应主动吸收网络媒介的长处，优化新闻生产和制作方式，整合各种资源，实现多平台多媒体的新闻传播，这样才能扩展其生存空间。正如李长春在中国网络电视台开播时讲话指出的那样："在信息传播技术高度发达的当今社会，主流媒体向互联网等新兴传播领域延伸是大势所趋，谁占领了新兴媒体阵地，谁的传播手段就更先进、传播能力就更强大。主流媒体在加强传播能力建设中，一定要增强向互联网延伸的紧迫感和主动性，积极开

① http://www.hinews.cn/news/system/2010/07/26/010959101.shtml

拓新兴媒体领域，不断扩大覆盖面、增强影响力。"

一、网络时代的报纸

在三大传统媒介中，报纸受到互联网的冲击最大，危机感也最为强烈。一个普遍的观点是，以互联网为代表的新型传播技术将重塑报纸出版业形态。

2007 年 1 月 1 日，世界上最古老的报纸——1645 年创刊的《国内邮报》停止发行印刷版，只以网络版的形式出现。

2009 年 2 月 26 日，在离 150 岁生日仅有 55 天时，美国科罗拉多州最负盛名的《落基山新闻报》宣布倒闭。

2009 年 3 月 17 日，《西雅图邮报》发行最后一期纸质报纸后，完全转变为电子报经营。

2009 年 3 月 27 日，美国百年老报《基督教科学箴言报》正式停办印刷版日报，只保留其网站，并发行印刷周刊。

2009 年 7 月 23 日，美国密歇根州安阿伯市拥有 174 年历史的《安阿伯新闻报》在发行了最后一期印刷版后，成为美国又一家放弃印刷版、只以网络版形式存在的老报。

2010 年年底，美国著名的主流大报《纽约时报》宣布，将停止印刷报纸而改出网络版。

美国报业所面临的危机虽然有多方面的、复杂的原因，但互联网的勃兴确实是最重要的一个影响因素，它改变了报纸的生存环境，使报纸在某些方面显得"老态龙钟"，跟不上时代的步伐。中国报业也面临着类似的问题。京华时报社社长吴海民认为："中国报业经历 20 年的高歌猛进之后，目前陷入了一场深刻的经营危机。以 2005 年为'拐点'，传统报纸停下了持续多年的上升脚步，进入一个抛物线般的下滑轨道。广告增长率从持续 20 年的高位跌落下来，就是这一趋势的显著标志，同时伴随着的是年轻读者的流失和发行市场的萎缩。"[①]

传统报纸的劣势在于，囿于截稿时间和排版、印刷等环节，新闻传播的时效性较差。新闻信息只能通过文字、图片等静态符号来展现，现场感、生动性不够。互动性表现出间接、延时的特点。互联网显然可以弥补传统报纸的弱势。这就需要报纸媒体树立开放的心态，积极与互联网展开合作，借助网络力量，提升传播能力。

---

① 吴海民. 媒介变局：报纸的蛋糕缩小了——谈报业的未来走势及发展. 广告大观·媒介版，2006（1）

1. 报网互动

"报网互动"是近几年媒介领域颇为流行的一个词。报网互动是指报纸与网络发挥各自的优势，展开多层面的合作与互动。报纸建立自己的网站，依托网络平台，优化新闻报道流程，这是报网互动的前提。报网互动主要有四个层次：第一个层次是纯技术层面的互动，即报纸利用网络平台发布信息产品，这也是最为初级的报网互动。很多报纸都在网络设立了电子版，或称数字报，保留纸质报纸的版面形式，网民可以按日期浏览报纸，有的还在此基础上增加了互动功能。第二个层次是内容层面的互动，即新闻生产环节的互动，这是报网互动当中最核心的内容。第三个层次是发行、广告层面的互动。第四个层次是品牌层面的互动，包括大型媒体活动中的报网互动，以及媒体品牌传播、体制创新中的报网互动，其建立在前面三个层次的基础之上。

内容层面的报网互动主要通过如下形式实现：

（1）报纸通过网络平台收集新闻线索。

报纸可以在网站上开辟专门的栏目供网民提供新闻线索，当然，也可以在论坛、博客中发现新闻线索。例如，奥一网的报料频道，内容相当丰富，分为《突发交通》、《民生投诉》、《社区网事》、《打工纠纷》、《曝光台》等栏目。报纸还可以在网站上发布在线调查，以收集人们对特定事件或问题的看法。例如，《华尔街日报》有一个常设栏目叫《今日问题》（*Question of the Day*），是一个意见调查性栏目，每期都会利用网络的互动性进行问题调查，然后在报纸上公布调查结果。

（2）报纸通过网络平台直接获取新闻素材。

对于那些网民感兴趣的，或是与网民密切相关的内容，报纸可以在网络上发起话题，吸引网民参与，以获得新闻报道所需的素材。《钱江晚报》为纪念改革开放 30 周年作了一次特别策划，叫做"见证·记忆：晒晒我'浙'30年"，旨在让网民提供一些老照片和旧收藏，以反映 30 年的巨变。《钱江晚报》在浙江在线的"潮鸣天下"论坛中设置了一个话题，内容是对"编辑你的相册，展示你的收藏，说出你的故事，分享你的快乐——晒晒我'浙'30年"实物影像征集晒客活动的简单介绍，包括网民提交照片的方式。那些反映时代发展和社会变化的照片，后来被挑选出来登上了《钱江晚报》纸质版，很有看头。又如，《浙江日报》网络互动版上有一个《报网零距离》的栏目，经常发布一些话题供网民讨论，这些话题一般都是《浙江日报》近期希望做的选题。其中有一个是"人脉资源，究竟是白是黑"，这一话题引起了不少网友的讨论。2008 年 10 月 16 日，《浙江日报》"万家灯火"版面上，推出了"人脉，是种资源吗"的重头报道，其中的大量观点就是来自网民。

（3）网民直接参与报纸有关内容的编辑。

传统报纸的稿件选择、内容搭配，更多体现的是编辑和报社的意志。如果让受众参与到某些内容的编辑过程当中，则能提升他们对报纸的关注度，令受众对报纸产生更强烈的依赖感。例如，美国《康斯威星州日报》为激发读者对报纸的兴趣，每天定稿前开通网民选用头版稿件的投票系统，读者登录报纸网站，从五条新闻素材中选出一条，定为次日的头版内容。

（4）邀请相关新闻人物到网站聊天。

新闻人物总是备受关注，网民希望能与新闻人物交流互动。传统的报纸媒介显然很难实现，这就可以借助网络聊天室、论坛等工具实现这种互动。当然，聊天的过程和具体的内容可以文本的方式刊登在纸质报纸上。

（5）对于热点事件，报道的同时，可以在网上展开讨论，使新闻产生增值效应。

热点事件往往能够引发强烈的舆论反响。人们不仅想知道发生了什么事情及事情的来龙去脉，而且希望对事件发表自己的看法，与其他网民展开交流。报纸媒介应善用这类资源，使其舆论效应达到最大化。在文字报道推出的同时，在网络论坛中设置话题，引导网民讨论。一些有代表性的、独到的网民观点，又可以通过集纳的方式写入后续报道中，形成资源的二次开发，新闻的价值被充分挖掘。

（6）记者手记、记者博客。

"新闻背后的故事"往往对受众有着极大的吸引力。新闻是如何写出来的？关键素材是如何获取的？采访调查过程中碰到哪些阻碍，又是如何解决的？这里面的故事的精彩性有时不亚于新闻事件本身。记者把这些内容告诉受众，有利于受众加深对新闻的理解，拉近传播者与受众之间的距离。很多媒体网站上都设置了"记者手记"或"记者博客"栏目，把那些由于报纸版面限制或其他原因而不能登报的内容，或是记者对他所报道事实的看法呈现给受众，这些内容展现了媒体的人文色彩，成为增进媒体与受众关系的重要途径。

（7）新闻成品的多平台发布。

纸质报纸因为截稿时间的限制，很难做到同步报道，但网络可以。报纸媒体可以充分利用网络平台，实现新闻的多形式、立体式传播，即在报纸网站上用滚动的形式发布即时消息，报纸媒体上则发布阶段性消息和深度报道。特别是在突发事件中，报纸媒体若想争得先机、同步报道，必须通过报网互动。2007年6月15日凌晨5点10分，因运砂船撞击桥墩，广东南海九江大桥200多米桥面倒塌，数辆车坠江，多人失踪。《广州日报》是最早报道这一事件的媒体，并在其新闻网页上24小时不间断地对事故的最新情况作滚动报道。

《广州日报》能拔得头筹，与其强烈的报网互动意识是分不开的。5 时 20 分左右，有读者报料称九江大桥"断"了。《广州日报》珠三角新闻中心马上派记者赶到现场。《广州日报》滚动新闻部和大洋网从《广州日报》珠三角新闻中心获得事故消息后，迅速通过"广州日报大洋网"、"广州日报 3G 门户网"、"广州日报无线平台"向网友和数十万手机订户发出消息。前方记者和后方编辑及时沟通，将事故的打捞、救援、善后处理等最新消息在《广州日报》大洋网等多个平台上，以文字、图片、视频等多种手段滚动发布，基本上做到了新闻传播与新闻事件同步，让读者（网友）第一时间了解有关九江大桥"6·15"事件的最新进展。① 另外，一些网站上的互动栏目的内容也可以有选择性地刊登在报纸版面上。例如，大河网《焦点网谈》栏目，将社会热点问题放在网站中请网民进行讨论，《河南日报》一周拿出两个整版刊发，这一栏目也获得了中国新闻奖网络作品名专栏一等奖。大江网和《江西日报》资源整合，发挥《江西日报》以深度报道见长、阅读时间持久和大江网直观快捷、辐射面广的特点，推出报网互动栏目《江报直播室》，通过大江网的视频，于第一时间在网上广泛传播，次日在《江西日报》推出深度报道。②

在发行方面，报纸可以在网上实现电子订阅，降低了发行成本。很多报纸在网站上都开通了网络订报功能，用户只需输入个人资料、送报地址，通过网络支付方式付款就可完成订报过程。也可以对某些内容采取付费浏览的方式。

在广告方面，报纸和网络可以实现广告的捆绑优惠销售，即投放报纸广告，可以将其延伸发布到网站中。网络广告在某些方面优于报纸广告，可以利用多媒体、交互式的手段提升传播效果。

2. 全媒体再造

网络技术和新媒体的发展使媒介呈现融合的趋势。不少传统媒介在转型的过程中，提出了"全媒体"的概念。全媒体，顾名思义，即突破媒介界限，建立在整合和融合基础之上的，能综合运用多种表现形式进行新闻传播的综合性媒介平台。从其内涵来讲，全媒体不仅仅是指人们直接能感受到的传播内容的多媒体表现，而且应该包括全媒体观念、全媒体采编、全媒体经营等内容。

就报纸媒体而言，全媒体战略就是打破传播介质和表现形态的束缚，利用互联网、移动终端等新媒体技术，改变原有的单一纸质媒介传播方式，将新闻传播延伸至其他载体，建立组合式的、跨媒体的内容发布平台。例如，《南方

---

① 王栋，田曼. 滚动新闻如何发挥威力. 南方传媒研究（第九辑）. 广州：南方日报出版社，2007. 66

② 曲涛. "报网互动"的价值和模式探索. 青年记者，2006（23）

都市报》的信息产品形态多种多样，包括网页电子报式完全版、多媒体形式的精华版、邮件式投放的订阅版以及门户式的新闻网站、手机客户端阅读器等多种数字产品，一方面扩大了《南方都市报》的影响力，另一方面更能满足网民多元化的需求。2009 年"南都视点·直播广东"（FM 91.4）开播。这一档与广东电台新闻台合办的音频节目，将《南都时评》、《深度》等品牌栏目的精华挑选出来，使无声的报纸得以进入读者的耳朵，从而"让报纸听得见"。2009 年年底，《南方都市报》推出智能手机平台的南都阅读器，全面整合南都报系优质的原创内容，每天 24 小时不间断地提供新闻及观点，使用户可以更方便地获取新闻，随时随地可以拿起手机阅读。相较于传统手机网页浏览方式，使用客户端浏览更加方便，并在字体、栏目设置上作了特别设计，使之有利于在手机屏幕上阅读，还增加了便利的操作模式，如图片滑屏等，让用户获得更好的信息浏览体验。①

在全媒体理念之下，报纸记者不再只是文字记者或摄影记者，而是全媒体记者，即能熟练使用多种采访工具、采用多种报道方式来完成报道。以《杭州日报》为例，为了实现报网互动，《杭州日报》成立了滚动新闻中心，给记者配备了照相机、摄像机等采访工具，报社还专门装修了一间网络直播间，进行文字与视频的全媒体报道。2008 年 11 月 5 日，杭州发生地铁施工塌陷事故，事故发生后，《杭州日报》记者第一时间赶到现场，将手机拍摄的照片及时传送到报社，杭州网就有了简短的文字和十余幅照片的报道。几分钟后，《杭州日报》滚动新闻中心六七名记者，手持摄像机、照相机赶到现场进行全方位采访报道，前方记者在现场通过手机和无线上网的现代科技手段，向后方编辑传送文字及图像数据。后方编辑在快速处理后，及时上传到杭州网上，每3 ~ 5 分钟就对事故救援情况作一次文字、图片滚动报道，使读者能从杭州网看到"实况转播"。《杭州日报》的每个选题策划都同时考虑网络、报纸分别如何报道。每个记者均要先写网络稿，之后再为报纸写稿。一有突发事件，马上在网上报道，事件结束后再作深度报道，第二天见报。②

·　《南方都市报》在以"全媒体理念"重组采编流程时，充分发挥《南方都市报》强大的内容原创能力，根据不同传播载体的特点发布新闻内容，尽可能延长优秀作品的生命力。从最初的记者采写完毕，到被印刷在南都的报纸版面，到登陆南都网的电子版，到南都视点被广而告之，到最后还可能做成南都

---

① 易海燕. 南方都市报全媒体战略下的媒介融合之路. 网络传播, 2010 (3)

② 尤凌波. 报网融合已不再是将来——浅析报网融合下的城市党报生存路径. 新闻知识, 2010 (9)

视频专题，被发布在电视台以及网络、户外渠道上。①

全媒体的新闻制作方式，必然要求媒介组织建立新的新闻采编流程，采集新闻素材，根据不同受众的接受特点进行加工，制成不同的新闻产品，最后通过不同的传播渠道（媒体）传播给受众。

二、网络时代的广播电视

广播电视的缺点主要是线性传播，播出内容瞬间即逝，很难回放和保存。借助互联网，广播电视完全可以克服自身的弊端，为受众提供多样化的选择。广播电视媒体利用互联网改造自身新闻业务，使传播形式多样化，提升新闻传播影响力，其路径与报纸媒体是类似的。广播电视媒介与其网站"台网互动"主要体现在以下四个方面：

1. 实现节目的在线收听（看）和按需点播

利用网络音视频技术，在网络平台上实现节目的在线收听（看），方便受众在不同场合的视听需求。网站可通过建立节目库的方式，将节目内容按时间、栏目、主题等分类上传至网站，方便受众检索，按需点播。

2. 利用网络进行话题征集和讨论

中央人民广播电台的《神州夜航》栏目经常在中国广播网的论坛中向听众预报近期将在节目中探讨的话题，邀请听众加入论坛对该话题发表看法，到节目正式播出的时候，听众的观点便会出现在节目当中。

3. 建立主持人博客

主持人是广播电视媒体的一项重要资源。很多受众对节目的关注往往是因为某位主持人的独特魅力。在传统的广播电视媒体中，人们看到、听到的只是主持人台前的形象或声音，却无法获知主持背后的故事以及主持人更立体、真实的形象，而主持人在播出节目时面向的也是"心目中"的受众，并不能准确地把握受众的想法。博客无疑是拉近主持人与受众的重要渠道。主持人在博客中讲述自己的工作、生活，与受众分享思想观点，实现与受众的互动。受众也可以在博客中留言，提出他们的期望、建议和想法。

4. 强化文字的传播作用

在传统广播电视媒体中，人们主要通过声音、画面、解说来获取信息，文字的传播力是较弱的。利用互联网，广播电视媒体可以将节目文稿上传至页面，供有需要的受众参考。有的广电媒体网站还推出电子杂志，体现了全媒体的理念。如中国广播网的《行色》、湖南卫视的《HTV 志》等。

---

① 易海燕. 南方都市报全媒体战略下的媒介融合之路. 网络传播，2010（3）

三、网络时代对新闻从业者提出的要求

网络媒介改变了新闻工作者的工作方式，网络技术所包含的数字化工具使新闻采集、编辑、生产、传播变得更加便捷而有效。在网络时代，新闻从业者的工作技能也应与时俱进。

1. 必须熟练掌握电脑和网络知识

网络时代，新闻线索的获取、背景资料的搜集以及新闻的采写、编辑、发布都依托于电脑和网络平台。不能熟练地操作电脑和使用网络，显然跟不上时代的要求。

2. 具备检索和利用网络信息的能力

记者应学会充分利用网络资源，拓宽信息渠道以扩大自己的报道视野，搜集相关资料为自己的报道增色，为受众提供全面可信的新闻产品。各类网站、新闻组、论坛、博客中包含大量有价值的新闻线索，等待记者去挖掘，这就需要记者熟悉各类网站，了解知名论坛和博客，能够利用检索和查询功能，找到自己所需要的新闻题材和新闻由头。新闻记者还应善于使用各种搜索引擎、网络数据库来寻找资源，作为新闻报道的背景资料。这就需要记者不断总结搜索引擎的使用技巧，从而能快速而准确地找到所需的资料。

3. 进行多媒体报道的能力

网络使多种媒介形式呈现融合的趋势。网络时代的记者不能仅局限于以某一种符号形式来报道新闻，而是应该综合运用多种符号形式来完成多媒体报道。在传统媒体中，文字记者只负责文字报道，摄影记者只负责拍摄新闻照片，这种"各自为政"的报道方式在网络时代已不再适用。网络时代需要的是复合型人才，记者应该是能写、能编、能拍、能摄、能播的多面手。在全媒体采编活动中，记者既要熟悉各种文字报道体裁的写作方法，又要熟悉音响报道、电视新闻的制作方式。对于同一事件，要能够娴熟地将其编制成适合报纸、广播、电视等不同媒体刊播的报道。

4. 具备与受众互动的能力

网络时代，媒体与受众的互动大大增强。受众是一股重要的推动力量，他们通过提供新闻线索、表达观点、反馈意见等方式参与到新闻活动中，促使新闻媒介提升其新闻传播水平。新闻工作者不能闭门造车，应该多与受众互动，了解受众的想法。比如，在论坛中组织话题的讨论，在聊天室里与网民进行交流，通过即时通信工具与网民互动，或实施在线网络调查。还应该利用多种方式激发受众参与的积极性和主动性，以诚恳的态度与他们对话，倾听他们的需求和心声。

5. 具备对信息进行验证的能力

互联网上虽然有着海量信息，但是鱼龙混杂，虚假的、过时的、未经考证的信息大量存在。新闻工作者要善于对信息进行辨别和验证。面对一条信息，记者应首先分析其来源，看来源是否可靠；然后对信息中涉及的内容进行核实，可对照其他相关信息进行分析判断。对于网络信息，特别是论坛、博客上的内容，记者要多存疑、多分析、多查找、多比对，要以谨慎而不是想当然的态度处理信息，为受众提供负责任的报道。

【思考与练习】

1. 网络新闻的优势和劣势是什么？

2. 结合近几年发生的一系列社会公共事件，分析网络媒介在其中发挥的作用。

3. 你如何理解网络时代的"小众传播"和"个人传播"？

4. 请阐述一下你所理解的"公民新闻"。

5. 以《南方都市报》为例，分析"报网互动"的内涵。

6. 网络时代的新闻工作者应具备哪些素质和能力？

【推荐阅读】

1. 胡泳. 众声喧哗：网络时代的个人表达与公共讨论. 桂林：广西师范大学出版社，2008

2. 彭兰. 中国网络媒体的第一个十年. 北京：清华大学出版社，2005

3. 陆小华. 新媒体观——信息化生存时代的思维方式. 北京：清华大学出版社，2008

4. 杜骏飞. 沸腾的冰点——2009 中国网络舆情报告. 杭州：浙江大学出版社，2010

附录一

中国新闻工作者职业道德准则

（中华全国新闻工作者协会第七届理事会第二次全体会议 2009 年 11 月 9 日修订）

中国新闻事业是中国特色社会主义事业的重要组成部分。新闻工作者要坚持以马克思列宁主义、毛泽东思想、邓小平理论和"三个代表"重要思想为指导，深入贯彻落实科学发展观，高举旗帜、围绕大局、服务人民、改革创新，贴近实际、贴近生活、贴近群众，用马克思主义新闻观指导新闻实践，学习宣传贯彻党的理论、路线、方针、政策，继承和发扬党的新闻工作优良传统，积极传播社会主义核心价值体系，努力践行社会主义荣辱观，恪守新闻职业道德，自觉承担社会责任，敬业奉献、诚实公正、清正廉洁、团结协作、严守法纪，做到政治强、业务精、纪律严、作风正。

第一条 全心全意为人民服务。要忠于党、忠于祖国、忠于人民，把体现党的主张与反映人民心声统一起来，把坚持正确导向与通达社情民意统一起来，把坚持正面宣传为主与加强和改进舆论监督统一起来，发挥党和政府联系人民群众的桥梁纽带作用。

（一）积极宣传党和政府的重大决策部署，及时传播国内外各领域的信息，满足人民群众日益增长的新闻信息需求，保证人民群众的知情权、参与权、表达权、监督权。

（二）牢固树立群众观点，把人民群众作为报道主体和服务对象，多宣传基层群众的先进典型，多挖掘群众身边的具体事例，多反映平凡人物的工作生活，多运用群众的生动语言，使新闻报道为人民群众喜闻乐见。

（三）积极反映人民群众的正确意见和呼声，批评侵害人民利益的现象和行为，依法保护人民群众的正当权益。

第二条 坚持正确的舆论导向。要坚持为团结稳定鼓劲、正面宣传为主，唱响主旋律，不断巩固和壮大积极健康向上的舆论。

（一）始终坚持以经济建设为中心，服从服务于改革发展稳定大局不动摇，着力推动科学发展、促进社会和谐。

（二）宣传科学理论、传播先进文化、塑造美好心灵、弘扬社会正气，增强社会责任感，坚决抵制格调低俗、有害人们身心健康的内容。

（三）加强和改进舆论监督，着眼于解决问题、推动工作，坚持准确监督、科学监督、依法监督、建设性监督。

（四）采访报道突发事件要坚持导向正确、及时准确、公开透明，全面客观报道事件动态及处置进程，推动事件的妥善处理，维护社会稳定和人心安定。

第三条 坚持新闻真实性原则。要把真实作为新闻的生命，坚持深入调查研究，报道做到真实、准确、全面、客观。

（一）要通过合法途径和方式获取新闻素材，新闻采访要出示有效的新闻记者证。认真核实新闻信息来源，确保新闻要素及情节准确。

（二）报道新闻不夸大、不缩小、不歪曲事实，不摆布采访报道对象，禁止虚构或制造新闻。刊播新闻报道要署作者的真名。

（三）摘转其他媒体的报道要把好事实关，不刊播违反科学和生活常识的内容。

（四）刊播了失实报道要勇于承担责任，及时更正致歉，消除不良影响。

第四条 发扬优良作风。要树立正确的世界观、人生观、价值观，加强品德修养，提高综合素质，抵制不良风气，接受社会监督。

（一）强化学习意识，养成学习习惯，不断提高政治和业务素质，增强政治意识、大局意识、责任意识，努力成为专家型新闻工作者。

（二）深入基层、贴近群众、体验生活，在深入中了解社情民意，增进与群众的感情。

（三）坚决反对和抵制各种有偿新闻和有偿不新闻行为，不利用职业之便谋取不正当利益，不利用新闻报道发泄私愤，不以任何名义索取、接受采访报道对象或利害关系人的财物或其他利益，不向采访报道对象提出工作以外的要求。

（四）尊重新闻同行，反对不正当竞争。尊重他人的著作权益，引用他人的作品要注明出处，反对抄袭和剽窃行为。

（五）严格执行新闻报道与经营活动分开的规定，不以新闻报道形式做任何广告性质的宣传，编辑记者不得从事创收等经营性活动。

第五条 坚持改革创新。要遵循新闻传播规律，提高舆论引导能力，创新观念、创新内容、创新形式、创新方法、创新手段，做到体现时代性、把握规律性、富于创造性。

（一）深入研究不同传播对象的接受习惯和信息需求，主动设置议题，善于因势利导，不断提高舆论引导能力和传播能力。

（二）认真研究传播艺术，利用现代传播手段，采用受众听得懂、易接受的方式，增强新闻报道的亲和力、吸引力、感染力。

（三）善于利用新载体、新技术收集信息、发布新闻，提高时效性，扩大覆盖面。

第六条 遵纪守法。要增强法治观念，遵守宪法和法律法规，遵守党的新闻工作纪律，维护国家利益和安全，保守国家秘密。

（一）严格遵守和正确宣传国家的民族区域自治制度、各民族平等团结和宗教信仰自由政策，维护国家主权和社会稳定。

（二）维护采访报道对象的合法权益，尊重采访报道对象的正当要求，不揭个人隐私，不诽谤他人。

（三）维护未成年人、妇女、老年人和残疾人等特殊人群的合法权益，注意保护其身心健康。

（四）维护司法尊严，依法做好案件报道，不干预依法进行的司法审判活动，在法庭判决前不作定性、定罪的报道和评论。

（五）涉外报道要遵守我国涉外法律、对外政策和我国加入的国际条约。

第七条 促进国际新闻同行的交流与合作。要努力培养世界眼光和国际视野，积极搭建中国与世界交流沟通的桥梁。

（一）在国际交往中维护祖国尊严和国家利益，维护中国新闻工作者的形象。

（二）积极传播中华民族的优秀文化，增进世界各国人民对中华文化的了解。

（三）尊重各国主权、民族传统、宗教信仰和文化多样性，报道各国经济社会发展变化和优秀民族文化。

（四）积极参加有组织开展的与各国媒体和国际（区域）新闻组织的交流合作，增进了解、加深友谊，为推动建设持久和平、共同繁荣的和谐世界多做工作。

附则：对本《准则》，中国记协各级会员单位要结合实际制定相应实施细则，认真组织落实；全国新闻工作者要自觉执行；各级各专业记协要积极宣传和推动，欢迎社会各界监督。

附录二

图片网站抵制虚假图片联合公告

（2007 年 8 月 27 日正式颁布并生效）

新华社中国图片总汇（photomall）、人民图片网（photobase）、中国新闻图片网（cnsphoto）和五洲传播图片库（chinafotopress）等四家国内权威图片网站（图片库）承担着重要的新闻报道及对外宣传任务，为海内外媒体提供各类新闻图片和专题类图片。

为了坚决贯彻全国"扫黄打非"工作小组办公室、新闻出版总署联合下发的《关于整治假报刊、假记者站、假记者、假新闻专项行动的通知》，认真执行全国记协制定的《中国新闻工作者职业道德准则》。我们坚持正确的舆论导向，进一步加强内部管理，建立和完善杜绝虚假新闻的制度保障。增强政治意识、大局意识、责任意识，逐步建立起防治结合、以防为主的杜绝虚假新闻的长效机制。同时要求向图片网站（图片库）提供稿件的签约摄影师严守采访纪律，加强职业道德观念，维护摄影报道真实性原则。我们坚决不接受虚假新闻图片，不收集和整理包含虚假内容的专题图片。

为维护国家形象，维护社会公众利益，同时确立具有可操作性的行业规范，我们联合发出以下公告：

一、图片报道要确保其真实、客观、公正。反对摄影师在拍摄过程中虚构和捏造新闻事实，反对拍摄重现的新闻事实。反对摄影师干预新闻现场或对被拍摄对象进行导演摆布拍照。

二、不允许摄影师对拍摄的原始数码图像文件的数据作任何修改。绝不允许在照片上随意增加影像或者删除局部影像，甚至改变画面内容（剪裁画面中无关的部分除外）。

三、为了让照片保持画面清晰精确，对色彩或灰度只能作有限度的调节，类似于传统暗房处理照片过程中对曝光的控制和加光、减光。对照片的润饰仅限于去除画面上的擦痕或斑点。为了保证原创图片的真实性，照片色彩只能稍加调节。在调色前必须谨慎考虑。出现反常色调时，要在图片说明中加以说明。

四、摄影师在拍摄和制作拼贴组合图片、蒙太奇式组合图片、人物肖像、时尚或家居设计插图等专题类摄影作品时，所使用的控制摆拍的摄影方法一定要让读者知道。如果照片可能会让读者产生怀疑，应该在图片说明中标明所采取的摄影和制作手段。例如，应当标注"数字合成图片"。本条叙述的情况适用于非报道类的说明性配图。

五、摄影师应给图片标注清晰的图片说明，说明文字要含新闻的基本要素，必要时交代新闻背景。

六、图片文字说明和标题要实事求是，反对图文不符、夸大其词、虚张声势的不良文风，更反对无中生有的图片说明造假行为。

七、在采访中要体现人文关怀。记者在拍摄意外事件时，应尊重受害人及其家属的感受，尽量把对他们的心理影响及伤害减到最低。摄影记者在拍摄过程中应该尊重被摄者的隐私权。

八、坚持抵制低级庸俗之风。不拍摄、不传播危害国家安全、危害社会稳定、违反法律法规以及迷信、淫秽等有害信息的图片。

九、依据以上规定，我们将建立联合工作机制，一旦发现摄影师有违反以上规定的行为，根据情节轻重对有关责任人进行处理。情节严重者，所有图片网站（图片库）将联合一致取消其签约摄影师的资格，并在各图片网站（图片库）公布其造假行为。

我们自觉接受社会监督，欢迎同行以及社会各界监督，对举报的违规违纪问题，严肃查处，并在行业媒体上公布查处结果。

监督电话、传真：
新华社中国图片总汇（www. photomall. info）
电话：010 – 63072848、63074128；传真：010 – 63076532

人民图片网（www. photobase. cn）
电话：021 – 63519066、63519288；传真：021 – 63519028

中国新闻图片网（www. cnsphoto. com）
电话：010 – 68320537、68316627；传真：010 – 68328095
邮箱：photocns@ chinanews. com. cn

五洲传播图片库（www. chinafotopress. com）
电话：010 – 64326759；传真：010 – 64326081
邮箱：photo@ chinafotopress. com

附录三

联合国国际新闻道德规约二则

其一《国际新闻道德信条》草案
(联合国新闻自由小组委员会,经过五次讨论制订)

新闻及出版自由是一项基本人权,是《联合国宪章》及《世界人权宣言》中所尊崇与宣示的所有自由权利的试金石。因此,和平的增进与维护,必须靠新闻及出版自由。

当报业及所有其他新闻媒介的工作人员经常自动努力保持最高度的责任感,切实履行道德义务、忠于事实,以及在报道、说明和解释事实中追求真理时,这项自由将获得更好的保障。

因此,这一国际道德信条,对所有从事新闻及消息采访、传递、发行和评论的人,以及对从事文字、语言或任何其他表达方法,描述当前事件的人而言,可作为职业行为的标准。

第一条 报业及所有其他新闻媒介的工作人员,应尽一切努力,确保公众所接受的消息绝对正确。他们应当尽可能查证所有的消息内容,不应任意曲解事实,也不能故意删除任何重要的事实。

第二条 职业行为的崇高标准,是要求献身于公共利益。谋求个人便利以争取任何有违大众福利的私利,不论所持何种理由,均与这种职业行为不相符合。

任意中伤、污蔑、诽谤和缺乏根据的指控,都是严重的职业罪恶;抄袭剽窃的行为亦然。

对公众忠实,是优良新闻事业的基础。任何消息发表之后,如果发现严重错误,应立刻自动更正。谣言和未经证实的消息,应加指明,并作正当的处理。

第三条 唯有符合职业原则和尊严的任务,才能指派给报业及其他新闻媒介的工作人员,以及参加新闻事业的经济与商业活动人员承担。

发表任何消息或评论的人,应对其所发表的内容负完全责任——除非在发表时已明确否认这种责任。

个人的名誉应予以尊重,有关个人私生活的消息与评论,可能损及个人名誉时，并非有助于公共利益，而仅仅是迎合公众好奇心理者，则不应该发表。如果对个人的名誉或道德人格提出指控时，应当给予答辩的机会。

关于消息来源，应慎重处理。对暗中透露的事件，应当保守职业秘密。这项特权经常可在法律的范围内作最大限度的运用。

第四条 描述及评论另外一个国家事件的人，有责任获得有关这个国家的必需知识，确保自己作出正确公正的报道和评论。

第五条 本道德信条的基本原则是：确保对职业道德忠实遵守的责任，落在从事新闻事业者身上，而不是由任何政府承担。因此，本道德信条的任何内容，均不得解释为政府可以任何方式加以干涉，并强制新闻界遵守其中所列举道德义务的理由。

其二《记者行为的基本原则宣言》

（1954 年被国际新闻工作者联合会的世界大会采纳，1986 年进行修订）

一、尊重事实和公众有知道事实真相的权利，这是记者的第一要务。

二、为了遵守这项职责，记者应该在任何时候捍卫自由地收集信息、诚实地发布信息及拥有对事件进行一定评论和批评的权利。

三、记者只能完全遵从自己所知的事实进行报道，不能隐瞒重要信息和提供虚假信息。

四、记者只能使用正当的方式获取新闻、图片和文献。

五、记者在报道失实或者报道了有害信息时，应尽最大的努力进行更正。

六、记者在获得匿名消息源的时候，应该遵守职业道德，为其保密。

七、记者应该意识到媒介引导的歧视的危害性，应该尽最大努力避免歧视，尤其是在关于人种、性、性取向、语言、宗教、政治或者其他观点以及国家或者社会起源等问题。

八、记者的下述行为，应该视为严重的过失：剽窃；恶意的失实报道；中伤、侮辱、诋毁、无事实根据地指责；有偿新闻或"有偿不新闻"。

九、那些对得起"记者"这个名称的人，应该认识到他们的责任是忠实地遵守上述准则，在遵守自己国家法律的前提下，记者应该意识到他们的职业是新闻从业人员的职业，应不受政府或其他人的干扰。

参考文献

［1］李良荣. 新闻学概论（第三版）. 上海：复旦大学出版社，2009

［2］刘建明等. 新闻学概论. 北京：中国传媒大学出版社，2007

［3］郑保卫. 新闻理论新编. 北京：中国人民大学出版社，2007

［4］陈力丹. 自由与责任：国际社会新闻自律研究. 开封：河南大学出版社，2006

［5］陈力丹. 新闻理论十讲. 上海：复旦大学出版社，2010

［6］童兵. 理论新闻学导论. 北京：中国人民大学出版社，2000

［7］郝雨，王艳玲. 新闻学概论. 上海：上海大学出版社，2003

［8］刘建明. 新闻学前沿：新闻学关注的 11 个焦点. 北京：清华大学出版社，2005

［9］李良荣. 当代西方新闻媒体（第二版）. 上海：复旦大学出版社，2010

［10］李良荣. 西方新闻事业概论（第三版）. 上海：复旦大学出版社，2007

［11］丁柏铨. 中国当代理论新闻学. 上海：复旦大学出版社，2004

［12］张举玺. 实用新闻理论. 开封：河南大学出版社，2006

［13］刘九州. 新闻理论基础. 武汉：武汉大学出版社，2006

［14］沈爱国. 新闻学基础. 杭州：浙江大学出版社，2001

［15］詹成大. 媒介经营管理. 杭州：浙江大学出版社，2004

［16］胡宏文. 新概念新闻学（上、下）. 北京：新华出版社，2006

［17］陈作平. 新闻理论新思路：新闻理论范式的转型与超越. 北京：中国传媒大学出版社，2006

［18］吴曼芳. 媒介经营与管理. 北京：中国电影出版社，2009

［19］马建平，卞华. 媒介经营管理创新思维. 北京：中国传媒大学出版社，2008

［20］［英］约翰·斯图亚特·密尔. 论自由. 许宝骙译. 北京：商务印书馆，1959

［21］［美］新闻自由委员会. 一个自由而负责的新闻界. 展江，王征，王涛译. 北京：中国人民大学出版社，2004

［22］［美］沃尔特·李普曼. 公众舆论. 阎克文，江红译. 上海：上海人民出版社，2006

［23］［美］威尔伯·施拉姆，威廉·波特. 传播学概论（第二版）. 北京：北京大学出版社，2007

［24］周鸿铎. 媒介产业案例分析. 北京：中国纺织出版社，2005

［25］郭庆光. 传播学教程. 北京：中国人民大学出版社，1999

［26］周庆山. 传播学概论. 北京：北京大学出版社，2004

［27］杨保军. 新闻理论研究引论. 北京：中国人民大学出版社，2009

［28］喻旦辉等. 管理学. 广州：中山大学出版社，2006

［29］冯光明，冯桂香. 管理学原理. 北京：北京交通大学出版社，2009

［30］欧阳明. 外国新闻传播业史稿. 武汉：武汉大学出版社，2008

［31］张昆. 简明世界新闻通史. 武汉：武汉大学出版社，1994

［32］邵志择. 新闻学概论. 杭州：浙江大学出版社，2006

［33］郝雨. 新闻学引论. 上海：上海交通大学出版社，2008

［34］黄旦. 新闻传播学. 杭州：杭州大学出版社，1997

［35］［英］丹尼斯·麦奎尔. 受众分析. 刘燕南，李颖，杨振荣译. 北京：中国人民大学出版社，2006

［36］匡文波. 网络传播学概论（第二版）. 北京：高等教育出版社，2004

［37］杜骏飞. 网络传播概论. 福州：福建人民出版社，2003

［38］［英］斯图亚特·艾伦. 新闻文化. 方洁，陈亦南，牟玉涵，吴娱译. 北京：北京大学出版社，2008

［39］［美］罗杰·菲德勒. 媒介形态变化：认识新媒介. 明安香译. 北京：华夏出版社，2000

［40］［美］尼尔·波兹曼. 娱乐至死. 章艳译. 桂林：广西师范大学出版社，2004

［41］吴文虎. 新闻事业经营管理. 北京：高等教育出版社，1999

后 记

　　《新编新闻学概论》一书终于杀青付梓了！在成书过程中可谓五味杂陈、百感交集：有对某一问题通透理解的欣喜，也有百思不得其解的困惑；有不揣冒昧的担忧，也有小步渐进的喜悦……该书是作者对于新闻理论进行思考和梳理的结晶，希望借助它与业界方家学者进行新闻理论方面的探讨和交流，也希望使用者通过它能对新闻学的基础知识有所认知。

　　本书包括绪论共有十四章，由资深学者谢骏先生进行成书的指导和把关，具体章节写作分工如下：绪论（新闻学和"新闻学概论"）、第二章（新闻）、第四章（新闻事业的属性与功能）、第五章（新闻选择与新闻敏感）、第六章（新闻工作的真实性原则）、第七章（新闻工作的党性原则）、第十章（新闻自由与新闻控制）、第十一章（新闻媒介的管理与经营）共八章为刘凡负责编写；杨萍负责其他六章，即第一章（人类的新闻活动）、第三章（新闻事业的产生、发展及规律）、第八章（新闻媒介）、第九章（新闻媒介的受众）、第十二章（新闻工作者的职业道德和修养）、第十三章（网络时代的新闻和新闻业）。

　　作为一本教材，为了保证体例的完整和内容表述上的系统和全面，写作时参阅了新闻学界许多同行的著作和论文，吸收了他们许多研究成果。其中，使用直接引文的大都在注释中作了说明，没有使用直接引文的，有的有说明，有的仅作为写作参考书目列出而未作具体说明，在此一并感谢！

　　感谢中山大学南方学院文学系系主任邓志远教授为本书作序，感谢暨南大学出版社的杜小陆老师给予的热情关心和帮助。

　　由于作者水平有限，书中难免会有疏漏和错讹之处，恳请诸位学者方家批评指正！

编著者

2011 年 1 月 15 日

于中山大学南方学院